实盘图解

筹码技法

应用手册

刘益杰◎编著

中国铁道出版社有限公司

CHINA RAILWAY PUBLISHING HOUSE CO., LTD.

图书在版编目（CIP）数据

实盘图解筹码技法应用手册 / 刘益杰编著.—北京：
中国铁道出版社有限公司，2023.6（2025.10重印）
ISBN 978-7-113-29999-6

Ⅰ.①实… Ⅱ.①刘… Ⅲ.①股票交易-基本知识
Ⅳ.①F830.91

中国国家版本馆CIP数据核字（2023）第035186号

书　　名：**实盘图解筹码技法应用手册**
　　　　　SHIPAN TUJIE CHOUMA JIFA YINGYONG SHOUCE
作　　者：刘益杰

责任编辑：杨　旭　　编辑部电话：（010）63583183　　电子邮箱：823401342@qq.com
封面设计：宿　萌
责任校对：安海燕
责任印制：赵星辰

出版发行：中国铁道出版社有限公司（100054，北京市西城区右安门西街8号）
印　　刷：河北宝昌佳彩印刷有限公司
版　　次：2023年6月第1版　2025年10月第3次印刷
开　　本：710 mm×1 000 mm 1/16　印张：13　字数：180千
书　　号：ISBN 978-7-113-29999-6
定　　价：79.00元

前　言

　　筹码分布简单理解就是流通股票持仓成本分布，它反映的是在不同价位上投资者的持仓数量。在炒股软件中，程序为投资者提供了筹码分布图功能，通过这个分布图，投资者可以方便地对当前价位上持仓数量的持仓成本相关数据进行直观的了解，如：

　　当前价位的获利比例是多少？

　　平均成本是多少？

　　90% 投资者的成本在哪个成本区间？

　　筹码集中度如何？

　　……

　　这些数据都是分析个股现阶段场内投资者投资情况的重要支持。

　　此外，通过筹码分布图的移动变化，投资者不仅可以洞悉主力持仓成本在哪里，也可以判断出主力此时处于操盘的哪个阶段，这些对投资者制定投资策略都具有非常重要的指示意义。

　　不仅如此，筹码分布图与其他炒股技术进行结合使用，也具有非常高的分析价值。

　　为了帮助股市投资者了解筹码分布技术，并掌握该技术在实战中的具体用法，我编写了本书。

全书共六章，可分为三部分：

◆ 第一部分为第一至二章，主要是对筹码分布形态和筹码技术实战的应用进行介绍，读者通过对这部分内容的学习，可以详细了解筹码分布技术的独立使用方法。

◆ 第二部分为第三至五章，主要介绍筹码技术如何与其他技术进行结合，包括与 K 线技术、经典理论和技术指标等结合，读者通过对这部分内容的学习，可以提升筹码综合应用能力。

◆ 第三部分为第六章，主要介绍了主力建仓阶段、拉升阶段和出货阶段的筹码变化情况，读者通过对这部分内容的学习，可以更好地了解主力动向，为制定投资策略提供更有力的支撑。

本书内容分为各个独立的单元，特别注重可读性和实用性，所有知识点均包括"一图展示""要点解析""应用实例"三部分。其中，"一图展示"版块是通过绘制简略示意图让读者快速了解知识点的形态；"要点解析"版块是对当前知识进行具体的讲解和点拨；"应用实例"版块是基于真实的行情数据讲解知识点的实战用法，进而让读者达到学以致用的目的。

最后，希望所有读者都能通过对书中知识的学习，提升自己的炒股技能及收获更多的投资收益。但仍要提醒大家：任何投资都有风险，希望广大投资者在入市和操作过程中谨慎从事，尽量规避风险。

编　者

2023 年 3 月

第一章　筹码分布形态技法掌握

第二章　筹码分布技术实战要领

第三章　筹码与K线技术结合

第四章　筹码与经典理论结合

一、筹码与趋势理论结合

二、筹码与波浪理论结合

第五章　筹码与技术指标结合

一、筹码与移动平均线指标结合

第六章　透过筹码看主力动向

第一章

筹码分布形态技法掌握

在运用筹码技术分析个股的筹码移动规律时，其主要观察的还是筹码分布的形态。通过不同的筹码分布形态，可以帮助投资者了解当前主力的持仓成本，从而更好地指导投资者进行投资决策。

一、筹码分布基本形态用法

在筹码分布技术中，不同的筹码分布形态可以反映出不同的市场含义，这对投资者研究行情未来走势有非常重要的指示意义。因此，筹码分布形态是投资者需要重点研究的内容之一。下面针对筹码分布中的几种基本形态用法进行具体介绍。

No.01　筹码低位密集形态

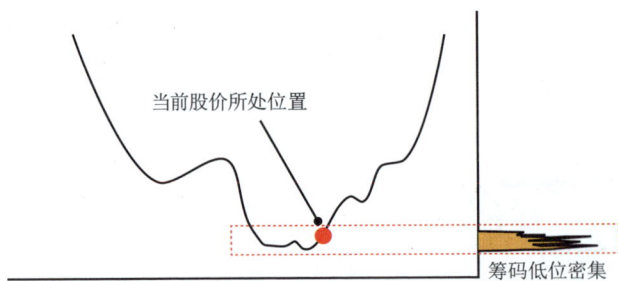

一图展示

图 1-1　筹码低位密集形态示意图

要点解析

筹码低位密集形态是指在股价大幅下跌的低价位区，随着股价的大幅下跌或者在低位的长时间震荡，使得上方筹码快速转移到低价位区，并形成密集区域。

造成这种情况的主要原因是主力在行情末期大量吸筹。一旦股价向上突破该密集区，就是上涨行情的开始。因此，如果在大幅下跌的行情低位出现筹码密集形态时，投资者可以积极逢低吸纳，跟随主力建仓，持股待涨。

东方盛虹（000301）筹码低位密集形态分析

图1-2所示为东方盛虹2018年3月至2021年8月的K线图。

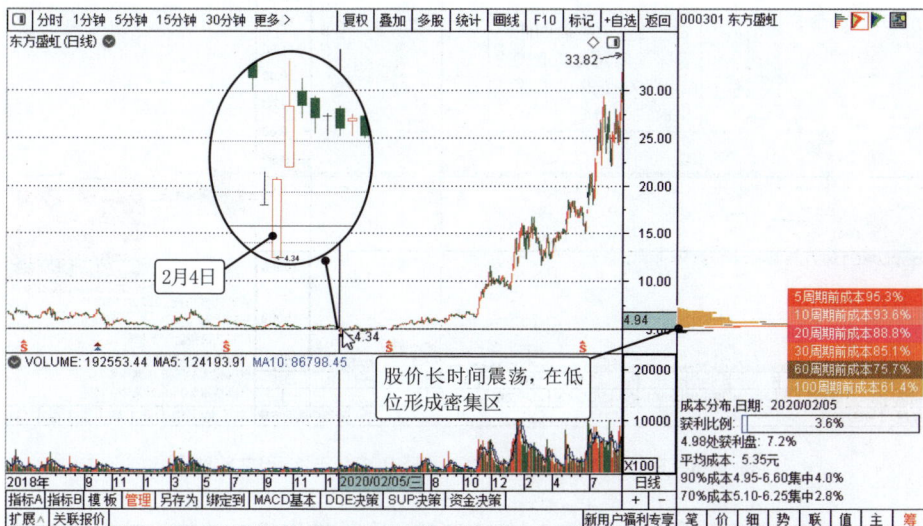

图1-2　东方盛虹2018年3月至2021年8月的K线图

从图1-2可以看到，在2020年2月之前，股价始终处于震荡下跌过程中，虽然下跌的幅度不大，但是持续的时间比较长。

2020年2月4日，股价大幅低开后一路高走，当日以2.2%的涨幅收出光脚大阳线，创出4.34元的最低价后止跌。

次日股价跳空高开，当日以6.24%的涨幅收出带长上影线的光脚大阳线。连续两日的强势拉升，说明行情有望止跌回升步入上涨行情。

此时再观察对应的筹码分布图，可以发现，在经历了这一波长时间的低位震荡后，上方筹码大量向下转移，并在5.00元至7.00元形成密集区。

此时的连续大阳线拉升行情，大概率是主力吸筹完毕后的拉升动作，激进的投资者此时可以试探性建仓，跟随主力抄底。

图 1-3 所示为东方盛虹 2019 年 12 月至 2021 年 1 月的 K 线图。

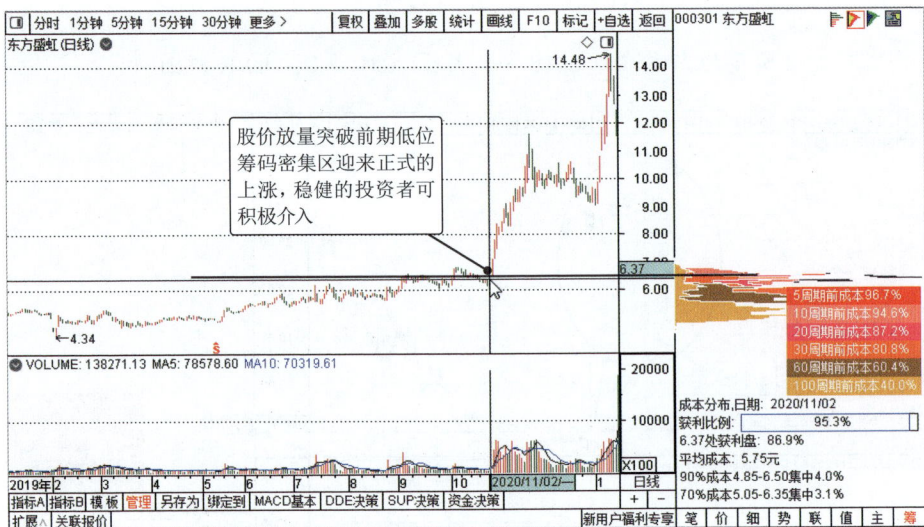

图 1-3　东方盛虹 2019 年 12 月至 2021 年 1 月的 K 线图

从图 1-3 可以看到，该股在创出 4.34 元的最低价后，股价止跌企稳步入了缓慢的上涨行情中。与前期的震荡下跌相似，此时的上涨也比较温和，但是这类股票一旦拉升，其涨幅都是比较可观的，因此，稳健的投资者可以密切关注该股走势。

在 2020 年 11 月，该股连续放出巨量拉升股价出现快速上涨行情，此时观察筹码分布图可以发现，股价已经突破前期形成的低位筹码密集区，运行到密集区的上方，说明行情拉升开始，此时稳健的投资者可以积极逢低吸纳，及早进入。

从后市的涨势来看，该股涨势强劲，两个月左右的时间，股价从 7.00 元左右快速上涨到 14.48 元的高位，涨幅达到 107% 左右。投资者短期持有就能获得不错的收益。

事实上，这轮上涨一直持续到 2021 年 9 月，最终在 41.30 元的最高价才见顶，股价突破低位筹码密集区后的涨幅达到 490%，可谓十分惊人。

筹码密集形态与发散形态

当股票在某一价位区间长时间停留，出现较大成交量时，筹码会集中到这一价位区域，对应的筹码分布图上会形成一个很高的山峰，其两侧基本没有筹码，这就是筹码分布的密集形态。与密集形态相反，当股价在一个较大的价格区间波动时，筹码就会比较平均地分布在这些价格区间，从筹码分布图上来看，筹码分布范围很大，没有非常突出的高峰，这就是筹码分布的发散形态，如图1-4所示。

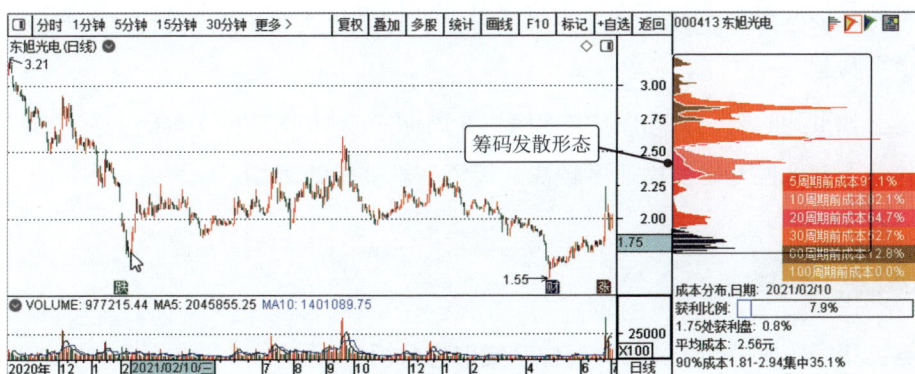

图1-4　筹码发散形态

No.02　筹码高位密集形态

一图展示

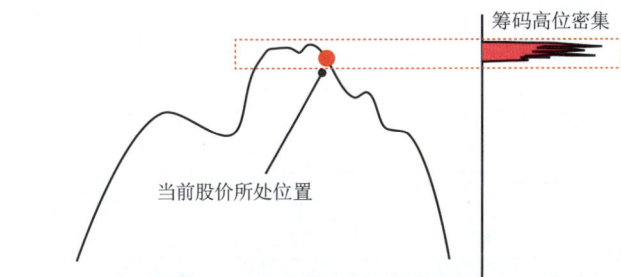

图1-5　筹码高位密集形态示意图

要点解析

　　筹码高位密集形态是指在股价大幅上涨后运行到股价的高位区域并持续一段时间，或者成交量大幅增加，使得大量的低位筹码快速向高位聚集，最终在股价的高位形成一个密集区。

　　筹码形态出现高位密集区，通常表示股价在大幅上涨后，低位筹码获利出局，导致低位筹码快速转移到高位。一旦股价在高位形成密集形态，尤其是形成单峰密集形态，投资者就要谨慎操作了，最好减仓或者清仓，锁定利润。

　　如果此时筹码分布图中的短期（5 周期内或 10 周期内）筹码大量增加，并且下方低位筹码消失速度较快，投资者就要果断离场。

应用实例

英特集团（000411）筹码高位密集形态分析

　　图 1-6 所示为英特集团 2020 年 5 月至 2021 年 1 月的 K 线图。

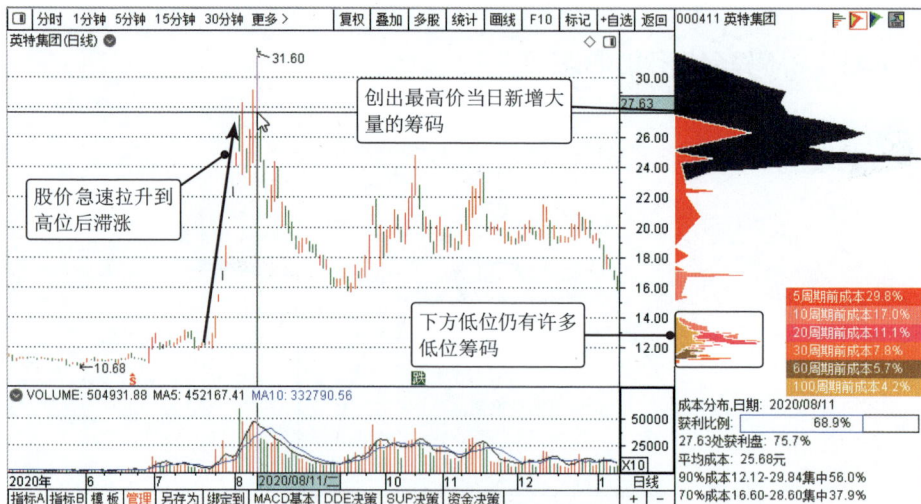

图 1-6　英特集团 2020 年 5 月至 2021 年 1 月的 K 线图

从图 1-6 可以看到，该股在 2020 年 7 月之前，股价在低位长时间横盘，使得筹码在低位形成密集区。

在 7 月之后，该股逐步拉升，并在 7 月底出现暴涨行情，股价从 12.00 元价位线附近快速上涨到 28.00 元价位线附近横盘，并在 8 月 11 日当天创出 31.60 元的最高价，此时涨幅已经达到 163%。对于稳健的投资者，在大幅上涨的高位，可以进行减仓或者清仓操作了。

观察创出最高价当日的筹码分布图可以发现，在股价快速拉升的过程中，新增了许多近期筹码，尤其在创出最高价当日，在高位更是新增了大量的筹码（筹码分布图中的黑色图形）。但是观察下方低位筹码，仍然锁定了不少的筹码，使得场外不断涌现跟风盘。

随后，该股在创出最高价后出现了一波快速回调，最终在 16.00 元价位线止跌反弹，之后股价始终在 18.00 元至 22.00 元的高价位区横盘整理。随着整理的不断进行，整理的高点不断压低。下面结合筹码分布图对该股后市走势进行具体分析。

图 1-7 所示为英特集团 2020 年 8 月至 2021 年 4 月的 K 线图。

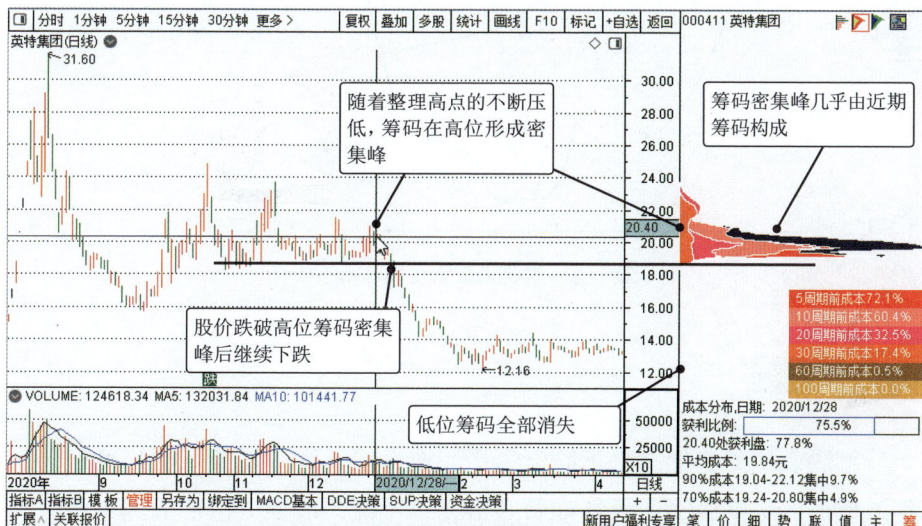

图 1-7　英特集团 2020 年 8 月至 2021 年 4 月的 K 线图

从图 1-7 可以看到，该股在 2020 年 11 月以后的震荡几乎围绕在 20.00 元价位线附近窄幅波动。观察 12 月底的筹码分布图可以发现，此时筹码大量聚集在 20.00 元价位线附近，下方的低位筹码在横盘整理过程中已经消失，全部转移到高位，并且此时的筹码形态形成了单峰密集形态。

同时，在整个筹码分布结构中，30 周期前的筹码占比很少，大部分都是近期筹码，更加说明了主力筹码已经完成了兑换，市场趋势即将转变。投资者要果断清仓。

从后市的走势来看，之后股价快速跌破高位筹码密集峰后经历了一波深幅下跌行情。如果投资者在前期筹码出现高位密集峰时没有及时离场，损失将非常大。

No.03　筹码低位锁定形态

一图展示

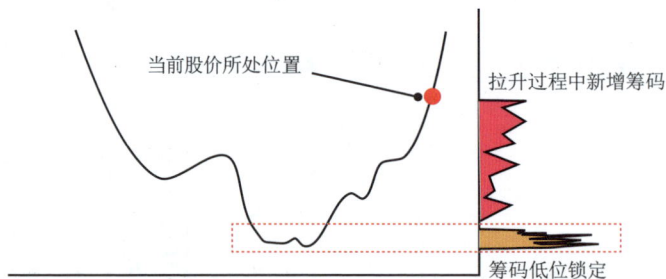

当前股价所处位置

拉升过程中新增筹码

筹码低位锁定

图 1-8　筹码低位锁定形态示意图

要点解析

筹码低位锁定形态是指股价经历一波大幅下跌行情或低位长期震荡后在低位形成了密集区，但是随着股价反转上涨，前期低位形成的密集区大部分仍然保持在低位，并没有出现明显的上移，形成良好的锁定状态。

当筹码出现低位锁定形态，说明主力看好该股后市发展，这是一种非常值得操作的形态。在这种形态下，场外投资者要积极介入，场内投资者要坚定持股，除非低位筹码转移，否则不要轻易抛出。

应用实例

国际医学（000516）筹码低位锁定形态分析

图1-9所示为国际医学2019年11月至2021年1月的K线图。

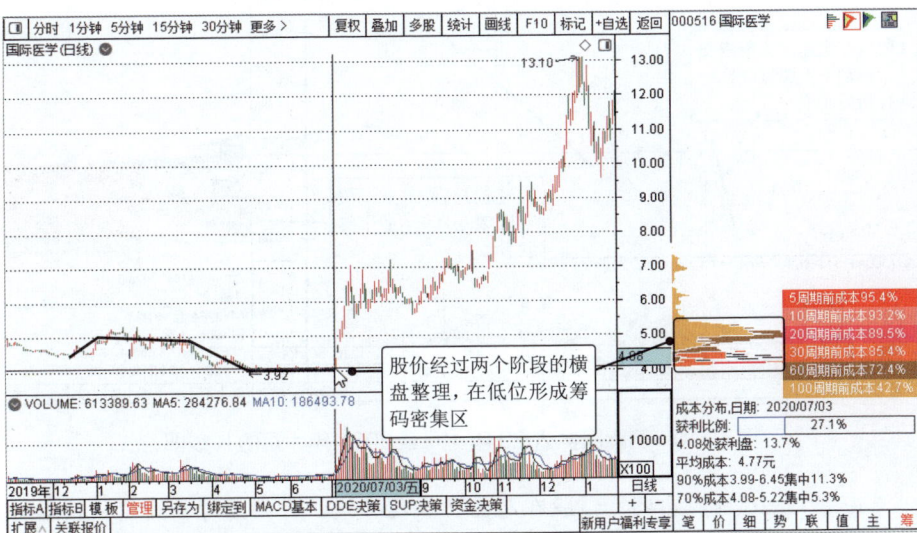

图1-9　国际医学2019年11月至2021年1月的K线图

从图1-9可以看到，该股在2019年12月中旬下跌到4.50元价位线附近后跌势减缓，之后该股经历了一波小幅的反弹行情，但是整个反弹持续的时间不长，股价在反弹至5.00元价位线附近后滞涨横盘，筹码大量转移到该价位线附近。

2020年3月中旬，股价跌破盘整区继续下跌，并在4月底创出3.92元的最低价后企稳。之后股价始终围绕在4.00元价位线附近窄幅波动。整个窄幅横盘持续的时间有两个多月。

观察 7 月初的筹码分布图可以发现，经过两次横盘整理后，筹码快速下移，在 4.00 元至 5.00 元形成密集区，行情大概率见底，投资者可以密切关注该股走势。

下面继续来看这一时间段的走势。

图 1-10 所示为国际医学 2020 年 4 月至 2021 年 1 月的 K 线图。

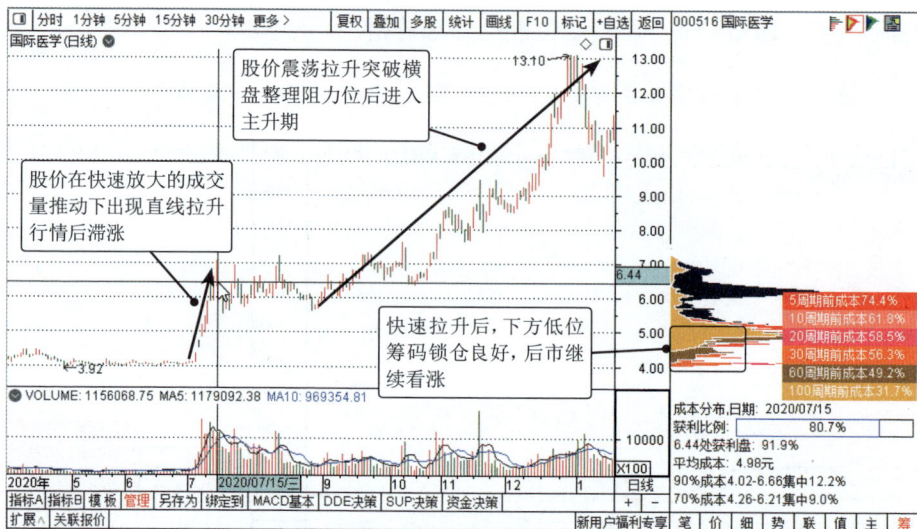

图 1-10　国际医学 2020 年 4 月至 2021 年 1 月的 K 线图

从图 1-10 可以看到，该股在 7 月初出现直线拉升的走势，股价被快速拉升突破 5.00 元价位线，成交量出现快速放大形态。短短几个交易日，股价被拉升到 6.00 元价位线后滞涨。

观察此时的筹码分布图可以发现，在快速拉升过程中，新增了许多筹码。但是观察下方 4.00 元至 5.00 元的低位筹码密集区发现，筹码并没有发生明显的上移，下方低位筹码锁定良好，此时可以判定，股价大幅上涨后的横盘整理是主力清理浮筹的行为，后市继续看好，此时场内投资者要坚定持股，场外投资者可积极逢低吸纳介入，持股待涨。

从后市的走势来看，之后股价出现横盘，股价始终在 6.00 元至 7.00 元进行波动，成交量出现快速缩小的形态。

在 8 月底，该股结束调整后成交量温和放大，股价被逐步拉升突破横盘整理的阻力位后进入主升期，即使在股价快速拉升后的横盘整理位置介入的投资者，也可以获得不错的收益。

No.04　上涨双峰形态

一图展示

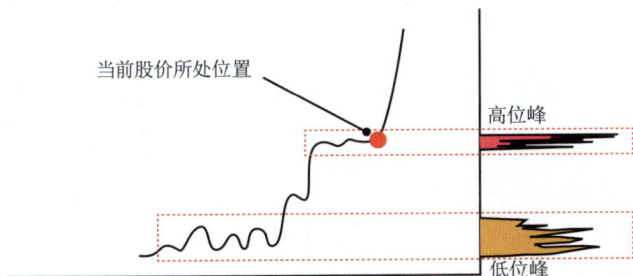

图 1-11　上涨双峰形态示意图

要点解析

上涨双峰形态是指股价在下跌行情末期或上涨行情初期形成密集区，之后在上涨途中出现横盘或者震荡走势后，短期获利盘在这个阶段抛售所形成的一个密集峰，这个新的筹码密集峰与前期低位形成的密集峰就形成了上涨双峰形态。

在上涨双峰形态中，新的筹码密集峰称为高位峰，对股价的继续上涨有压制作用，而前期低位形成的密集峰称为低位峰，对股价破位下跌有支撑作用。

在不同的位置，根据高位峰筹码和低位峰筹码的数量多少，其表达的市场意义与对该股后市走势的预判不同，具体如下。

◆　在上涨初期或者途中，如果低位峰筹码数量大于高位峰筹码数量，说明主力前期吸筹充分，下方支撑强劲，高位峰容易被向上突破，形成行情新的支撑点，中长线投资者仍可以持股待涨。对于稳健的投资者，可以在股价上涨到高位峰时逢高抛售。当股价下跌到低位峰附近时可逢低吸纳，勇敢追涨。

◆ 在上涨初期或者途中，如果高位峰筹码数量大于低位峰筹码数量，说明主力前期在低位吸筹不充分，此时的高位峰筹码数量正是主力清理浮筹后获得大量新筹码的表现，一旦股价强势突破了这个高位峰，则说明拉升的主升期来临，后市涨势可期，投资者可以在突破高位峰后积极介入。

◆ 在股价大幅上涨的高价位区，如果高位峰筹码数量大于低位峰筹码数量，表明上方的压力强，此位置很可能出现震荡筑顶的走势，投资者要果断抛售。

应用实例

ST 红太阳（000525）上涨双峰形态分析

图 1-12 所示为 ST 红太阳 2021 年 4 月至 10 月的 K 线图。

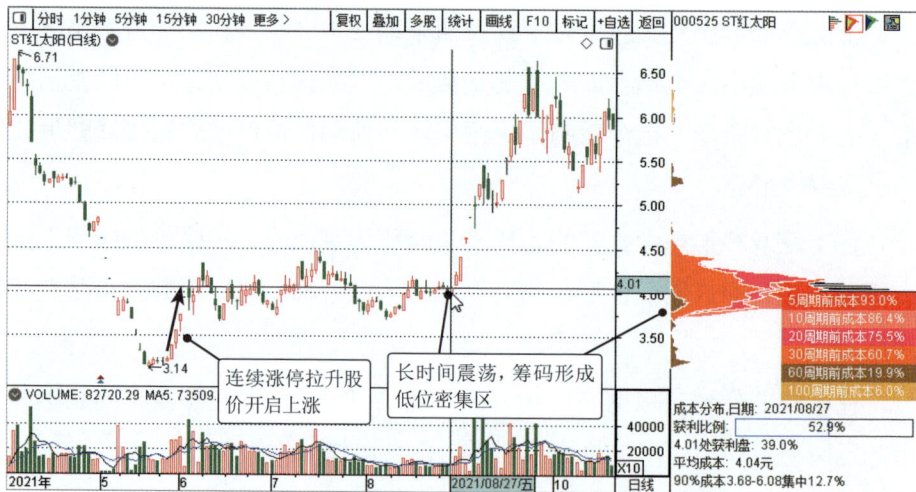

图 1-12　ST 红太阳 2021 年 4 月至 10 月的 K 线图

从图 1-12 可以看到，该股在 2021 年 5 月中旬之前经历了一波快速下跌行情，最终在 5 月 21 日创出 3.14 元的最低价后止跌企稳，短暂横盘后该股出现连续涨停板，放量拉升股价开启上涨。但是这波上涨持续的时间不长，很快在 6 月初运行到 4.00 元价位线后滞涨。之后该股围绕 4.00 元价位线进入了横盘震荡走势中，整个震荡持续了 3 个月的时间。

在 8 月底，股价震荡幅度变得非常小，此时的成交量也缩到很小的形态，观察此时的筹码分布图可以发现，通过这 3 个月的震荡整理后，筹码被集中到 3.75 元至 4.50 元，形成密集峰。

之后股价出现连续的涨停 K 线，推动股价脱离了震荡区，运行到密集峰的上方，此时的筹码密集峰对股价形成了良好的支撑，但是很快，股价上涨到 6.50 元价位线附近时再次受阻回落。

下面来看该股后市的走势。

图 1-13 所示为 ST 红太阳 2021 年 8 月至 2022 年 1 月的 K 线图。

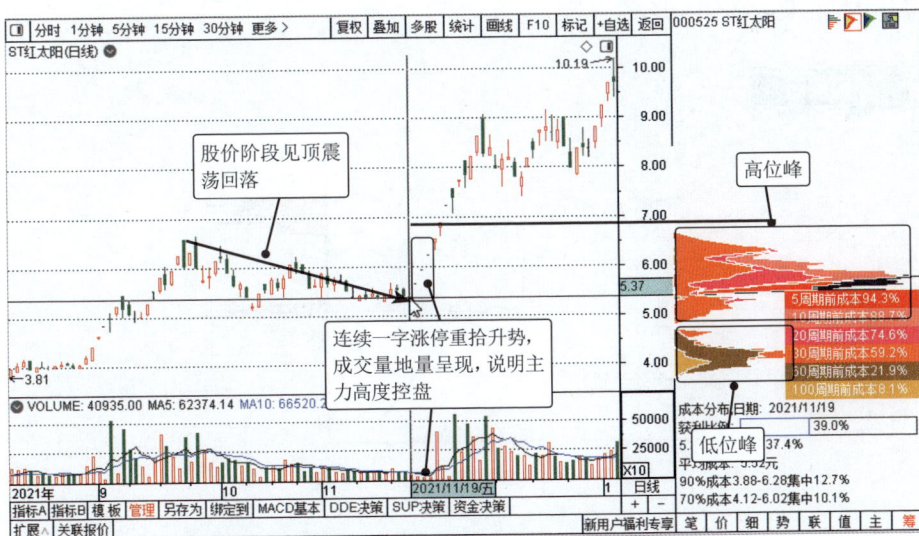

图 1-13 ST 红太阳 2021 年 8 月至 2022 年 1 月的 K 线图

从图 1-13 可以看到，该股之后出现了震荡回落的走势，震荡低点基本保持水平，震荡高点逐步下降，尤其在整个震荡过程中，成交量更是快速缩小到极致，这种情况是主力为了后市更好地拉升而展开的清理浮筹动作，后市看涨。

再观察此时的筹码分布图，可以发现，在 2021 年 11 月中下旬，随着震荡行情的展开，在 5.00 元至 6.50 元形成了明显新的筹码密集峰，该密集峰与前期低位形成的密集峰形成上涨双峰形态。

虽然此时的高位峰数量明显大于低位峰数量，但是此时股价的涨幅并不算大，而且整个震荡过程中成交量不断缩小到地量，这是主力清理浮筹后高度控盘的表现。

紧接着出现的连续一字涨停强势拉升股价，而成交量更是缩小到极度地量，更说明了主力的高度控盘，后市大概率会上涨，激进的投资者可以逢低吸纳试探建仓，稳健的投资者可以等到后市股价继续拉出涨停 K 线并突破高位峰后积极跟进，持股待涨。

No.05　下跌双峰形态

一图展示

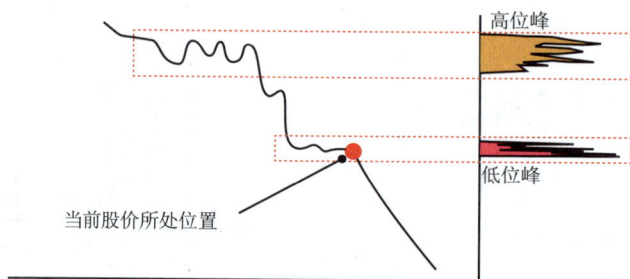

图 1-14　下跌双峰形态示意图

要点解析

下跌双峰形态是指股价在行情高位或者下跌初期形成密集区，之后在下跌途中出现横盘或者震荡走势后，抄底资金在这个阶段介入形成一个密集峰，这个新的筹码密集峰与前期高位形成的密集峰就形成了下跌双峰形态。

在下跌双峰形态中，新的筹码密集峰称为低位峰，对股价的破位下跌有支撑作用，而前期高位形成的密集峰称为高位峰，对股价反弹上涨具有压制作用。根据高位峰筹码和低位峰筹码的数量多少，其表达的市场意义与对该股后市走势的预判不同，具体如下。

- ◆ 如果低位峰的筹码数量越来越多，则该价位的支撑作用就很强，容易引发反弹行情，此时投资者可以逢低吸纳，在股价上涨到高位峰时，抛售出局，抢反弹。

- ◆ 如果高位峰的筹码数量更多，则下跌势能更大，个股容易破位下跌，投资者不宜过早短线入场。

应用实例

通化金马（000766）下跌双峰形态分析

图 1-15 所示为通化金马 2016 年 5 月至 2017 年 5 月的 K 线图。

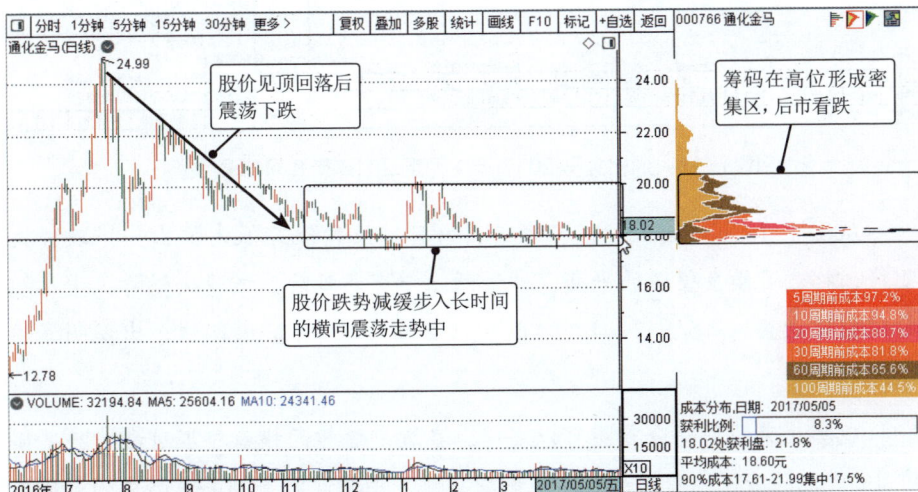

图 1-15 通化金马 2016 年 5 月至 2017 年 5 月的 K 线图

从图 1-15 可以看到，该股在 2016 年 7 月 21 日创出 24.99 元的最高价后见顶回落，之后该股经历了长时间的回落。进入 2016 年 11 月中下旬，股价跌幅减缓，之后便在 18.00 元至 20.00 元进行震荡波动，整个震荡持续了 6 个月左右。

观察同时期的筹码分布图可以发现，随着长时间小幅回落和震荡，下方低位筹码上移，顶部追涨盘筹码下移，最终在 18.00 元至 20.00 元的高位形成密集区。

图 1-16 所示为通化金马 2017 年 1 月至 2018 年 8 月的 K 线图。

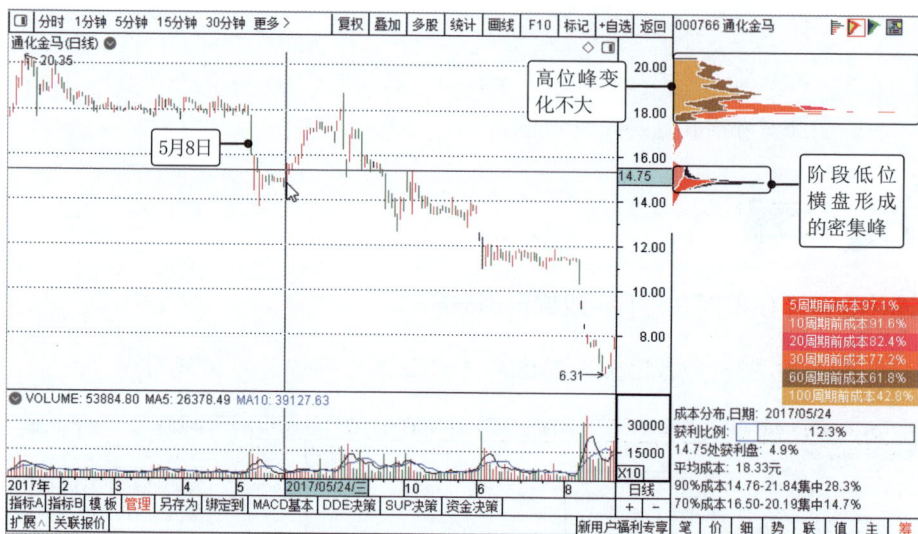

图 1-16　通化金马 2017 年 1 月至 2018 年 8 月的 K 线图

从图 1-16 可以看到，2017 年 5 月 8 日，该股低开低走收出一根跌停大阴线，打破了横盘整理的平衡，过了两三个交易日后，该股企稳再次进入短时间的横盘整理。5 月 24 日，该股收出涨幅为 4.21% 的大阳线，出现明显的反弹走势。

观察此时的筹码分布图可以发现，在近期短暂的横盘整理过程中，筹码在 15.00 元的价位线附近形成明显的密集峰，但是此时前期高位形成的筹码密集峰十分坚定地分布在高位，筹码形成明显的下跌双峰形态，而且此时的高位峰数量远远大于新形成的低位筹码密集峰数量，对股价的上涨起着强大的压制作用，只要这部分筹码不转移，行情就不会反转。

因此，对于激进的投资者，在出现明显反弹迹象时，可以轻仓介入抢反弹，但是一定要以前期高位筹码峰作为止盈位，一旦股价触及该筹码峰，就意味着反弹即将结束，此时一定要果断出局。

从后市的走势来看，股价反弹触及 18.00 元价位线后到达高位筹码密集峰的下边线，股价上涨乏力后见顶回落，在短时间内就跌破了新形成的低位密集区，双重密集区对股价上涨形成压制，后市看跌，还未出局的投资者要果断清仓，否则在后市的深幅下跌中将损失巨大。

二、"上峰不移，跌势不止"形态应用

"上峰不移，跌势不止"是筹码分布形态中的常见形态之一。前面的下跌双峰也是上峰不移的一种典型形态。除此之外，"上峰不移，跌势不止"形态还有其他一些特殊的应用技法，下面来具体讲解。

No.06 下跌到历史支撑位时上峰不移形态

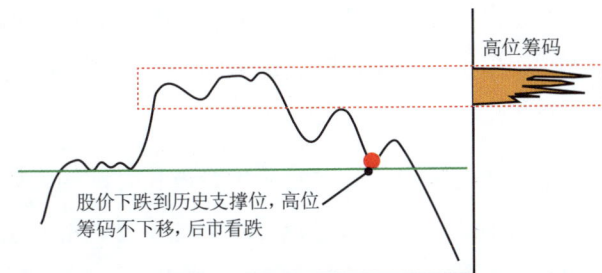

一图展示

高位筹码

股价下跌到历史支撑位，高位
筹码不下移，后市看跌

图 1-17 下跌到历史支撑位时上峰不移形态示意图

知识拓展 "上峰不移，跌势不止"形态产生的原因

"上峰不移，跌势不止"是股市中经常出现的现象，造成这种现象的原因是：

主力在行情顶部完成派发后，市场中的筹码被上移到高价位区形成密集峰。当主力完成筹码的派发后，行情就会进入下跌趋势。如果要展开新一轮的上涨行情，一定要等到上方的套牢盘筹码再次下移，主力在低位将下移的筹码全部集中在一起，在低位形成密集峰，才会出现新一轮的上涨行情。

如果在股价下跌的过程中，上方的套牢盘没有充分下移，即使有新主力进场吸筹，也不可能做到充分吸筹。而且当股价每次反弹到套牢盘的筹码密集区下方时，都会遭遇强大的抛压，迫使股价下跌。只要新主力完不成建仓操作，新的上涨行情就不能开启。

要点解析

在"上峰不移，跌势不止"形态中，"上峰"指的是高位密集峰，这个高位密集峰可以是行情顶部区域的密集峰，也可以是下跌初期或者途中形成的相对高位密集峰。该形态传递的市场意义简单理解就是：只要高位的密集峰不能充分转移到下方，下跌行情就不会终止。

一般情况下，在面对这个形态时，对于熟练的技术派投资者此时可以轻仓抢反弹，并将止盈位设置为前期的高位密集峰，因为股价上涨到该密集峰就会受到压制结束反弹。

如果股价在下跌企稳时出现新的密集峰，这种形态就是前面介绍的下跌双峰形态，此时如果投资者做反弹，就要在股价跌破反弹行情的新的密集峰时果断出局。

除此之外，在下跌行情中，有时候股价经过长时间的大幅下跌运行到历史的某个支撑位后止跌，或者跌势减缓，此时投资者不要急于抄底，应该结合筹码分布图查看高位的筹码峰是否向下转移。

如果高位筹码密集峰没有消失或者没有出现明显的向下转移迹象，说

明此时历史的支撑位不是此轮行情结束的参照，后市会继续下跌，投资者应继续持币观望。

这里还需要特别注意，上峰所处的价位越高，说明该股被套得越深，股价想要涨回去就需要更大的量能。反之，上峰所处的价位越低，说明前期被套的筹码越容易解套，股价涨回去的阻力也就相对小一些。但是需要明确，只要上峰不消失，就不要期望股价会很快出现反转。

应用实例

云铝股份（000807）下跌到历史支撑位时上峰不移形态分析

图1-18所示为云铝股份2017年9月至2018年6月的K线图。

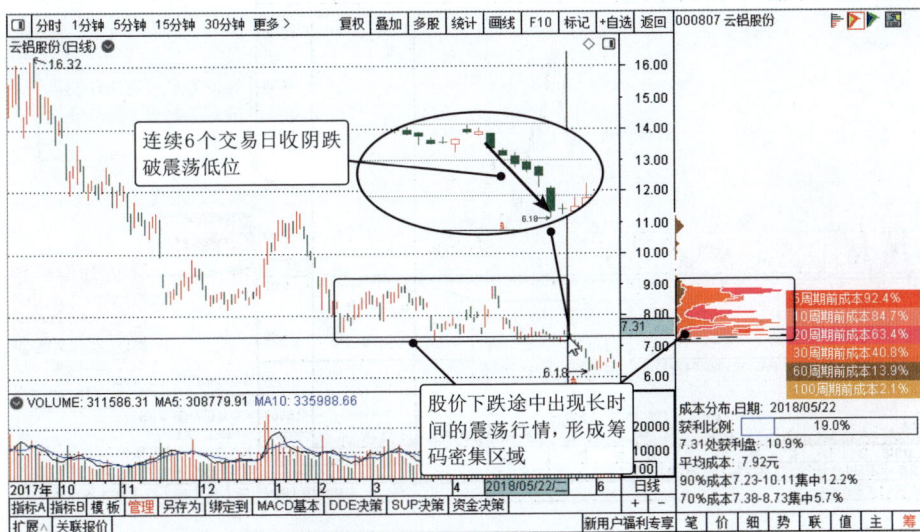

图1-18 云铝股份2017年9月至2018年6月的K线图

从图1-18可以看到，股价在2017年9月21日创出16.32元的最高价后见顶回落步入快速下跌行情中。

股价下跌到2017年11月后在8.00元价位线上方止跌，在经历了一波明显的反弹行情后，股价在11.00元价位线反弹受阻后震荡回落。在震荡回落过程中，股价低点基本保持水平，震荡高点逐步压低。

2018 年 5 月中下旬，股价出现明显的窄幅波动，观察此时的筹码分布图可以发现，在股价反弹结束后的震荡行情中，筹码在 7.00 元至 9.00 元形成密集峰。之后股价在连续 6 根阴线的作用下快速跌破筹码密集峰的下边，此时的筹码密集峰对股价后市反弹形成压制作用。

很快，股价在 6 根阴线的压低作用下在 2017 年 5 月 30 日创出 6.18 元的阶段低位后企稳，股价从 16.32 元下跌到 6.18 元，跌幅超过 62%，算是比较大的跌幅了，此时股价是否见底了呢？

下面结合该股历史走势和筹码分布图形态对股价后市进行研判。

图 1-19 所示为云铝股份 2015 年 11 月至 2018 年 12 月的 K 线图。

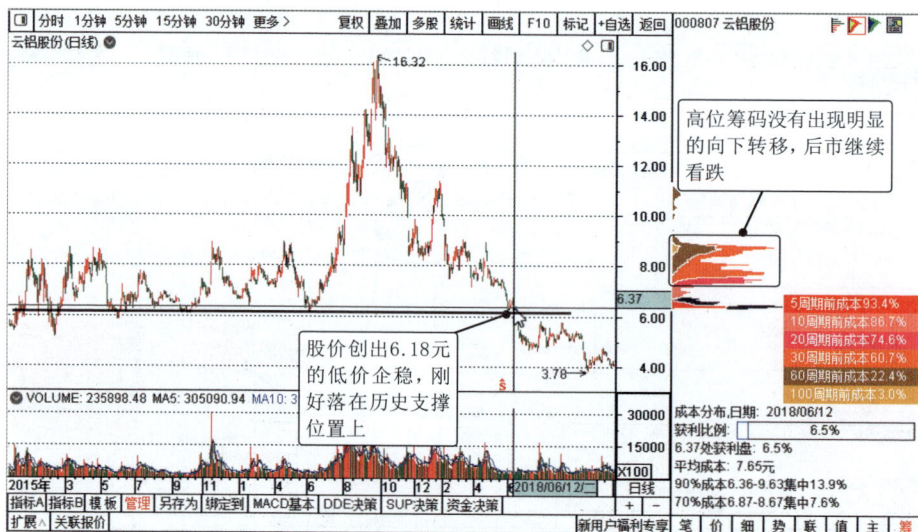

图 1-19　云铝股份 2015 年 11 月至 2018 年 12 月的 K 线图

从图 1-19 可以看到，股价在创出 6.18 元阶段性低价后企稳。从历史走势来看，该股此时的企稳价格线 6.00 元是 2015 年 11 月至 2017 年 6 月初的震荡低位，这是一个非常可靠的支撑位，正是受到这一价位线的长时间支撑，股价才在 2017 年 6 月结束震荡后开启了大幅上涨行情，短短时间内就上涨到 16.32 元的高价，涨幅达到 172%。

2018 年 6 月，股价再次下跌到该支撑位企稳，历史是否会重演呢？行情是否会逆转上涨呢？

观察此时的筹码分布图可以发现，虽然在股价企稳后出现了明显的低位密集峰，但是上方在 7.00 元至 9.00 元形成的密集峰仍然大量存在，而且没有出现明显的下移，因此可以判定，此时虽然股价大幅下跌到一个比较可靠的支撑位，但是大量的高位筹码对股价的压制力非常强大，股价短时间内不可能出现逆转，因此建议投资者此时仍然以观望为主，不要盲目抄底介入。

从后市的走势来看，股价继续出现大幅下跌行情，如果投资者盲目抄底，就会损失惨重。

No.07 下跌过程中多个上峰不移形态

一图展示

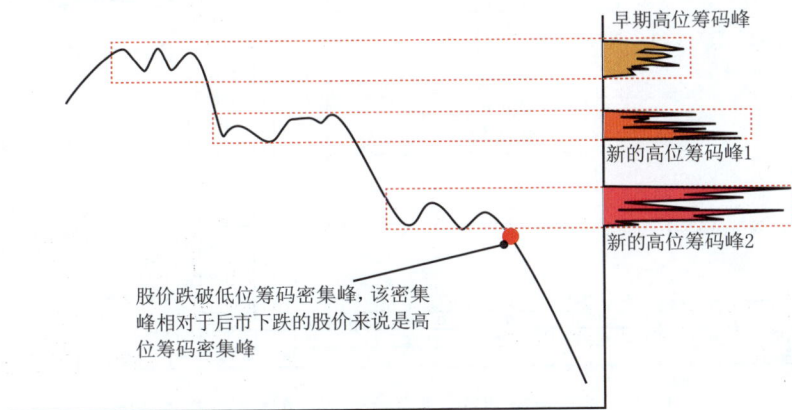

早期高位筹码峰

新的高位筹码峰1

新的高位筹码峰2

股价跌破低位筹码密集峰，该密集峰相对于后市下跌的股价来说是高位筹码密集峰

图 1-20 下跌过程中多个上峰不移形态示意图

要点解析

股价在下跌趋势中，总会在不同价位出现不同强度的反弹行情，在这

些反弹行情中仍然可能再次出现不同大小的密集峰，整个筹码分布图就出现了双峰密集或者多峰密集形态。

在这些形态中，股价一旦跌破形态的低位峰，股价就会继续下跌，且此时形态的低位峰就转换成了新的上峰，无论是早期的上峰，还是新的上峰，"上峰不移，下跌不止"的法则都适用。

应用实例

中广核技（000881）下跌过程中多个上峰不移形态分析

图 1-21 所示为中广核技 2016 年 9 月至 2017 年 5 月的 K 线图。

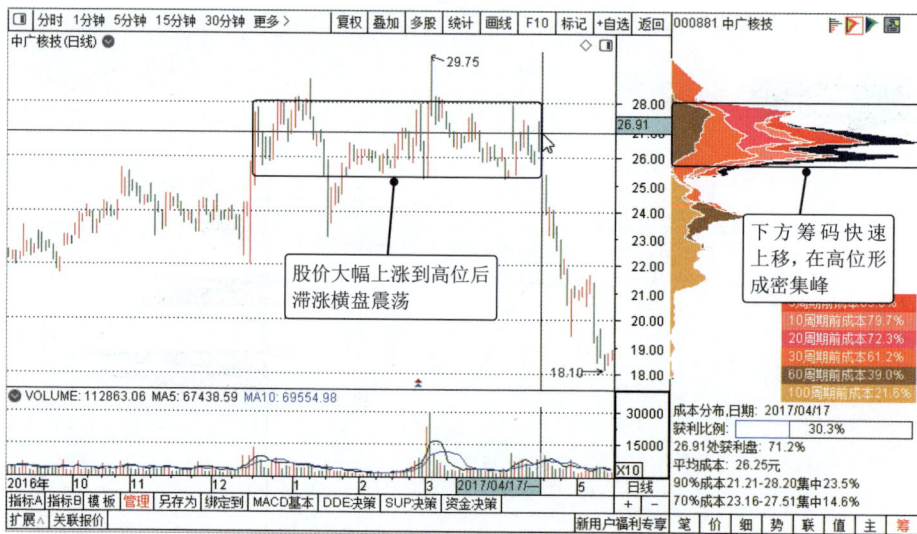

图 1-21　中广核技 2016 年 9 月至 2017 年 5 月的 K 线图

从图 1-21 可以看到，该股大幅上涨到 28.00 元的价位线后滞涨，之后股价大部分时间在 26.00 元至 28.00 元进行横盘整理。

观察对应的筹码分布图可以发现，股价在高位横盘震荡过程中，下方低位筹码快速向上转移，并在 26.00 元至 28.00 元形成高位密集峰，说明主力正在派发手中筹码，虽然低位仍然存在一些筹码，但是对于稳健的投资者来说，此时最好减仓或者清仓，进而锁定利润。

图1-22所示为中广核技2016年11月至2017年7月的K线图。

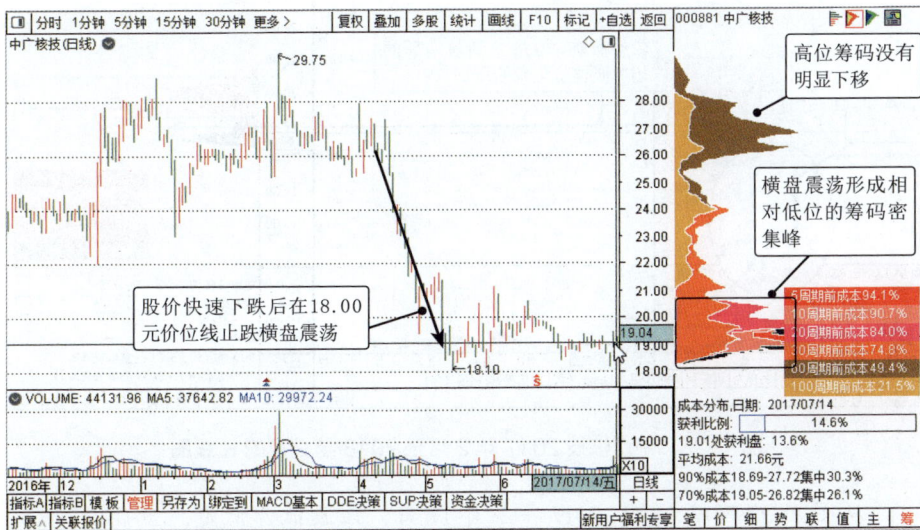

图1-22 中广核技2016年11月至2017年7月的K线图

从图1-22可以看到，2017年4月中旬，在连续两日收出的大阴线的作用下，该股有效跌破了26.00元价位线，开启了下跌走势。

之后该股急速下跌，不到一个月的时间，股价快速下跌到18.00元价位线后止跌，之后该股在18.00元至20.00元进行横盘震荡，且震荡幅度越来越小。

股价从最高的29.75元下跌到18.00元的低位，跌幅约40%。股价是否企稳即将开启上涨呢？此时再结合筹码分布图进行分析。

从对应的筹码分布图可以发现，虽然股价在18.00元至20.00元的低价格形成了密集峰，但是前期在26.00元至28.00元所形成的高位密集峰还大量存在，因此此时不能贸然跟进抄底。

下面继续观察该股后市的走势。

图1-23所示为中广核技2017年2月至2018年2月的K线图。

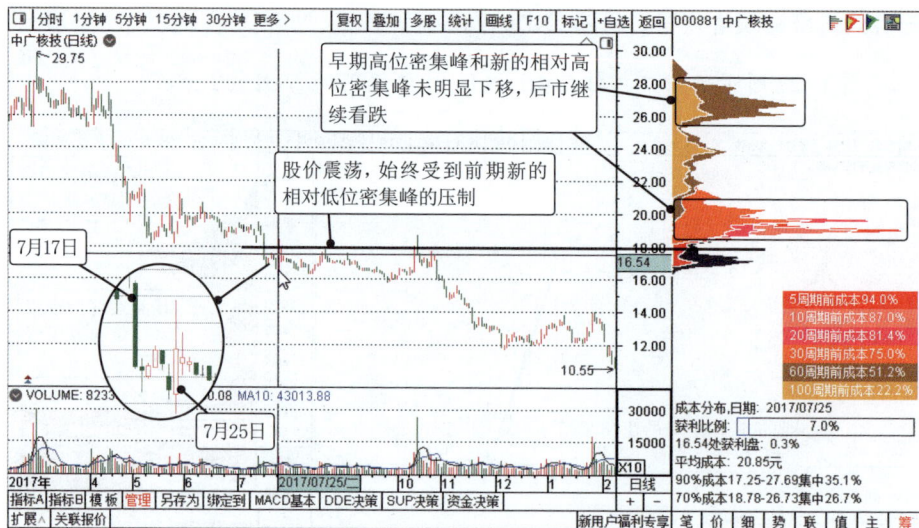

图 1-23　中广核技 2017 年 2 月至 2018 年 2 月的 K 线图

从图 1-23 可以看到，2017 年 7 月 17 日，该股低开低走，当日以 9.77% 的跌幅收出大阴线，跌破了 18.00 元价位线的支撑。

但是短短几个交易日后，该股企稳，并在 7 月 25 日小幅低开后在盘中放量强势拉升股价，当日以 4.6% 的涨幅收出带长上影线的大阳线，股价是否见底了呢？

观察同期的筹码分布图可以发现，在短暂横盘的几个交易日中，股价在 16.00 元至 18.00 元形成了新的密集峰。

前期股价在相对低位震荡形成的相对低位筹码密集峰此时对股价的上涨有着明显的压制作用，股价每次上涨到该密集峰的下边时就受到明显的压制而止涨。同时，观察前期股价在顶部形成的密集峰，其未呈现出明显下移的迹象。多个密集峰不移，发出后市将继续下跌的强烈信号，此时投资者应继续观望。

从后市的走势来看，该股始终受到新的筹码密集峰的压制，在 18.00 元价位线下方横盘整理近 3 个月的时间，之后股价跌破 16.00 元价位线的支撑，继续经历了一波长时间的大幅下跌行情。

知识拓展　上峰转移的时机通常不是在下跌末期

在下跌趋势刚开始转势时，主力已经大量抛出筹码，形成高位密集峰，让大部分投资者被套在高位，而此时被套的投资者仍然心存幻想，在等待股价回升解套，相反，主力则通过一波又一波的下跌让投资者深套，而通常被深套的投资者更不忍心离场，所以大部分筹码仍然居高不下。

主力深知大部分普通投资者的这种心理，通过一波又一波的下跌让深套的投资者感到绝望，将来再出现一波较大幅度的反弹时，这些经历了一次又一次从希望到失望的套牢者在看到一波较大的反弹又要结束，担心又像之前一样继续深跌，就会开始抛出筹码，因此造成上峰的快速消失。所以，许多股票上峰筹码转移的时间通常不是在下跌的最低位置，而是在第一波较大幅度的反弹行情中。

因此，筹码向下转移较多的时候，也不一定是下跌结束的标志，此时还要观察股价是否突破了阻力位，如果反弹顺利突破阻力位，高位筹码峰也基本消失，那么就意味着下跌趋势已经结束。

若只是高位筹码峰消失，看起来在某个震荡或小反弹处形成新的筹码峰，但股价的反弹未突破下降趋势或者阻力位，则股价仍可能进一步下滑，那么在此处形成的筹码峰就成了新的上峰。

三、筹码密集，强弱有别

筹码出现密集大多数原因是股价在该价格区间长时间的震荡或者横盘整理。根据筹码密集形态出现的位置不同，其起到阻碍和支撑的作用也有差别。

根据筹码密集形态出现的位置及向上突破和向下跌破的情况可以有以下 4 种情况。

◆　筹码相对高位密集，股价向上突破。

◆　筹码相对高位密集，股价向下跌破。

◆ 筹码相对低位密集，股价向下跌破。

◆ 筹码相对低位密集，股价向上突破。

"筹码相对高位密集，股价向下跌破"是指股价上涨到高位后形成密集区，一旦出现股价向下跌破高位的筹码密集区，就说明有人开始出售，行情发生逆转，下跌行情开启，此时投资者要逢高及时卖出筹码，锁定利润，规避风险。

"筹码相对低位密集，股价向上突破"是指股价大幅下跌后形成低位密集区，在双方经过激烈争夺后，多方势能占据主导地位，一旦股价向上突破密集区的阻力，此时表明行情发生逆转，上涨趋势形成，此时投资者就要积极跟进做多，持股待涨。

这两种情况与前面介绍的高位密集形态和低位密集形态用法相似，这里就不再进行介绍。下面对另外两种相对高位和相对低位的密集形态的实战应用进行具体介绍。

No.08　筹码相对高位密集，股价向上突破形态

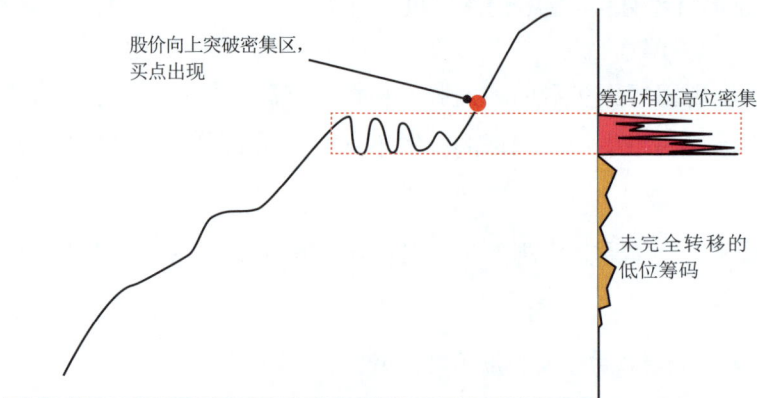

一图展示

股价向上突破密集区，买点出现

筹码相对高位密集

未完全转移的低位筹码

图 1-24　筹码相对高位密集，股价向上突破示意图

在上涨趋势中，如果股价出现较大幅度的回调震荡，或者长时间出现横盘整理，此时大量筹码都将在震荡或者盘整过程中集中，形成相对高位的密集形态。

此后，如果上涨动能再次占据优势，股价向上突破重要阻力位，说明后市将延续前期的上涨趋势。

通常出现这种现象，市场主要有以下两种情况。

◆ 当前大盘行情还未结束，主力继续拉高，可以获得更为丰厚的利润。

◆ 当前股价已经处于较高位置，散户投资者不敢盲目追高，成交量小，主力无法完成筹码兑现。此时只有主动再拉一波上涨，让散户认为这个位置是低位，吸引散户入场接盘。对于这种情况，稳健的投资者最好还是轻仓追高，毕竟股价已经上涨到高位，一旦主力派发完毕，下方低位筹码会全部转移到高位形成密集区，就会出现下跌。

对于筹码在相对高位密集，股价向上突破时，投资者在选择进场时机时，可以参考以下两个要点进行判断。

◆ 震荡走势通常以三角形、楔形或旗形形态呈现，其中第一个阻力位通常为形态的上边线。当股价突破形态上边线时，就是投资者最好的跟进时机。

◆ 在震荡走势形成并出现高位筹码密集时，最好结合震荡走势相关的技术指标，如 MA、MACD 等，看它们是否也给出了明确的买入信号，当指标和形态都发出买入信号时，成功率则更高。

双汇发展（000895）股价向上突破相对高位的筹码密集区

图 1-25 所示为双汇发展 2019 年 8 月至 2020 年 5 月的 K 线图。

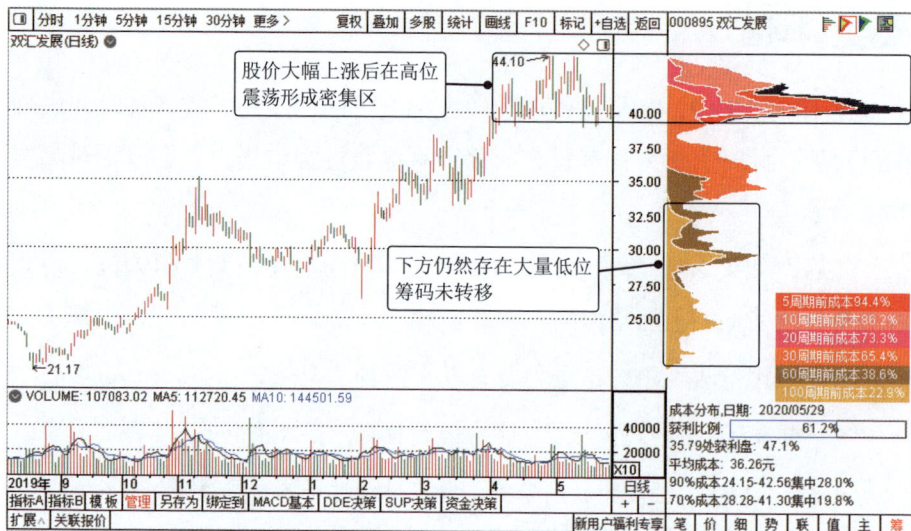

图 1-25 双汇发展 2019 年 8 月至 2020 年 5 月的 K 线图

从图 1-25 可以看到，该股在 2019 年 8 月 7 日创出 21.17 元的最低价后企稳回升步入上涨。之后该股一路震荡，在 2019 年 11 月初，股价上涨到 35.00 元价位线时出现明显的滞涨回落，之后股价经历了近 3 个月的调整时间，在 2020 年 2 月初止跌回升重拾升势。

2020 年 4 月，该股上涨突破 40.00 元价位线后涨势减缓，之后股价在创出 44.10 元的最高价后在高位震荡后回落。股价从最低的 21.17 元上涨到最高的 44.10 元，涨幅超过 108%。在出现翻倍上涨行情后股价回落，是否预示着上涨结束，下跌开启了呢？

观察此时的筹码分布图可以发现，股价在上涨到 40.00 元的价位线上方后，下方筹码快速上移并在 40.00 元至 45.00 元形成密集区，这个密集区将对股价的上涨起到强大的压制作用。如果行情继续震荡，下方筹码继续上移，且股价不能有效突破该密集区，那么行情大概率会见顶回落步入下跌。此时，对于稳健的投资者最好减仓或者清仓。

由于下方还存在大量未转移的低位筹码，风险性投资者可以再结合其他技术，分析该股的后期走势。

图 1-26 所示为双汇发展 2020 年 3 月至 8 月的 K 线图。

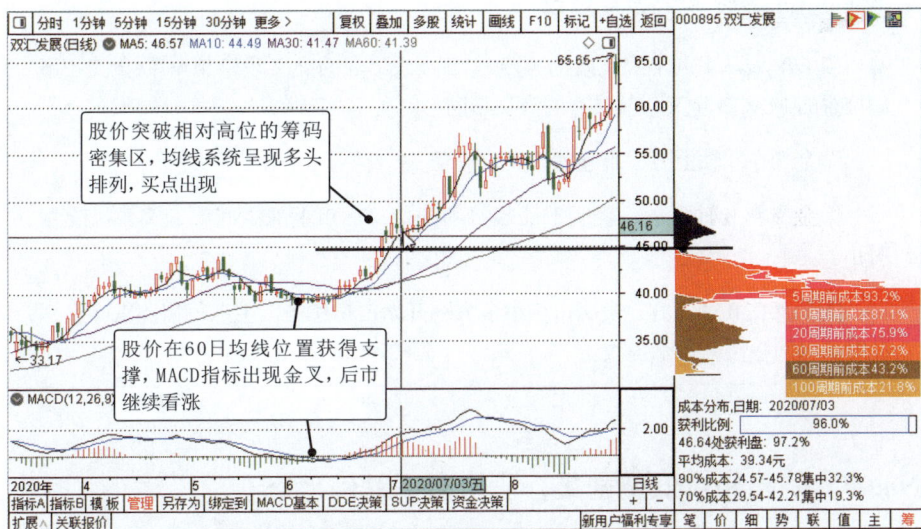

图 1-26 双汇发展 2020 年 3 月至 8 月的 K 线图

从图 1-26 可以看到，股价在 4 月底上涨到 45.00 元价位线下方后阶段见顶回落，在回落过程中，短期均线拐头向下，但是 60 日均线并没有表现出走平的迹象，而是继续上行，最终股价在 6 月中上旬时靠近 60 日均线，受到 60 日均线的支撑止跌。

同时，MACD 指标的 DIF 线也在 0 轴下方拐头向上，最终在 0 轴附近上穿 DEA 线形成金叉发出买入信号。

多种技术同时发出股价继续上涨的信号，因此风险性投资者可以继续持股。之后股价快速上涨突破 45.00 元价位线运行到前期震荡形成的相对高位的筹码密集区上方，此时的均线系统也呈现出明显的多头排列（有关均线的多头排列将在本书第五章具体介绍），市场看涨信号明确，此时场外投资者也可以积极逢低吸纳买入。

由于股价已经出现了翻倍上涨行情，此时投资者入场需要轻仓，并且要密切关注下方低位筹码的转移情况。一旦低位筹码快速上移，股价出现滞涨，投资者就要果断抛售出局，规避行情逆转的下跌风险。

知识拓展 *MACD 金叉介绍*

当 DIF 线从下向上突破向上运行的 DEA 线形成的交叉即为 MACD 金叉。不同位置的 MACD 金叉，其具有的意义不同：

①金叉在 0 轴上方，是强烈的买入信号。

②金叉在 0 轴附近，表明上涨趋势刚开始，后市上涨空间大，买入风险相对小。

③金叉在 0 轴下方，表明市场中多方刚开始占据优势，上涨行情还未确立，此时买入回报高，风险也大。

No.09 筹码相对低位密集，股价向下跌破形态

一图展示

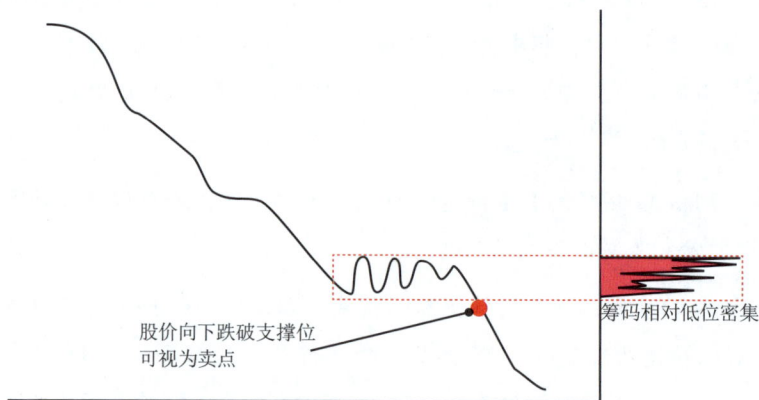

图 1-27 筹码相对低位密集，股价向下跌破示意图

要点解析

当股价下跌到相对低位后震荡或者横盘，此时筹码会在该位置逐步集中形成密集区。当行情整理结束后，如果下跌动能再次占据优势，此时股

价就会向下跌破形成的相对低位筹码密集区，使得股价继续延续原来的下跌走势。

出现这种情况通常是因为主力已经在前期完成了出货，虽然股价下跌到了一个相对低位，但是这个位置仍然得不到主力的认可，此时密集区的大部分筹码为散户筹码。

当持续较长时间的震荡后，股价仍然没有涨上去，此时就会有散户开始抛售，套牢盘不断涌出而下方没有承接盘，使得股价不断向下并跌破低位形成的密集区，行情开启新一轮的下跌，且这个相对低位的密集区也变成未来下跌后的相对高位密集区，并对股价的反弹形成强力的压制。

投资者在遇到这种形态后，一定不能参与；对于已经参与的投资者，此时要及时止损，避免遭受更大的损失。

应用实例

中国中期（000996）股价向下跌破相对低位的筹码密集区

图 1-28 所示为中国中期 2018 年 9 月至 2021 年 11 月的 K 线图。

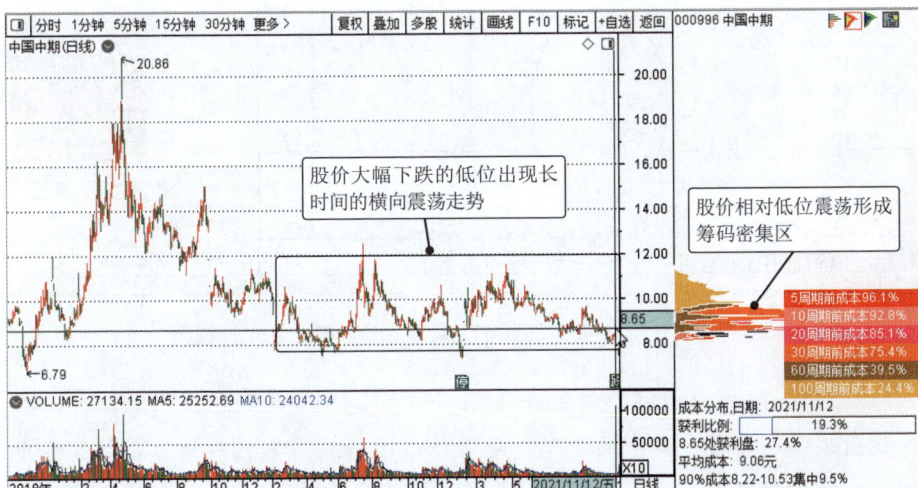

图 1-28　中国中期 2018 年 9 月至 2021 年 11 月的 K 线图

从图 1-28 可以看到，该股在创出 6.79 元低价后企稳回升步入上涨行情，最终在创出 20.86 元的最高价后见顶回落开启下跌。

随着股价的一路震荡下跌，最终在 2020 年 2 月左右第一次下跌到 8.00 元的价位线附近，之后股价在 8.00 元至 12.00 元进行横向震荡。从最高的 20.86 元下跌到 8.00 元的价格附近，跌幅约 62%。

观察长时间横向震荡后的筹码分布图可以发现，上方高位筹码几乎消失，筹码在 8.00 元至 12.00 元形成密集区。

在大幅下跌的相对低位，股价长时间的横向震荡后形成密集区，是否意味着股价止跌企稳，即将上涨呢？

下面继续来分析该股后市的走势。

图 1-29 所示为中国中期 2020 年 5 月至 2022 年 4 月的 K 线图。

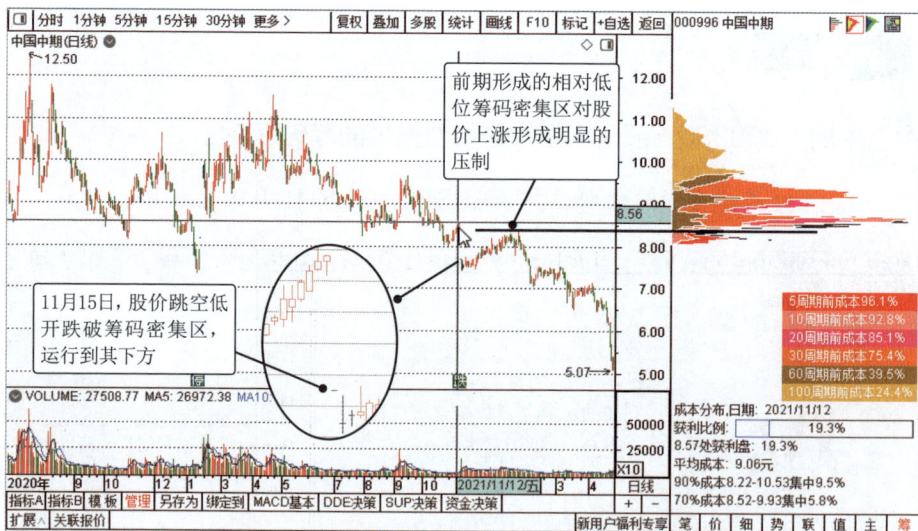

图 1-29　中国中期 2020 年 5 月至 2022 年 4 月的 K 线图

从图 1-29 可以看到，该股在 2021 年 11 月 15 日以跌停板跳空低开，当日收出跌停一字线，股价跌破 8.00 元价位线运行到前期相对低位震荡过程中形成的筹码密集区。

之后股价短暂企稳后出现反弹，但是此轮反弹始终受到前期相对低位的筹码密集区下边的压制，最终反弹结束，继续步入下跌行情。

从后市的走势来看，股价又经历了一波大幅下跌行情，如果投资者在前期股价跌破相对低位的筹码密集区后没有及时止损，将损失严重。

四、双峰填谷，方向选择

在前面的学习中我们对双峰形态已经有所了解，在两个筹码峰之间的区域称为"峡谷"。那么，什么是双峰填谷呢？首先来认识一下双峰填谷的形态。

双峰填谷指的就是在双峰形态出现后，股价通常会在两个密集峰之间波动变化。当遇到高位峰时，股价上涨受阻回落；当遇到低位峰时，股价获得支撑上涨。

随着股价的不断震荡变化，使得筹码逐步转移到这两个山峰之间的峡谷里，这就是"双峰填谷"。

当峡谷被填满时，双峰也会随之消失，行情格局就可能发生变化，至于是向哪个方向变化，需观察后续走势进行判断。但是通常会出现两种走势，即双峰填谷后股价上涨及双峰填谷后股价破位下跌。下面对这两种走势形态进行具体讲解。

知识拓展　*双峰填谷期间的操作*

由于在双峰填谷期间，股价在两个筹码峰之间震荡变化，因此，投资者在这一期间可以采用高抛低吸的方式进行短线操作，即当股价下跌到低位峰附近受到支撑时买入该股，当股价上涨到高位峰附近受到阻碍时卖出，多次波段操作也可以获得不错的收益。

No.10　双峰填谷后股价向上突破筹码峰看涨形态

一图展示

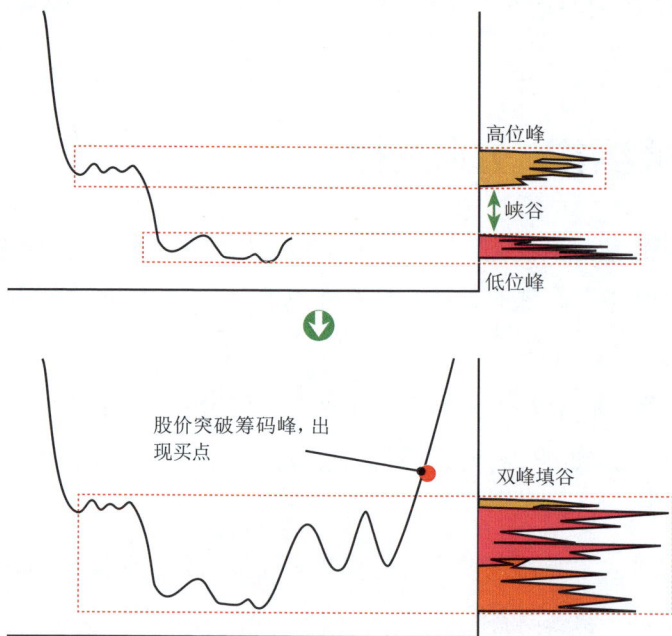

图 1-30　双峰填谷后股价向上突破看涨形态示意图

要点解析

　　双峰填谷后股价向上突破筹码峰看涨的双峰形态通常出现在行情大幅下跌的末期。出现双峰形态后，主力在低位吸筹建仓，股价始终维持在上峰和下峰之间的峡谷区域震荡。

　　随着时间的推移，震荡行情的继续，双峰之间的峡谷逐步被填满，且集中到主力手中，主力高度控盘。

　　当双峰之间的峡谷被填平后，股价向上突破筹码峰，就是可靠的买入信号，此时投资者可以逢低吸纳，积极跟进，享受一轮上涨行情。

沙河股份（000014）双峰填谷后股价向上突破筹码峰分析

图1-31所示为沙河股份2020年6月至2021年8月的K线图。

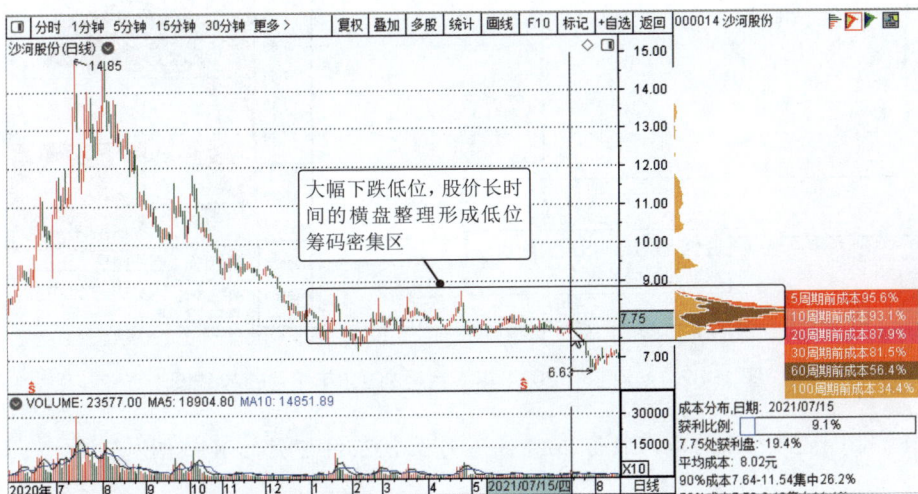

图1-31　沙河股份2020年6月至2021年8月的K线图

从图1-31可以看到，该股在2020年7月14日创出14.85元的最高价后见顶回落步入下跌行情。在一波大幅下跌后该股在2021年1月跌势减缓，之后该股围绕8.00元价位线经历了半年左右的横向整理走势。

观察对应的筹码分布图可以发现，在整个下跌过程中，上方高位筹码大部分向下转移，并在7.50元至8.50元形成筹码密集峰。在2021年7月下旬，股价跌破筹码密集区的下边继续下跌，并在7月30日创出6.63元的最低价后止跌企稳。

图1-32所示为沙河股份2021年1月至2022年1月的K线图。

从图1-32可以看到，该股在创出6.63元的最低价后，股价小幅反弹到7.20元后止涨，之后股价在6.80元至7.20元窄幅波动。观察此时的筹码分布图可以发现，筹码在这个价格区间形成了密集峰，这是主力在大幅下跌低位建仓所致，并且该筹码密集峰与前期横盘整理在7.50元至8.50元形成的密集峰构成了明显的双峰形态。

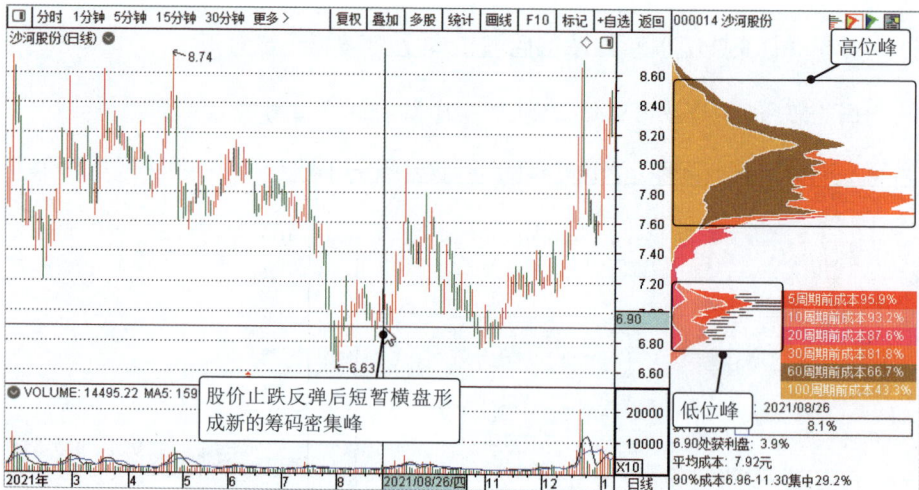

图 1-32　沙河股份 2021 年 1 月至 2022 年 1 月的 K 线图

图 1-33 所示为沙河股份 2021 年 6 月至 2022 年 5 月的 K 线图。

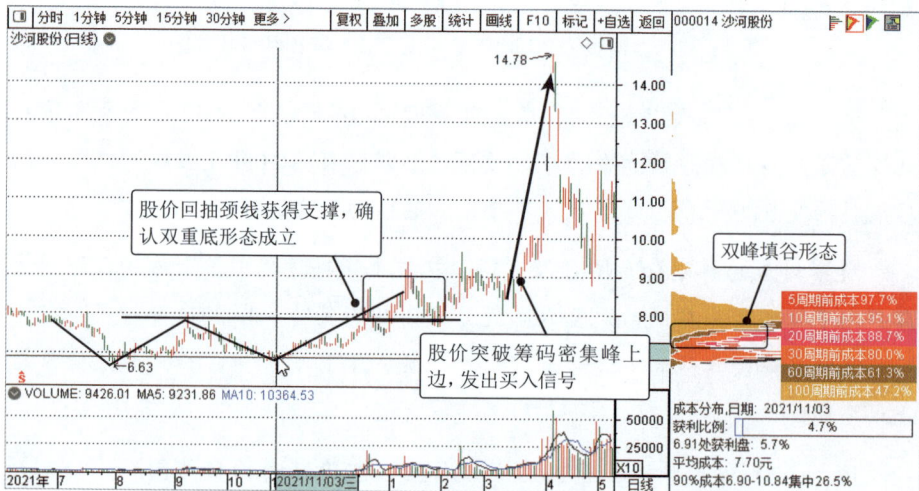

图 1-33　沙河股份 2021 年 6 月至 2022 年 5 月的 K 线图

从图 1-33 可以看到，后来股价继续上涨到 8.00 元价位线后第一次运行到阶段性的高点后回落，最终在 7.00 元价位线附近止跌回升，形成双重底形态（双重底形态是股价见底的常见形态，有关该形态的具体内容和用法将在本书第三章介绍），并在 2021 年 12 月底回抽颈线获得支撑后上涨。

观察筹码分布图可以发现，在双重底的右底位置，出现双峰填谷形态。股价突破颈线后也突破了筹码峰的上边，再次发出后市看涨的信号，此时投资者可以积极逢低吸纳买入。

从该股后市的走势来看，股价向上突破筹码密集峰后进入了再次的横向震荡过程中，但是每次的震荡回落都会受到筹码密集区的支撑，进一步说明股价突破筹码密集峰的有效性。

在 2022 年 3 月底，股价强势突破整理区开启急速拉升行情，短短十几个交易日，股价就从 8.00 元价位线附近被拉升创出 14.78 元的最高价，涨幅为 85% 左右。由此证明了双峰填谷后，股价向上突破筹码密集区后发出的买入信号的可靠性。

No.11　双峰填谷后股价向下跌破筹码峰看跌形态

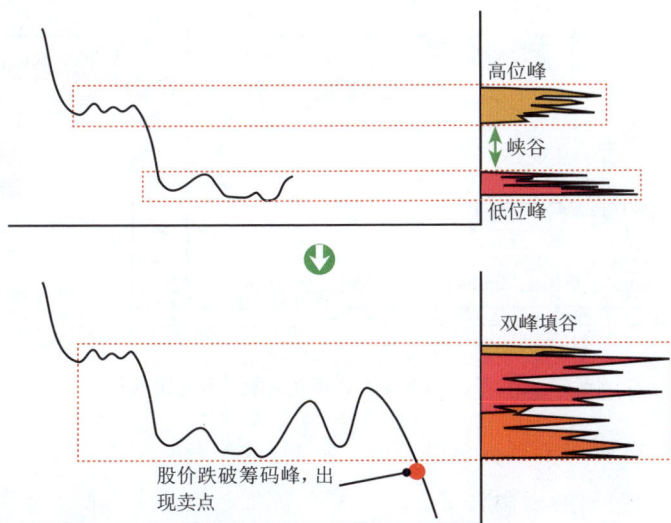

一图展示

图 1-34　双峰填谷后股价向下跌破筹码峰看跌形态示意图

双峰填谷后股价向下跌破筹码峰看跌的双峰形态通常出现在行情顶部或者下跌途中。出现双峰形态后，主力实力较弱，股价始终维持在上峰和下峰之间的峡谷区域震荡或反弹。

随着时间的推移，双峰之间的峡谷被逐渐填满，但是整体市场处于弱市，一旦股价破位跌破筹码峰，之后股价就会延续之前的下跌走势继续下跌。此时投资者一定要果断出局，减少行情继续下跌带来的损失。

应用实例

*ST 宜康（000150）双峰填谷后股价向下跌破筹码峰分析

图 1-35 所示为 *ST 宜康 2020 年 1 月至 11 月的 K 线图。

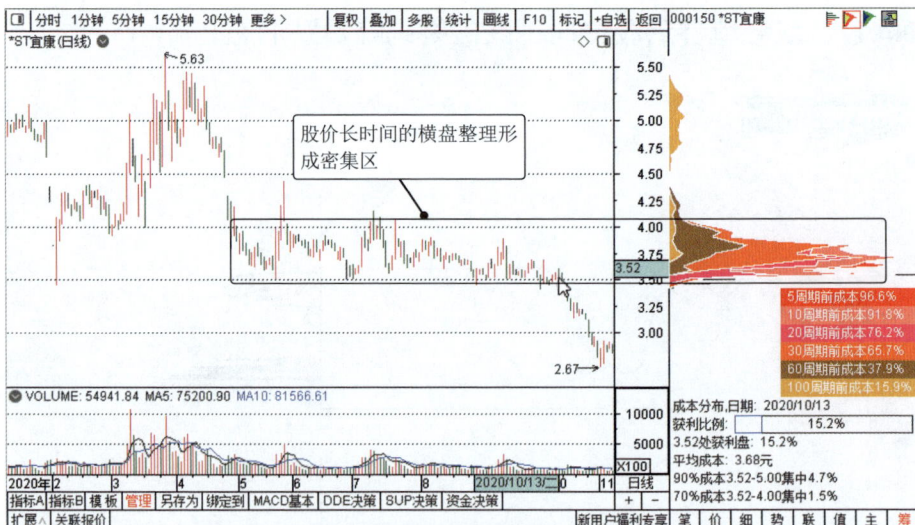

图 1-35　*ST 宜康 2020 年 1 月至 11 月的 K 线图

从图 1-35 可以看到，该股大幅下跌到 2020 年 5 月中旬跌势减缓，之后该股进入了长时间的横向整理阶段，整个整理走势持续了 5 个月左右。随着震荡幅度的不断减小，震荡接近尾声。

观察同时期的筹码分布图可以发现，在整个震荡过程中，上方高位筹码快速向下转移，并在 3.50 元至 4.00 元形成了密集形态。

在 2020 年 10 月中旬，该股快速下跌运行到筹码密集区下方，在经历了一波急速下压行情后，最终在 11 月 2 日创出 2.67 元的低价后止跌。

下面继续分析该股后市的走势。

图 1-36 所示为 ★ST 宜康 2020 年 4 月至 2021 年 1 月的 K 线图。

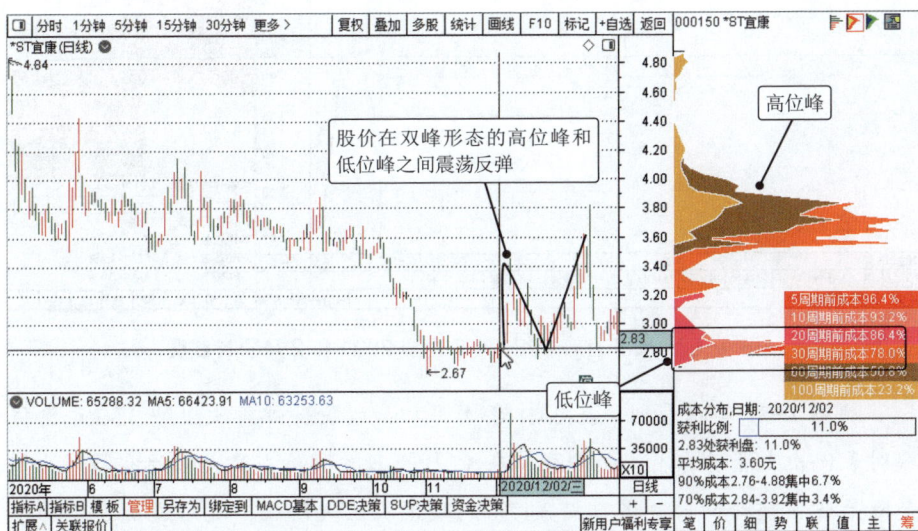

图 1-36 *ST 宜康 2020 年 4 月至 2021 年 1 月的 K 线图

从图 1-36 可以看到，该股在创出 2.67 元的最低价后，股价便围绕在 2.80 元的价位线附近窄幅横盘。

观察此时的筹码分布图可以发现，筹码在该价位线附近形成了密集峰，该密集峰与前期横盘震荡在 3.50 元至 4.00 元便形成的密集峰构成了明显的双峰形态。

之后该股出现反弹走势，整个反弹进行得并不那么顺利，股价上涨始终受到高位峰的压制，但是股价回落也受到低位峰的支撑，使得股价在双峰形态之间不断震荡，此时投资者可以在双峰形态形成后的低位峰逢低买入，在股价触及高位峰时卖出，短线抢反弹操作。

图 1-37 所示为 ★ST 宜康 2020 年 7 月至 2021 年 2 月的 K 线图。

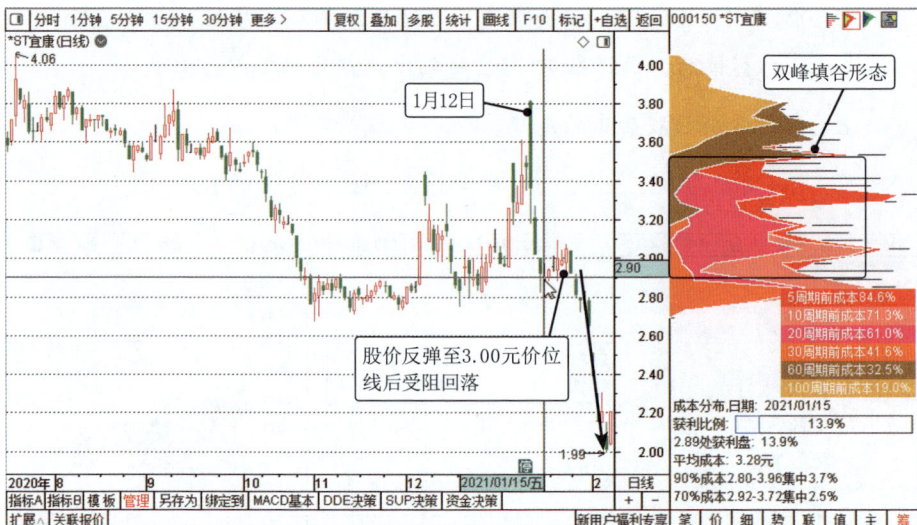

图 1-37　★ST 宜康 2020 年 7 月至 2021 年 2 月的 K 线图

从图 1-37 可以看到，在 2021 年 1 月初，股价反弹再次上冲 3.50 元价位线时表现出上涨动力不足而滞涨。在 1 月 12 日，股价当日大幅跳空高开，但是随后股价快速回落，当日以 3.17% 的跌幅收出大阴线，之后股价连续两个交易日收阴后止跌。

观察同时期的筹码分布图可以发现，此时出现双峰填谷形态，也就是说，在经过这一轮的震荡反弹后，多空双方博弈后要重新选择方向了。但是该股后市短暂企稳几个交易日后在 3.00 元价位线附近受到阻碍回落，之后便跌破筹码密集峰，说明后市继续看跌，此时投资者不能盲目抄底。

从后市走势来看，股价在跌破 2.80 元价位线后出现了连续的跌停板阴线，将股价快速压到低位。如果投资者在股价于 3.00 元价位线受阻回落时没有及时出局，将遭受巨大的损失。

第二章

筹码分布技术实战要领

在筹码分布技术的应用中，有许多技术实战要点和应用注意事项需要投资者关注。只有掌握这些实战要点和注意事项，才能更好地运用筹码分布技术预测股价的运行趋势，从而提高买卖点的研判准确度。

一、筹码分布技术实战要点

筹码分布形态是筹码分布技术中的基本应用，要想用好筹码分布技术，提升研判的准确度，更重要的是要掌握一些有关筹码分布技术的实战要点。本节就来具体讲解几个常见的筹码分布技术实战要点。

No.01　低位密集峰的反复

一图展示

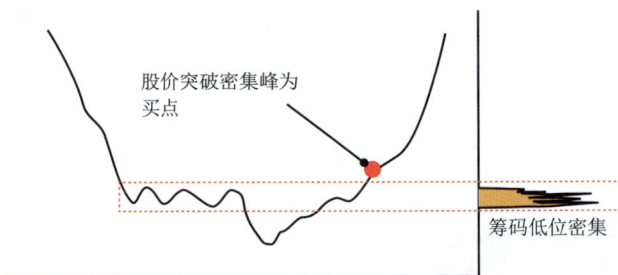

图 2-1　低位密集峰的反复示意图

要点解析

低位密集峰的反复是指股价在大幅下跌的低价位区形成筹码密集峰后，股价却突然向下跌破该密集峰，但是在随后较短的时间内又被拉回并向上突破原来的密集峰。

低位密集峰的反复是新一轮上涨行情开始的重要标志，之前股价突然跌破低位筹码密集峰，是因为主力手中筹码不够，借消息或者大盘对个股进行下压所致，这种股票后市通常会展开一波不错的行情，投资者应积极买入。

在实战中，投资者遇到低位密集峰反复时，要注意以下几个关键点。

◆　股价突然向下跌破筹码密集峰时，其回调幅度一般要小于20%，且持续时间一般不会超过22个交易日。

◆　回调时密集峰一般不会明显减小，对应的成交量不断缩量。

◆　回调之后的拉升一般伴随着放量过程。

◆　突破原密集峰一般是较好的买入时机。

知识拓展　低位密集峰反复的目的

　　低位密集峰反复其实就是通常所说的"最后一跌"，让一些在低位震荡时入场的技术投资者以为股价又将开始新一轮下跌，结果止损出局后股价立即返回密集峰区域，而许多投资者都不愿意花比出场价位更高的价格接回同一只股票，主力从而达到清理浮筹的目的。这种手法通常也会形成MACD指标的底背离。

应用实例

长源电力（000966）跌破低位密集峰后快速拉升买点分析

　　图2-2所示为长源电力2019年12月至2021年2月的K线图。

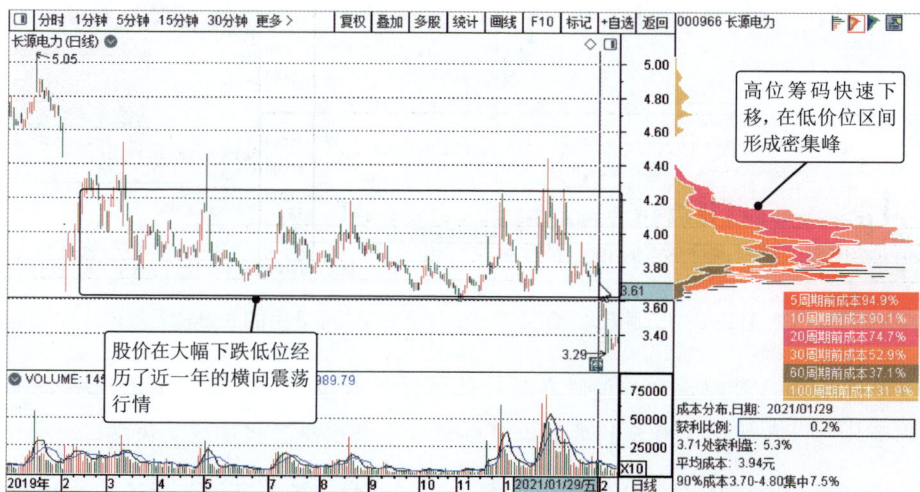

图2-2　长源电力2019年12月至2021年2月的K线图

从图 2-2 可以看到，该股大幅下跌后在 2020 年 2 月初下跌到 3.80 元的价位线附近后跌势减缓。之后该股大部分时间都在 3.60 元至 4.20 元进行横向震荡。整个震荡持续了近一年的时间。

2021 年 1 月 29 日，股价高开低走，当日以 4.24% 的跌幅收出大阴线触及 3.60 元价位线，观察当日的筹码分布图可以发现，上方高位筹码基本消失，在 3.60 元至 4.20 元，筹码分布形成低位密集峰形态。

次日，该股继续收阴跌破低位筹码密集区，随后该股连续下跌，出现了一波直线下跌行情，短短几个交易日，股价下跌创出 3.29 元的最低价，跌幅为 11% 左右。

该股是否会继续下跌行情呢？下面继续观察随后的走势。

图 2-3 所示为长源电力 2020 年 11 月至 2021 年 3 月的 K 线图。

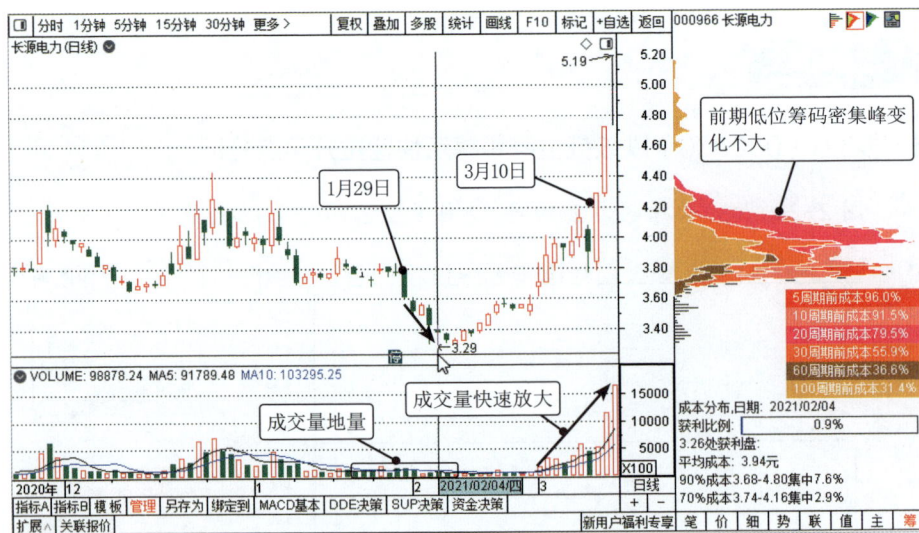

图 2-3　长源电力 2020 年 11 月至 2021 年 3 月的 K 线图

从图 2-3 可以看到，该股在跌破低位筹码密集峰后，成交量已经缩小到地量状态，在创出 3.29 元的最低价时成交量更是出现了极度地量状态。

观察创出最低价当日的筹码分布图可以看到，虽然股价经历了一波快速下跌的行情，但是在 3.60 元至 4.20 元形成的低位筹码密集峰并没有出现明显的变化，说明通过前期的近一年的横向震荡，大部分筹码已经被集中到主力手中，此时的快速下跌为下跌行情的最后一跌，目的是进一步清理市场中的浮筹，为后市拉升减轻压力，也标志着行情即将反转上涨，投资者此时可以积极逢低吸纳，买入做多。

随着股价创出 3.29 元的最低价后，股价很快企稳回升。在拉升初期，成交量变化不大，在 2021 年 2 月底，股价被拉升触及 3.60 元价位线时出现了短暂的横盘，股价始终受到该价位线的压制。

但是在 3 月初，成交量快速放大，股价被快速推高。尤其在 3 月 10 日，股价低开后短短十几分钟就被打到涨停板后封板，当日以涨停大阳线放量强势突破 4.20 元价位线。

次日股价继续以涨停大阳线强势拉升股价突破前期形成的低位筹码密集峰，上涨行情正式步入拉升期。

图 2-4 所示为长源电力 2021 年 1 月至 4 月的 K 线图。

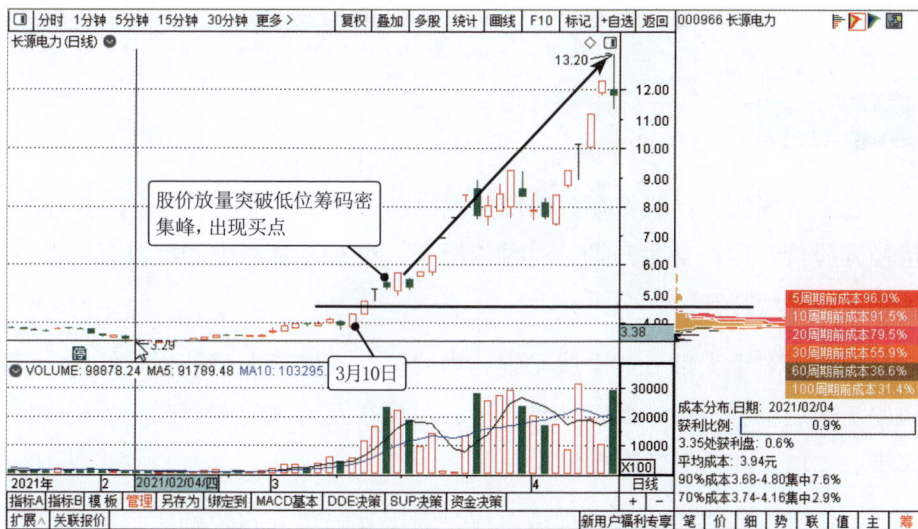

图 2-4　长源电力 2021 年 1 月至 4 月的 K 线图

从图 2-4 可以看到，该股放量突破前期低位筹码密集峰后出现了一波大幅上涨行情，在一个月左右的时间，股价从 5.00 元价位线附近上涨到 13.20 元，涨幅达到 164%。

如果投资者在股价快速跌破低位筹码密集峰后再次快速拉升突破先前的低位筹码密集峰时积极买入做多，将获益颇多。

No.02　股价突破筹码密集峰后的回踩

一图展示

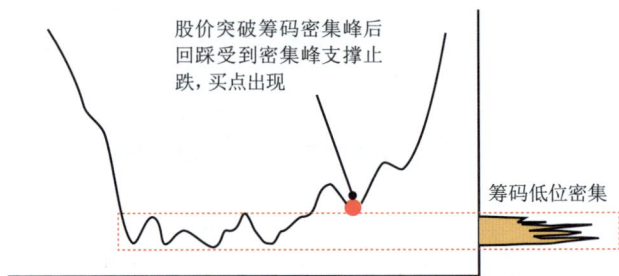

股价突破筹码密集峰后回踩受到密集峰支撑止跌，买点出现

筹码低位密集

图 2-5　股价突破筹码密集峰后的回踩示意图

要点解析

在上个案例中，股价在突破低位筹码密集峰后，以连续的涨停 K 线放量拉升股价开启拉升主升期，这种情况下，没有及时跟进的投资者就很可能错失一段拉升行情。

但是，对于大部分的个股来说，当股价在放量向上突破相对低位的筹码密集区后都会有一个回踩休整阶段，股价在回落到前期形成的筹码密集区得到支撑止跌，之后再次拐头向上。

这个回踩筹码密集区的现象不仅是对上涨趋势的有效确认，更为投资者预留了足够的介入时间。

因此，一旦股价出现向上突破筹码密集区后回踩获得支撑，稳健的投资者可以积极做多。

盾安环境（002011）股价突破筹码密集区后的回踩买点分析

图 2-6 所示为盾安环境 2019 年 4 月至 2020 年 11 月的 K 线图。

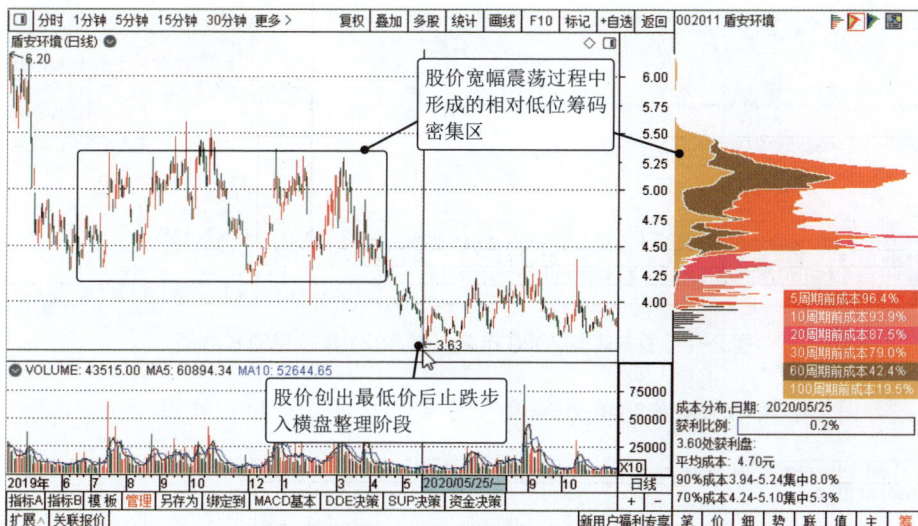

图 2-6　盾安环境 2019 年 4 月至 2020 年 11 月的 K 线图

从图 2-6 可以看到，该股在 2019 年 4 月底经过一波直线下跌后股价在 4.50 元价位线附近止跌，之后股价在 4.50 元至 5.50 元宽幅震荡，整个震荡使得筹码在该价格区间形成密集区。

2020 年 4 月中下旬，股价跌破了筹码密集区的下边后继续下跌，并在 5 月 25 日创出 3.63 元的最低价后止跌，后市股价继续在低位横盘整理。

图 2-7 所示为盾安环境 2020 年 2 月至 2021 年 4 月的 K 线图。

观察震荡末期的筹码分布图可以发现，随着股价的持续低位震荡，前期相对低位形成的筹码密集区已经快速下移，并在 3.70 元至 4.20 元形成了新的低位筹码密集区。

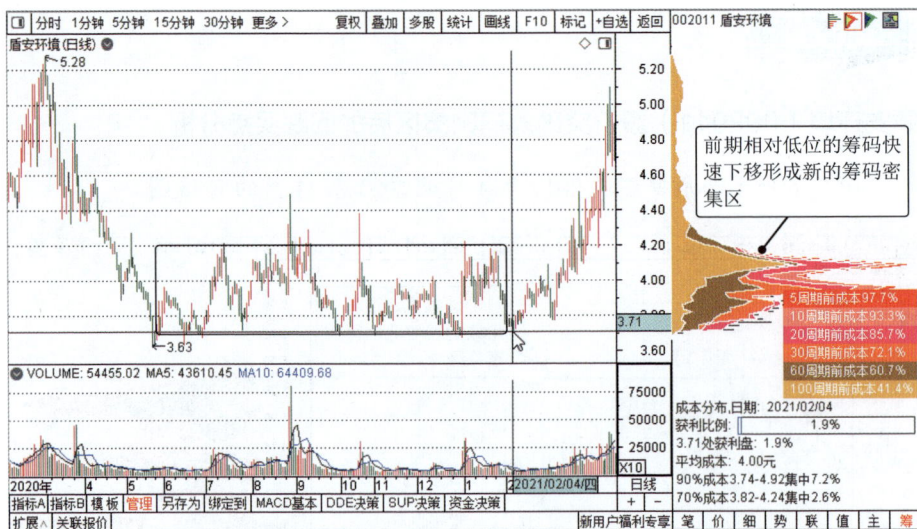

图 2-7　盾安环境 2020 年 2 月至 2021 年 4 月的 K 线图

图 2-8 所示为盾安环境 2020 年 5 月至 2021 年 7 月的 K 线图。

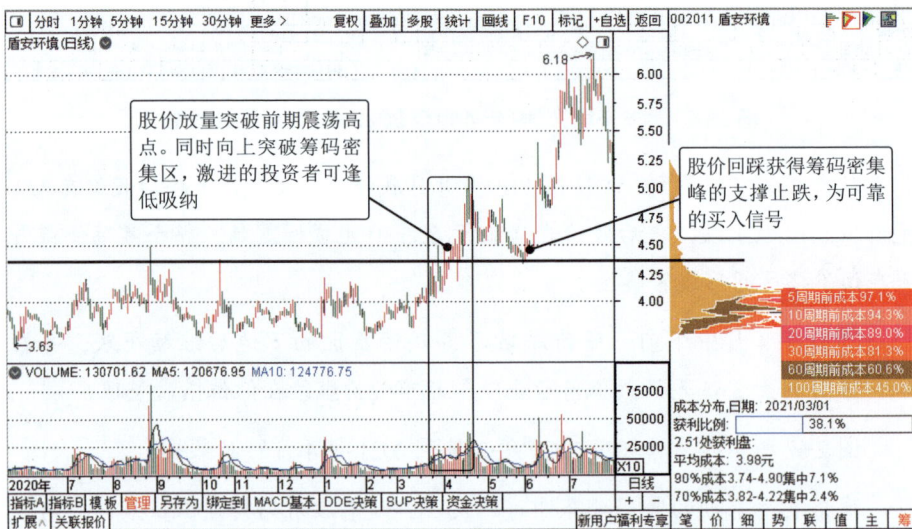

图 2-8　盾安环境 2020 年 5 月至 2021 年 7 月的 K 线图

从图 2-8 可以看到，该股在 2021 年 3 月中旬出现了明显的放量拉升行情，并且已经明显突破前期震荡过程中放量和巨量反弹的高位。经过长达 8 个月的震荡行情，许多筹码已经失去了持股的耐心，面对这种力度的反弹，纷纷选择抛售解套。

股价上涨到 5.00 元的价位线后出现阶段见顶回落，在整个回落过程中，成交量快速缩小，最终在 5 月底受到前期低位筹码密集区的支撑后止跌。说明主力强大的护盘能力，后市看好，投资者应在股价回踩低位筹码密集区受到支撑后果断买入，持股待涨。

从后市的走势来看，该股在短时间内出现了一波急速上涨行情，在一个多月的时间，股价从 4.30 元价位线附近上涨到 6.18 元的高价，涨幅约 44%。

无论是在股价突破低位筹码密集区跟进的投资者，还是在回踩确认后跟进的投资者，短期持股都将获得不错的收益。

No.03　拉高过程中的多个密集峰

一图展示

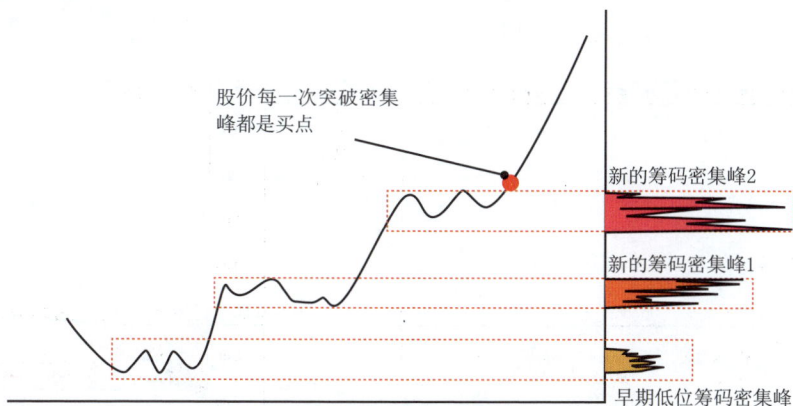

图 2-9　拉高过程中的多个密集峰示意图

图中文字：
- 股价每一次突破密集峰都是买点
- 新的筹码密集峰2
- 新的筹码密集峰1
- 早期低位筹码密集峰

要点解析

在行情进入拉升主升期后，筹码分布图形就会由相对集中变为相对分散状态，在拉升过程中，会形成多个筹码密集峰。这是上涨动力正在释放的标志。但是投资者也不要盲目看涨，需要密切注意以下前提。

◆ 新的筹码峰形成时，相对低位的筹码峰会随着上方筹码峰的形成而减少，但不应该消失。如果投资者发现上方筹码峰形成的同时下方的筹码峰在迅速减少或消失，很可能是主力在大量出货，此时应结合其他指标判断是否卖出，以便及时锁定利润。

◆ 新的筹码峰会成为该股回调整理或震荡行情的重要支撑位，只要股价不跌破该支撑位，股价通常不会转势下跌。

◆ 在股价出现一波或几波比较明显的上涨之后，可能会出现较长时间的震荡，这通常是主力在进行震仓清理浮筹，中短线投资者要注意规避，最好逢高卖出，锁定利润，待行情调整结束再介入。

应用实例

新洋丰（000902）拉高过程中的多个密集峰买卖分析

图 2-10 所示为新洋丰 2019 年 9 月至 2020 年 9 月的 K 线图。

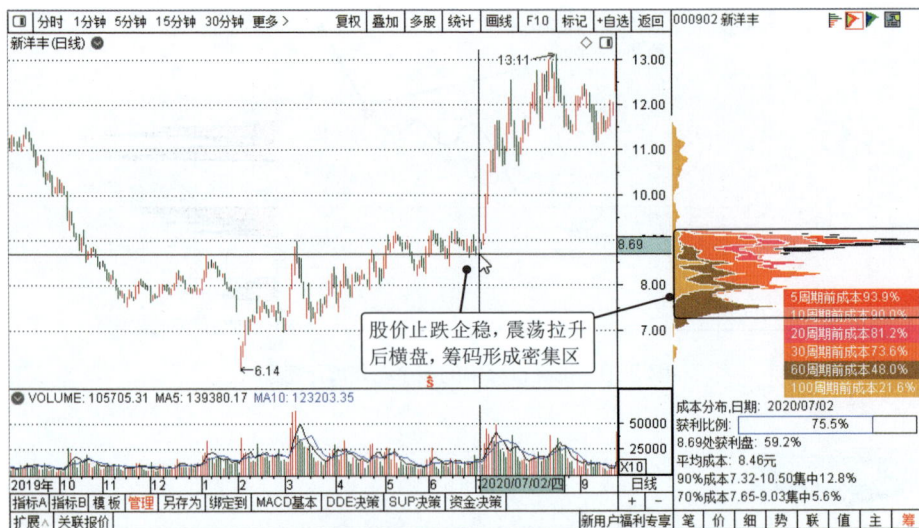

图 2-10　新洋丰 2019 年 9 月至 2020 年 9 月的 K 线图

从图 2-10 可以看到，该股大幅下跌到 2019 年 11 月后跌势减缓，经历了两个多月的横盘整理。在 2020 年 1 月中旬该股继续出现急速下跌，并在 2020 年 2 月 4 日创出 6.14 元的最低价后止跌。

随后该股出现震荡拉升行情，在 3 月初的一波快速放出大量能的推动下，股价直线拉升，打到 9.00 元价位线后止涨回落。之后股价波动向上，但是在 9.00 元价位线附近受到阻碍。

观察 7 月 2 日的筹码分布图可以发现，随着股价的不断震荡上涨，大部分的筹码都被集中到了 7.00 元至 9.00 元，形成密集峰（标识为早期低位筹码密集峰）。

图 2-11 所示为新洋丰 2019 年 12 月至 2020 年 11 月的 K 线图。

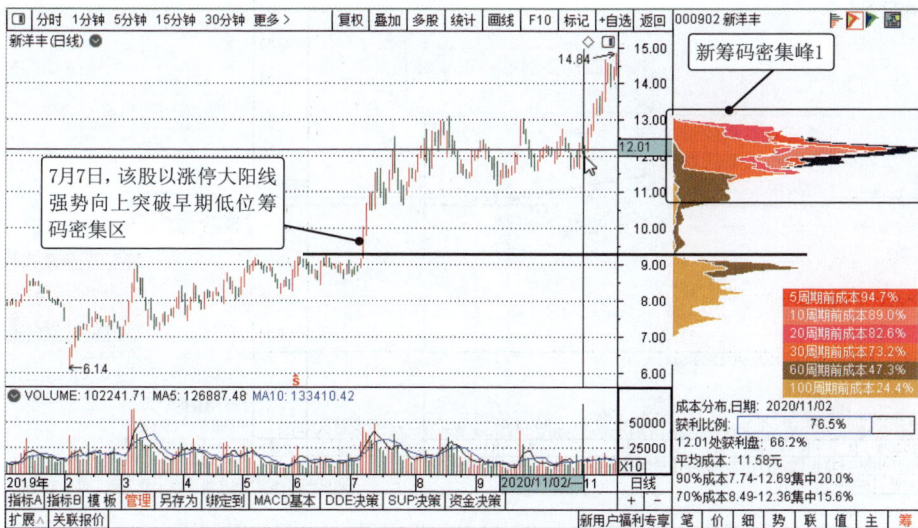

图 2-11　新洋丰 2019 年 12 月至 2020 年 11 月的 K 线图

从图 2-11 可以看到，2020 年 7 月 7 日该股高开后一路高走，当日以涨停大阳线报收，突破 9.00 元价位线运行到前期低位密集区上方，此时就是一个不错的买点。之后该股一路震荡上涨。

最终股价在触及 13.00 元价位线后再次受阻进入横向整理阶段。整个整理过程中，股价始终受到 13.00 元价位线的压制，震荡低点始终在 11.00 元价位线上方。

随着震荡的不断展开，股价震荡幅度越来越小，进入10月后该股几乎围绕12.00元价位线窄幅波动。

观察2020年11月2日的筹码分布图可以发现，在震荡过程中，前期的相对低位的筹码出现了向上转移的情况，并在11.00元至13.00元形成新的筹码密集峰（标识为新筹码密集峰1）。如果股价要继续上涨，就必须突破该密集区的压制，运行到其上方。

下面继续来分析该股后市走势。

图2-12所示为新洋丰2020年1月至2021年3月的K线图。

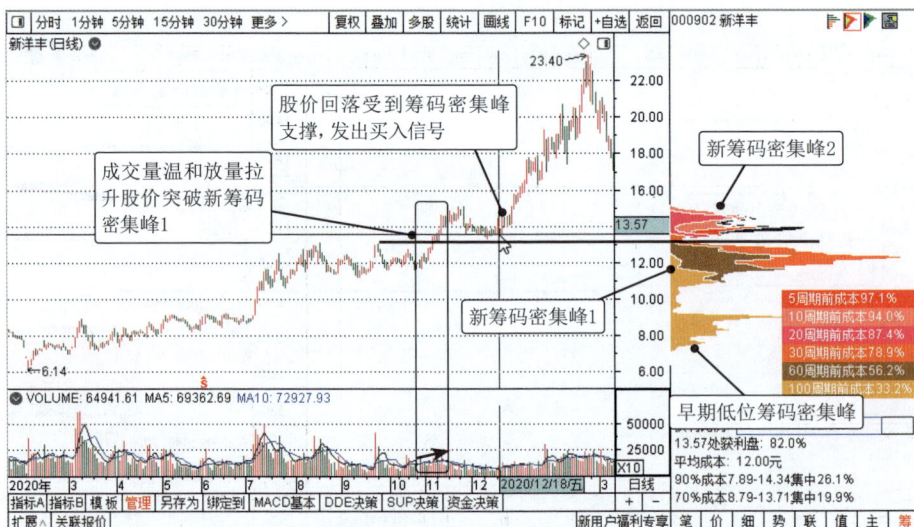

图2-12　新洋丰2020年1月至2021年3月的K线图

从图2-12可以看到，该股在2020年11月温和放量，逐步推涨股价向上突破13.00元价位线运行到新筹码密集峰1的上方，但是很快股价就在15.00元价位线附近受阻回落，股价始终围绕14.00元价位线整理。

观察这一阶段的筹码分布图可以发现，在拉升过程中筹码在14.00元至15.00元再次形成明显的筹码峰（标识为新筹码密集峰2）。

随着股价的回落，最终在前期形成的新筹码密集峰1的上方获得支撑止跌，而且此时的早期低位筹码密集峰仍然锁仓良好。从这两个方面判断，该股后市会继续上涨，投资者可以在股价回落到新筹码密集峰1的上方获得支撑时积极逢低吸纳。

图2-13所示为新洋丰2020年1月至2021年10月的K线图。

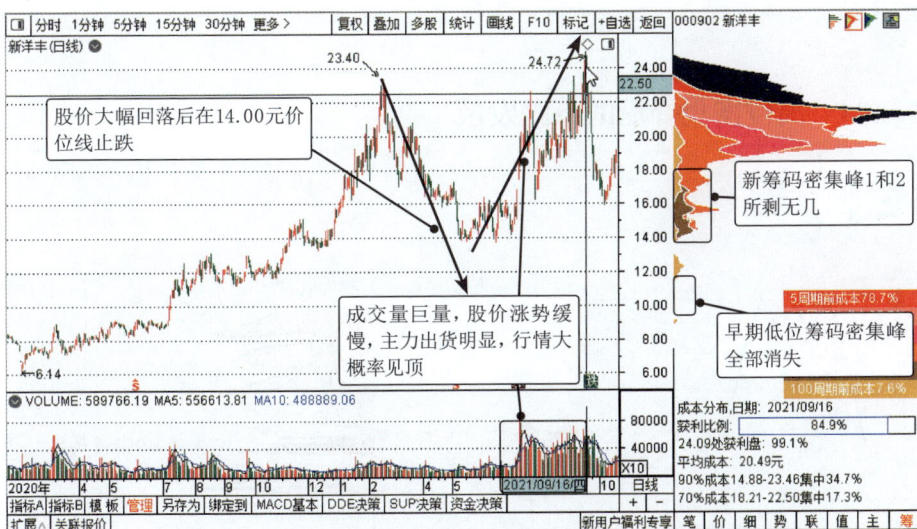

图2-13　新洋丰2020年1月至2021年10月的K线图

从图2-13可以看到，该股在14.00元价位线获得新筹码密集峰1的支撑后重拾升势，两个多月的时间，股价上冲到23.40元左右后见顶回落。股价从6.14元的低位上涨到23.40元左右，涨幅已经超过281%。

在大幅上涨的高位出现见顶回落的走势，后市大概率会经历长时间的回调震荡或行情步入下跌，此时中短线投资者最好抛售手中持股，清仓出局，锁定利润。

从该股的实际走势来看，该股确实经历了一波长时间的深幅下跌行情，最终在14.00元价位线获得支撑后再次上涨，此时的上涨伴随着巨大的成交量，但是整个涨势却不成正比，股价在震荡上涨创出24.72元的高价后再次回落。

观察此时对应的筹码分布图可以发现，此时股价在 18.00 元至 24.00 元中形成了明显的筹码密集峰，但是早期低位筹码密集峰已经全部消失，新筹码密集峰 1 和新筹码密集峰 2 也所剩无几，此时的大量成交可以判定为主力正在积极出货。

那么，此时散户投资者也应该紧跟主力，积极抛售。一旦股价跌破此时的高位密集峰，那么行情就会进入下跌中。

No.04　高位密集峰后的下跌发散

一图展示

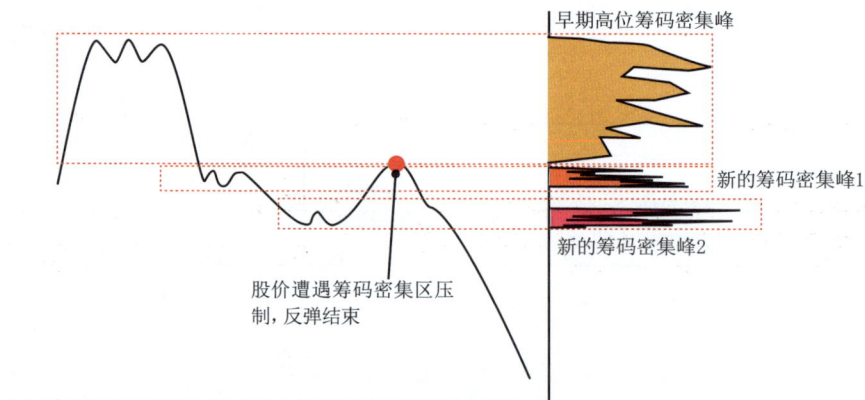

图 2-14　高位密集峰后的下跌发散示意图

要点解析

在股价长期大幅上涨后，下方筹码不断向上移动，并在高位形成密集峰，此时大概率是股价见顶的信号，之后股价便会转头向下运行。

如果此时筹码密集峰伴随股价下跌而向下发散，并形成多个密集峰，说明市场中的下跌动能正在不断释放。

但这并不意味着股价就没有了下跌动力，因为下跌中形成的筹码峰会不断成为股价上涨的压力。此时投资者应观望，不要轻易入场抢反弹。

即使激进的投资者入场抢反弹，也要特别注意股价反弹到每个密集峰的位置，因为这些位置都会致使反弹结束。

应用实例

钱江摩托（000913）高位密集峰后的下跌发散卖点分析

图 2-15 所示为钱江摩托 2020 年 3 月至 2021 年 5 月的 K 线图。

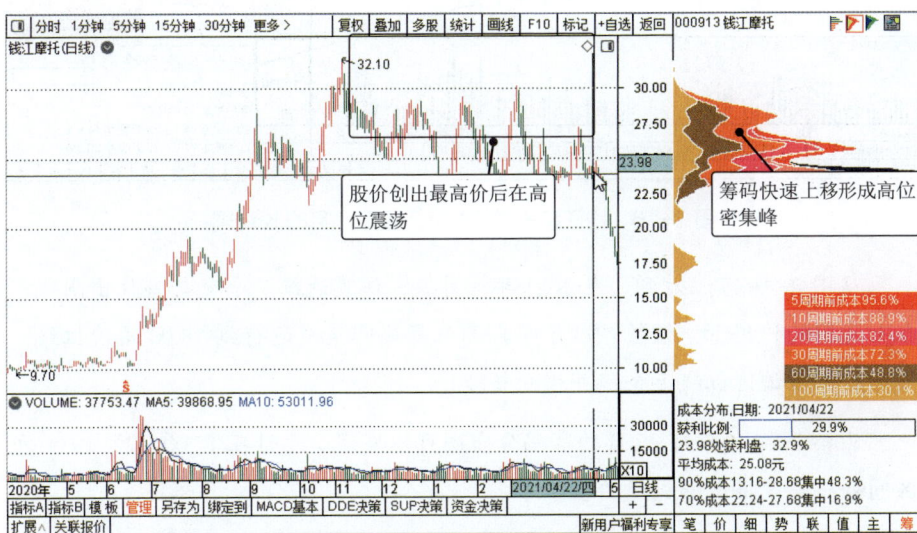

图 2-15　钱江摩托 2020 年 3 月至 2021 年 5 月的 K 线图

从图 2-15 可以看到，该股在 2020 年 11 月 5 日创出 32.10 元的高价后震荡回落，之后该股在 22.50 元至 30.00 元进行震荡，整个震荡行情持续了 5 个月左右的时间。

观察对应的筹码分布图可以发现，随着震荡的不断展开，下方的低位筹码快速向上转移，并在 22.50 元至 30.00 元形成密集峰（标识为早期高位筹码密集峰），股价大概率见顶，后市看跌。

图 2-16 所示为钱江摩托 2021 年 2 月至 7 月的 K 线图。

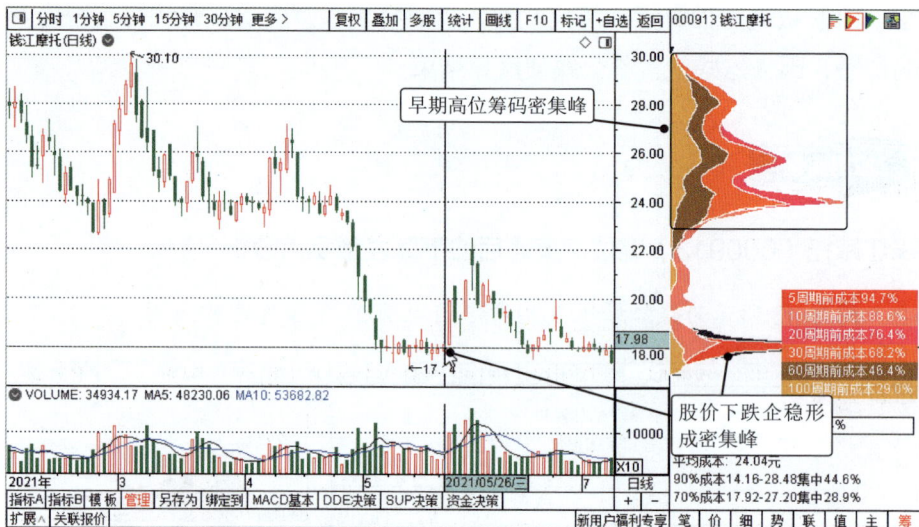

图 2-16　钱江摩托 2021 年 2 月至 7 月的 K 线图

从图 2-16 可以看到，在 2021 年 4 月底，该股连续 7 个交易日收出阴线，在七连阴的作用下，该股跌破了早期高位筹码密集峰运行到 18.00 元价位线。之后股价在该价位线上企稳并横向整理。

观察 2021 年 5 月 26 日的筹码分布图可以发现，此时在 17.00 元至 19.00 元区间筹码高度集中形成新的密集峰。

次日，股价微微高开后一路高走，在午盘打到涨停板后封板，当日以涨停板收出光头光脚大阳线，强势突破新筹码密集峰，行情出现反弹。

但是此时股价距离早期高位筹码峰的位置较近，该密集峰对股价的反弹有强大的压制作用，因此，对于稳健的投资者，最好不要参与。而前期高位追涨的投资者则可以以早期高位筹码密集峰为参照，设置清仓价位，积极抛售离场。

事实上，此轮反弹没有持续几个交易日，便在前期高位筹码密集峰的下方受阻结束了反弹。

图 2-17 所示为钱江摩托 2021 年 3 月至 8 月的 K 线图。

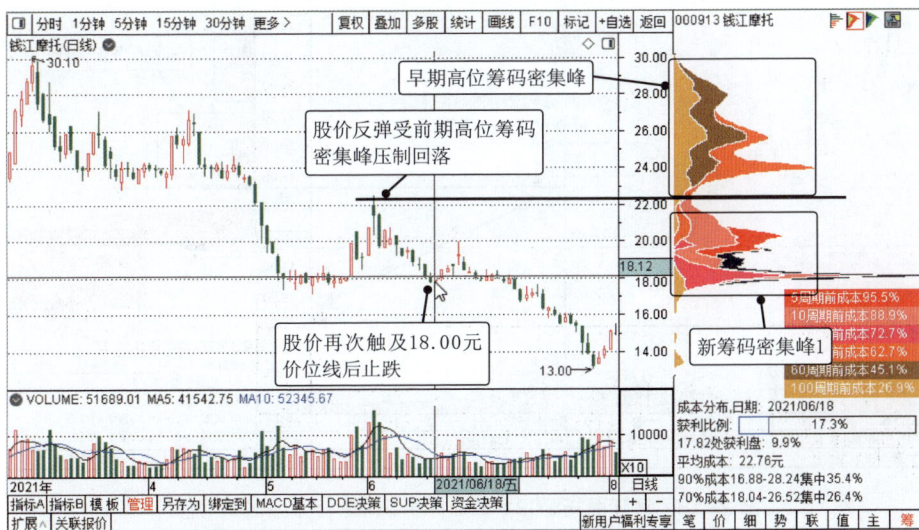

图 2-17 钱江摩托 2021 年 3 月至 8 月的 K 线图

从图 2-17 可以看到，股价在反弹到 22.00 元价位线受阻后快速回落到 18.00 元价位线止跌。

观察此时的筹码分布图可以发现，随着反弹的展开与受阻回落，早期高位筹码出现了下移的走势，说明部分套牢盘通过这轮反弹行情已经出场。对应的筹码在 18.00 元至 22.00 元有明显的增大，形成新的筹码密集峰（标识为新筹码密集峰 1）。

从目前的两个密集峰的形态来看，两个密集峰都较大，股价要想突破这两个密集峰后上涨非常困难，因此后市继续看跌的概率比较大，并且这两个筹码密集峰都将对股价的反弹形成强大的压制。

股价最终短暂反弹到 20.00 元价位线时受阻回落，向下跌破了新筹码密集峰 1，下跌继续。

图 2-18 所示为钱江摩托 2021 年 2 月至 2022 年 5 月的 K 线图。

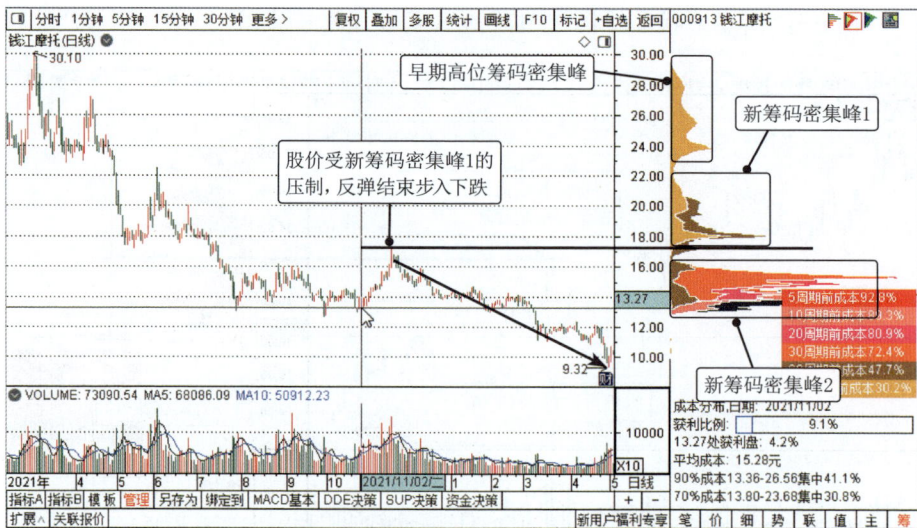

图 2-18　钱江摩托 2021 年 2 月至 2022 年 5 月的 K 线图

从图 2-18 可以看到，该股下跌到 14.00 元价位线附近后止跌，之后该股经历了 3 个多月的横向整理时期。

整个震荡过程中，早期高位筹码峰和新筹码峰 1 出现明显的下移，最终在 14.00 元至 16.00 元形成密集峰（标识为新筹码密集峰 2）。

虽然此时的新筹码密集峰 2 的数量异常大，但是上方仍然存在不少的高位筹码，因此即使股价经历了 3 个多月的横盘整理，也不会在短时间内出现递转的行情，因此后市仍然继续看跌，投资者此时应观望。

二、筹码发生转移，趋势才有改变的可能

在运用筹码分布技术研判股价趋势是否改变时，有一个重要的注意事项，即"筹码发生转移，趋势才有改变的可能"。对于股价的运行趋势，概括来划分包括上涨趋势、下跌趋势和横盘整理趋势。任何趋势要想改变，筹码必须发生转移，否则原趋势一定会持续。下面通过具体的实例来讲解。

No.05　高位筹码下移，上涨趋势开启

一图展示

高位筹码大量存在，下跌趋势继续

下跌趋势结束，上涨趋势开启，突破低位密集峰为买点

高位筹码转移到下方形成密集区

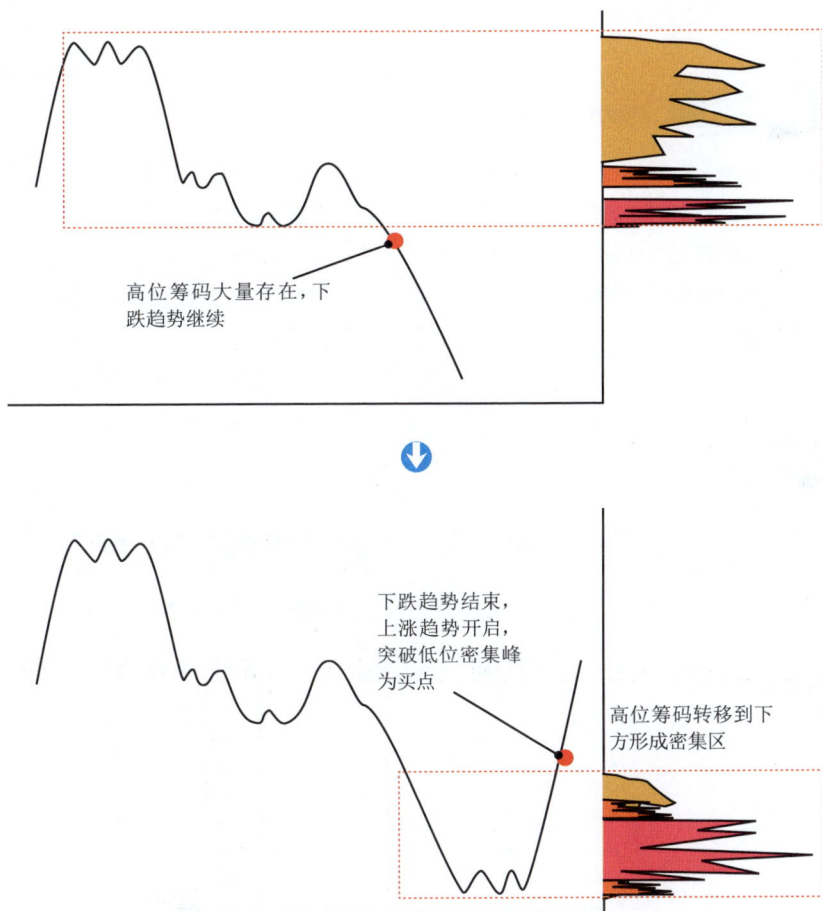

图 2-19　高位筹码下移，上涨趋势开启示意图

要点解析

下跌行情开始时，股价一定已经上涨到了一个相对较高的高度，此时在股价的高位就会聚集许多筹码，只要这些筹码不被全部或者大量转移到

底部，下跌行情就不会出现根本性的改变，上涨趋势就难以开启。

通常高位筹码发生大量转移形成密集区可能出现在下跌行情的末期，也可能出现在上涨行情的初期。而只有在股价向上突破形成的筹码密集区后才是可靠的买点。

知识拓展 *横盘整理行情的趋势改变*

无论在上涨行情中，还是在下跌行情中，或者是在筑底与筑顶过程中，当行情发生横盘整理时，在此过程中，筹码始终在一个价格范围内转移，如果筹码不突破或者跌破这个变动范围，盘整行情就会持续下去。当筹码向上突破横盘压力位，则横盘趋势就转为上涨趋势；当筹码向下跌破横盘支撑位，则横盘趋势就转为下跌趋势。

应用实例

神火股份（000933）高位筹码下移，上涨趋势开启的买点分析

图 2-20 所示为神火股份 2017 年 7 月至 2018 年 9 月的 K 线图。

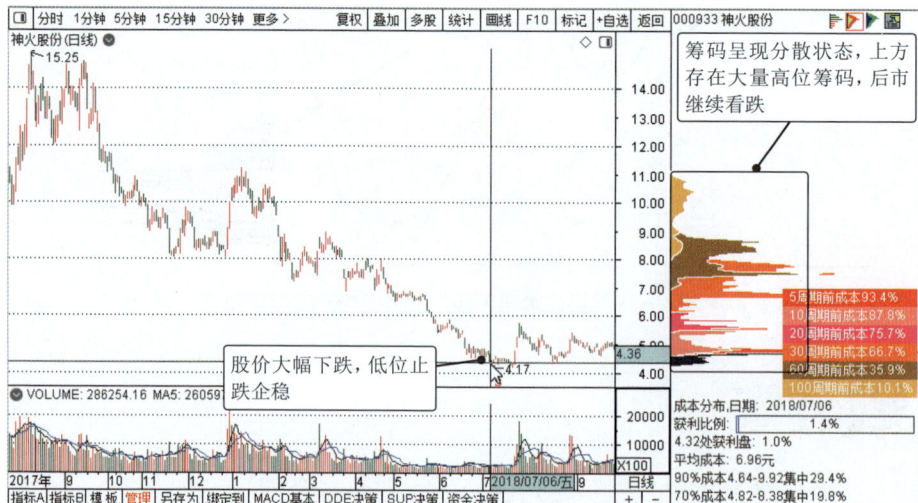

图 2-20　神火股份 2017 年 7 月至 2018 年 9 月的 K 线图

从图 2-20 可以看到，该股在 2017 年 8 月 9 日创出 15.25 元的最高价后见顶，之后在高位横盘整理一个多月的时间，股价始终在 12.00 元至 15.00 元进行波动。最终股价在 9 月底跌破横盘整理的支撑位后步入下跌行情。

之后股价经历了一波大幅下跌行情，在 2018 年 7 月 6 日创出 4.17 元的低价后企稳，从最高的 15.25 元下跌到 4.17 元的低位，跌幅超 72%。在大幅下跌的低位出现股价企稳的走势，是否意味着行情见底，上涨来临了呢？

下面观察创出 4.17 元低价当日的筹码分布图，从筹码分布图中可以看到，虽然此时在 12.00 元至 15.00 元的顶部横盘阶段的筹码已经全部下移，但是在下跌途中多次出现的横盘走势中形成的高位筹码仍然大量存在，整个筹码分布形态呈现出分散状态。因此，可以判断市场中无主力参与，那么后市要上涨就比较困难。场外投资者最好保持观望。

图 2-21 所示为神火股份 2018 年 3 月至 2020 年 10 月的 K 线图。

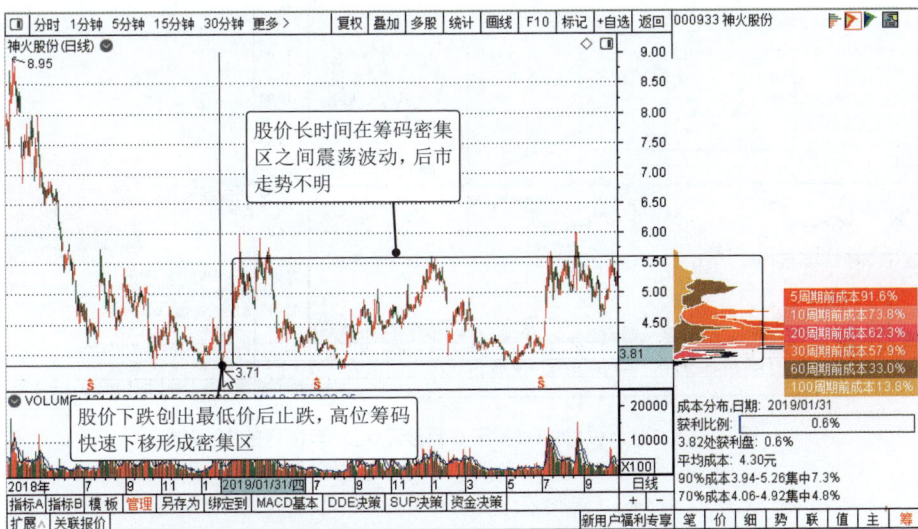

图 2-21　神火股份 2018 年 3 月至 2020 年 10 月的 K 线图

从图 2-21 可以看到，该股在 2018 年 7 月初短暂横盘后出现一波急速拉升的反弹行情，但是反弹最终在 5.75 元价位线附近结束，之后股价出现震荡回落的走势，但是整个回落跌势明显缓和了许多，最终在 2019 年 1 月 31 日创出 3.71 元的最低价后企稳。

观察此时的筹码分布图可以发现，高位筹码已经全部向下转移，并在 3.80 元至 5.75 元形成密集区。

从最高的 15.25 元下跌到 3.71 元，此时已经有近 76% 的跌幅了，股价有望见底，但是仍然不能盲目抄底。必须等到股价向上突破筹码密集区才是相对可靠的买入时机。

从后市的走势来看，股价出现了大幅的震荡行情，股价始终在筹码密集区的价格区间波动变化。

图 2-22 所示为神火股份 2018 年 6 月至 2021 年 9 月的 K 线图。

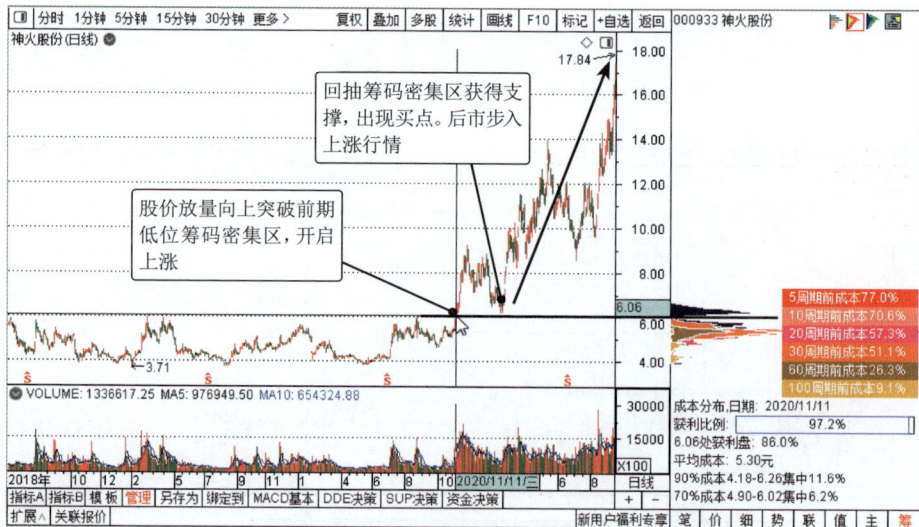

图 2-22　神火股份 2018 年 6 月至 2021 年 9 月的 K 线图

从图 2-22 可以看到，该股在 4.00 元至 6.00 元进行横向震荡了近两年的时间，如果投资者在前期股价创出 3.71 元的最低价后发现筹码低位密集后就抄底介入，就会长时间被套在震荡行情中，降低了资金利用率。

在 2020 年 11 月中上旬，该股放出巨量直线拉升股价突破 6.00 元的震荡阻力位运行到筹码密集区的上方，之后股价继续上涨到 9.00 元价位线附近时滞涨回落。

但是股价最终在前期低位筹码密集区上方，即 6.00 元价位线上方获得支撑止跌，此次回抽密集峰获得支撑，更加确定了股价向上突破筹码密集区的有效性，说明行情已经步入上涨，此时股价回落获得支撑止跌就是可靠的买点，投资者可以积极逢低吸纳，买入后持股待涨。

No.06　低位筹码上移，下跌趋势开启

一图展示

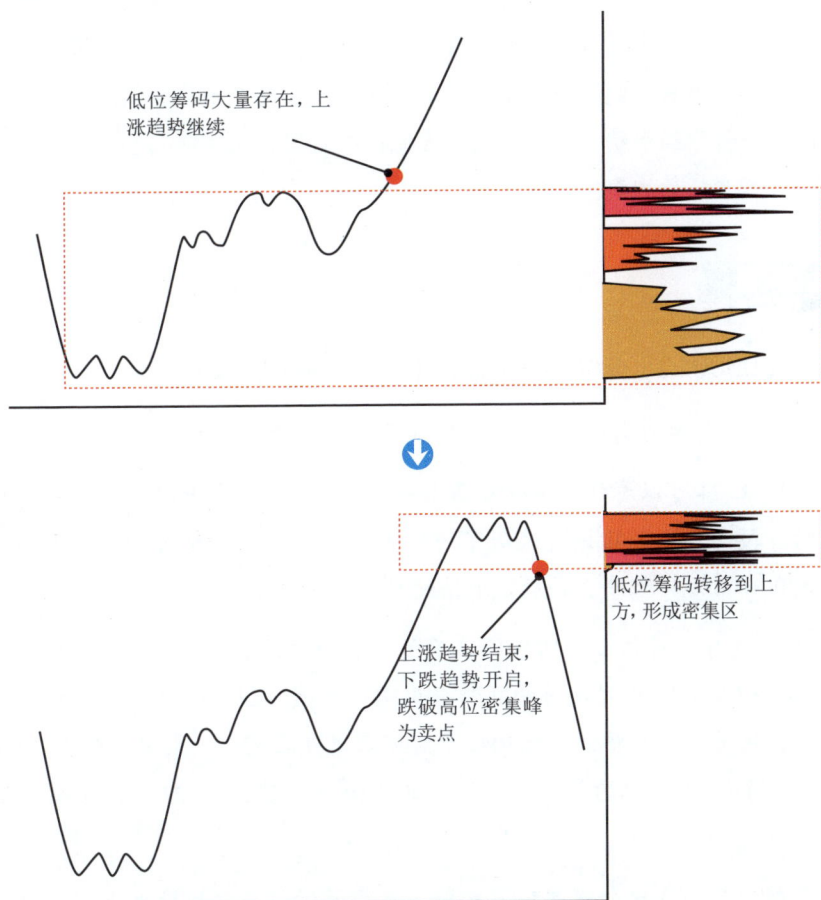

低位筹码大量存在，上涨趋势继续

低位筹码转移到上方，形成密集区

上涨趋势结束，下跌趋势开启，跌破高位密集峰为卖点

图 2-23　低位筹码上移，下跌趋势开启示意图

随着主力在低位建仓，筹码会被大量集中到低价位区。只要底部有大量筹码支撑，上涨就能延续。如果底部筹码被大量移动到顶部，会根据主力的出货程度出现以下两种情况。

◆ **情况一**：股价大幅上涨到高价位区后在顶部滞涨横盘或者震荡，在这一过程中，主力完成派发，下方筹码快速转移到顶部形成密集区，股价若跌破该高位密集区，将快速步入下跌行情。

◆ **情况二**：主力在顶部没有来得及抛售所有筹码，在股价大量转移到顶部后还会出现回落后反弹或者震荡走势，主力借助反弹和震荡完成最后的出货，此时下方剩余筹码会在这个过程中形成密集区。由于此时股价已经下跌了一段时间，因此，一旦股价跌破筹码密集区，就是投资者最后的卖出时机。

南玻A（000012）低位筹码上移，下跌趋势开启的卖点分析

图2-24所示为南玻A在2020年9月至2021年8月的K线图。

从图2-24可以看到，该股震荡上涨到2020年11月中旬在触及8.00元价位线后阶段见顶，之后该股经历了一波长时间的大幅调整行情。2021年3月底股价在6.00元价位线止跌后出现快速拉升行情。

在2021年5月初上涨到9.00元价位线后短暂横盘，之后股价重拾升势，但是涨势相较于2021年4月的涨势来说明显减缓。但是此时的成交量却不间断地放出巨量，而且整个量能相较于前期来说也比较大。最终该股在2021年8月6日创出13.27元的高价。从低位的5.18元上涨到13.27元，涨幅已超过156%。

观察此时的筹码分布图可以发现，下方的低位筹码快速缩小，大部分已经转移到高位，并在9.00元至13.00元形成密集区，此时主力大概率在出货，

稳健的投资者可以减仓或者清仓出局。

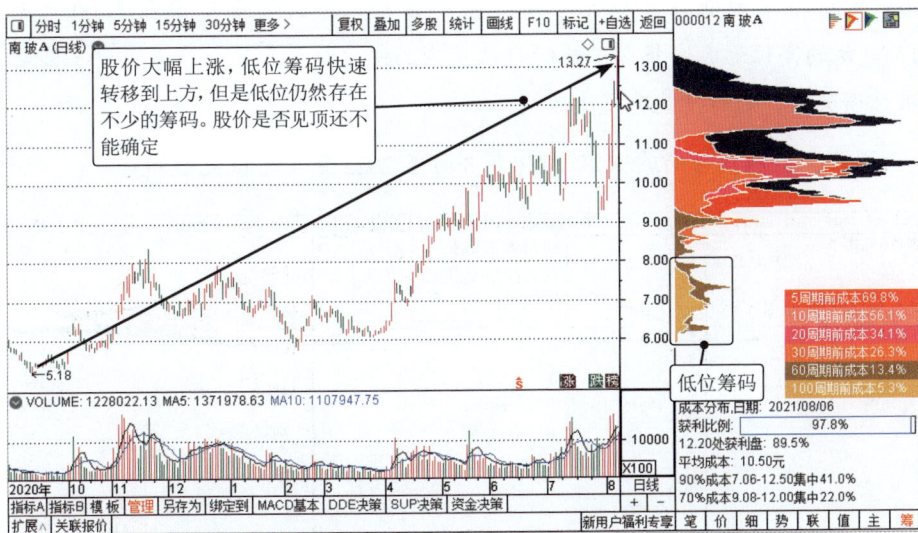

图2-24 南玻A在2020年9月至2021年8月的K线图

图2-25所示为南玻A在2020年10月至2021年9月的K线图。

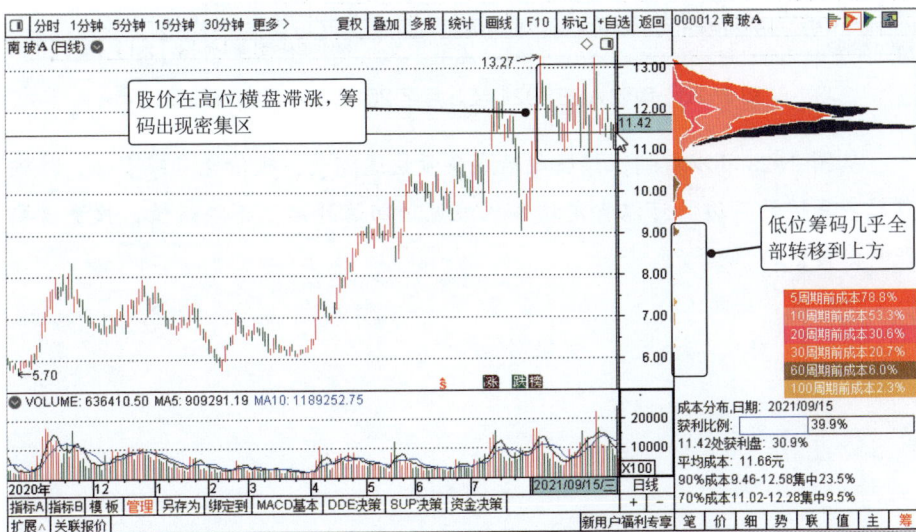

图2-25 南玻A在2020年10月至2021年9月的K线图

从图2-25可以看到，该股在创出13.27元的最高价后滞涨，并在高位横盘整理了一个多月的时间，观察这一整理过程的筹码分布图可以发现，此时9.00元价格下方低位筹码几乎消失了，并且此时的筹码集中在11.00元至13.00元的高位形成密集区。此时行情见顶的概率就更大了。如果股价不能突破该密集区，则行情就会发生改变。

图2-26所示为南玻A在2021年5月至2022年4月的K线图。

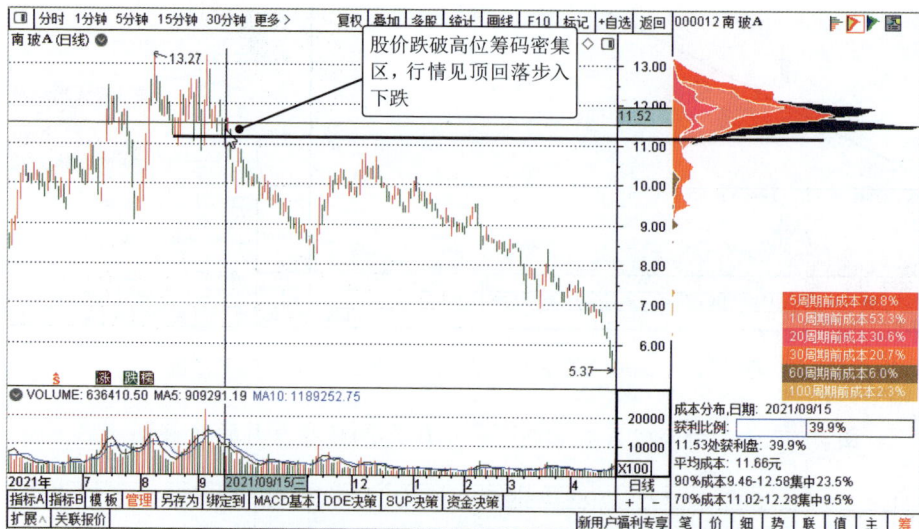

图2-26　南玻A在2021年5月至2022年4月的K线图

从图2-26可以看到，该股之后成交量快速缩量，股价也直线下跌，跌破筹码密集区的下边，可以肯定该股已经见顶回落开启了下跌行情，投资者要果断抛售出局。

第三章

筹码与K线技术结合

K线是炒股技术中的基本分析技术，通过对K线组合和K线形态的研究，可以帮助投资者更好地把握个股的买卖点。而筹码分布图又是对市场平均成本的反映和分析，因此，二者的结合可以帮助投资者更加准确地抓住买卖时机。

一、筹码与 K 线组合结合

K 线组合一般是由连续几根 K 线构成，能够发出买入或卖出信号的一组 K 线，这些 K 线组合要出现在特定的位置才具有实战指示作用。为了提高 K 线组合发出买卖信号的可靠性，可将其与筹码分布技术进行结合使用。

No.01　上峰未移，出现早晨之星不要急于抄底

一图展示

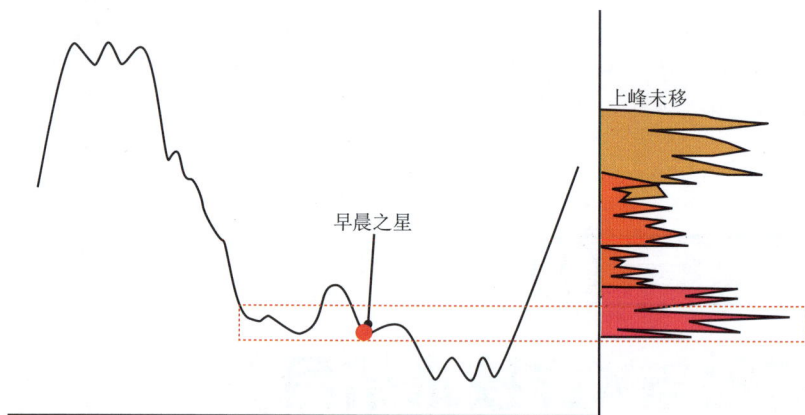

图 3-1　上峰未移，出现早晨之星示意图

要点解析

早晨之星 K 线组合是由三根 K 线组合而成的图形，左侧第一根 K 线是一根中阴线或大阴线；中间的第二根 K 线必须跳空低开，而且实体要留有跳空缺口，可以是小阳线、小阴线或者"十"字星线；右侧的第三根 K 线是一根中阳线或者大阳线，收盘价必须深入第一根阴线的实体内，且深入得越多越有意义。

图 3-2 所示为早晨之星 K 线组合的示意图。

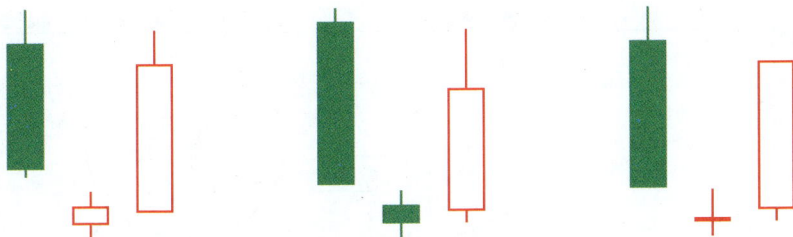

图 3-2 早晨之星 K 线组合示意图

　　早晨之星 K 线组合出现在股价运行的低位，是一个股价见底的信号，在早晨之星出现之后，应该考虑买入股票。

　　但是，有时候在下跌末尾出现早晨之星 K 线组合后，股价不一定会立即反转，后市可能会继续一波下跌或震荡行情，此时，就需要结合筹码分布图进行具体分析。

　　如果在出现早晨之星 K 线组合后，上方高位筹码没有完全向下转移，且数量相对来说还比较多，说明此时主力持仓不多，行情跌势大概率未完，后市可能继续出现下跌，也可能进入长时间的横盘震荡走势中，对于稳健的投资者来说可以关注该股后期走势，不要盲目抄底。

知识拓展 抄底不要满仓

　　对于风险性投资者来说，如果想要在早晨之星 K 线组合出现后抄底，建议不要满仓操作，因为股市变化是复杂的，一旦底部判断错误，满仓操作就会带来巨大的损失。因此为了最大化地降低风险，在初步判断底部后，建仓不要满仓，最好采用中、长期分批次建仓。这样做不仅可以有效地降低风险，而且可以使建仓成本最大化地降低。

应用实例

奥园美谷（000615）上峰未移，出现早晨之星时的操盘分析

　　图 3-3 所示为奥园美谷 2019 年 3 月至 2020 年 4 月的 K 线图。

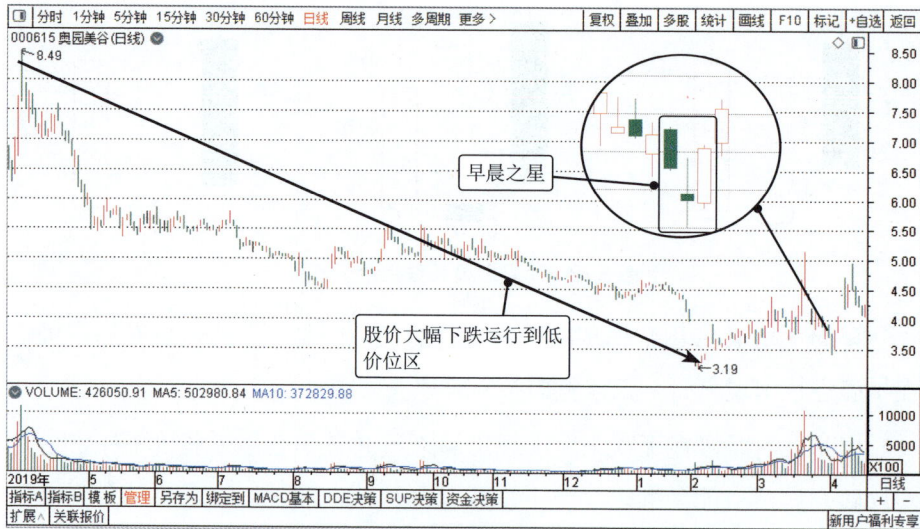

图 3-3　奥园美谷 2019 年 3 月至 2020 年 4 月的 K 线图

从图 3-3 可以看到，该股在 2019 年 4 月 1 日创出 8.49 元的最高价后见顶回落，经过 9 个月左右的时间，该股在 2020 年 1 月上旬下跌到 4.50 元价位线后止跌企稳。

之后围绕该价位线窄幅波动，在 1 月下旬出现直线下跌走势，打破了窄幅波动的平衡，并在 2020 年 2 月 5 日创出 3.19 元的最低价后企稳。

股价从 8.49 元下跌到 3.19 元，跌幅超过 62%，说明此时股价可能已经处于下跌行情的低价位区了。

之后，该股出现震荡拉升行情，但是在上涨到 4.50 元价位线时受阻回落，最终在 3.50 元价位线上企稳。

观察企稳时的 K 线可以发现，该股在 3 月 31 日以 4.63% 的跌幅收出大阴线。次日股价跳空低开以 4.58% 的跌幅收出带长上下影线的小阴线，这两个交易日的 K 线实体形成明显的向下缺口。

4 月 2 日，该股低开后围绕上个交易日的收盘价横盘波动，在早盘临近收盘时突然放量拉高股价一路上扬，最终以 7.91% 的涨幅收出大阳线，该大阳线深深插入 3 月 31 日大阴线的实体内。

这三个交易日形成了明显的早晨之星 K 线组合，在大幅下跌的低价位区出现该 K 线组合，行情大概率见底了。

是否此时就是很好的介入时机呢？

下面再结合对应的筹码分布图进行分析。

图 3-4 所示为奥园美谷 2019 年 5 月至 2020 年 4 月的 K 线图。

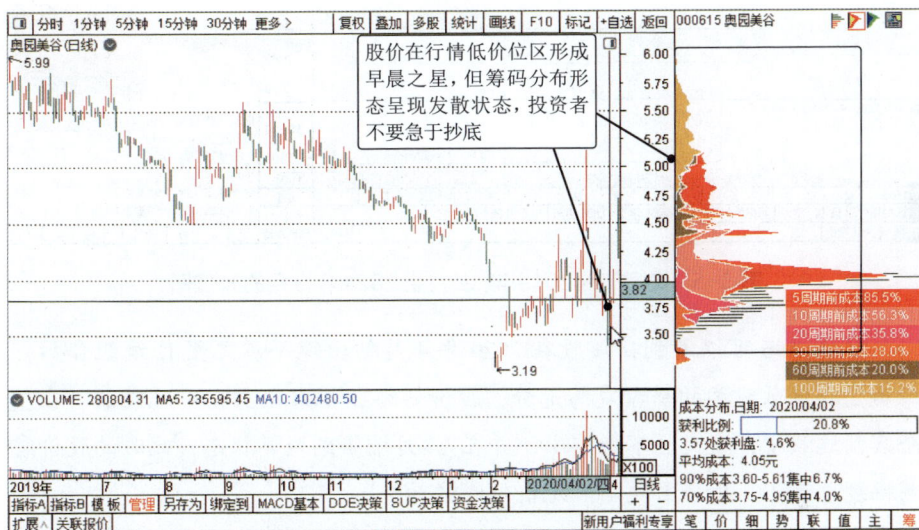

图 3-4　奥园美谷 2019 年 5 月至 2020 年 4 月的 K 线图

图 3-4 显示的是 2020 年 4 月 2 日的筹码分布图，可以看到，随着股价在创出 3.19 元的最低价后，股价在震荡拉升的过程中，下方出现了大量的筹码分布，并在 3.50 元至 4.25 元形成了明显的密集区域。

但是观察整个筹码分布形态，此时呈现出分散的状态，上方仍然存在大量的高位筹码，这些筹码对股价的拉升会起到一定的阻碍作用，因此，预测行情不会立即反转上涨，稳健的投资者此时不要急于抄底，最好保持观望，密切关注该股后市的走势。

图 3-5 所示为奥园美谷 2019 年 12 月至 2021 年 3 月的 K 线图。

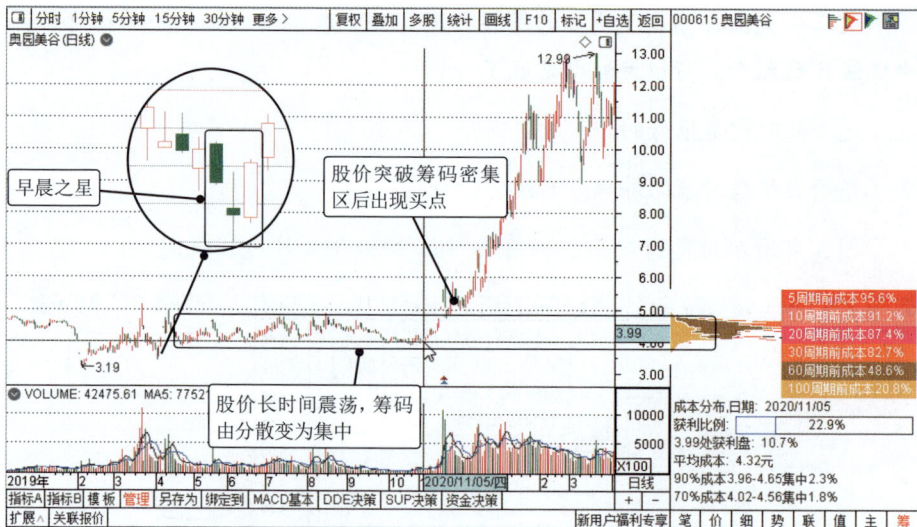

图 3-5 奥园美谷 2019 年 12 月至 2021 年 3 月的 K 线图

从图 3-5 可以看到，该股在 2020 年 4 月初出现早晨之星 K 线组合后，经历了一波长时间的横盘震荡走势，股价始终在 4.00 元至 5.00 元震荡。在整个震荡过程中，成交量不断缩小，并在 10 月缩小到地量状态，此时的股价震荡幅度也变小，几乎围绕 4.00 元价位线波动。

观察此时的筹码分布图可以发现，经过长达 7 个多月的横盘震荡走势，上方筹码不断下移，使得分散的筹码集中到 4.00 元至 5.00 元形成密集峰。

之后逐步放量拉升股价突破 5.00 元价位线，运行到筹码密集峰的上方，拉升行情正式开启，此时投资者可积极买入。

由此案例更加说明了筹码分布形态与 K 线组合应用的重要意义。如果投资者在看到早晨之星形态出现后就立即抄底，那么在后市长达 7 个多月的震荡行情中，不仅降低了资金的利用率，对于没有持股耐心的投资者来说，还可能在震荡行情中遭受亏损，得不偿失。

No.02 旭日东升伴随低位筹码峰，后市可期

一图展示

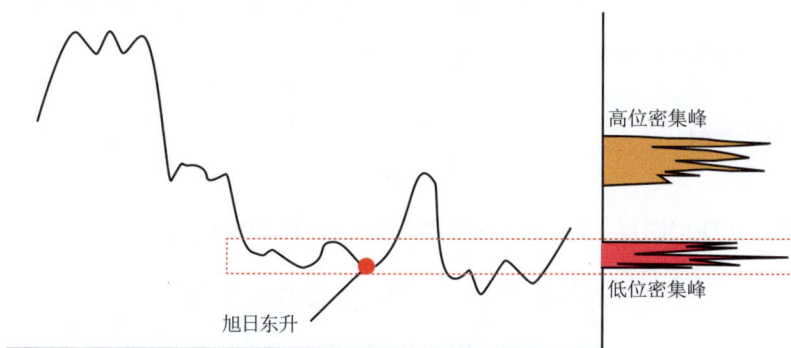

图 3-6 旭日东升伴随低位筹码峰示意图

要点解析

在一段连续下跌行情中，某天出现一根大阴线或中阴线，次日股价非但没有惯性低开下跌，反而出现一根高开高走的中阳线或大阳线，阳线的收盘价高于前一天阴线的开盘价，这样的 K 线组合就是旭日东升 K 线组合。其示意图如图 3-7 所示。

图 3-7 旭日东升 K 线组合示意图

股价经过连续下挫后出现这种 K 线组合，说明空方能量已释放殆尽，多方的攻势突然变得非常强劲，短期会继续上涨。第二根阳线的实体部分超出前一天阴线实体的开盘价越多，阳线实体越长，后期上涨势头越强劲。

如果股价出现了大幅度的下跌，在下跌的相对低位出现了旭日东升K线组合，同时筹码在低位形成密集区，则行情上涨的概率较大。但是若此时上方还存在一定的高位筹码峰，那么行情就不一定反转。虽然行情不会反转，但后市至少也有一波不错的反弹行情，投资者也可以短线介入，收获一波短期利益。

应用实例

华媒控股（000607）旭日东升伴随低位筹码峰的操盘分析

图 3-8 所示为华媒控股 2015 年 5 月至 9 月的 K 线图。

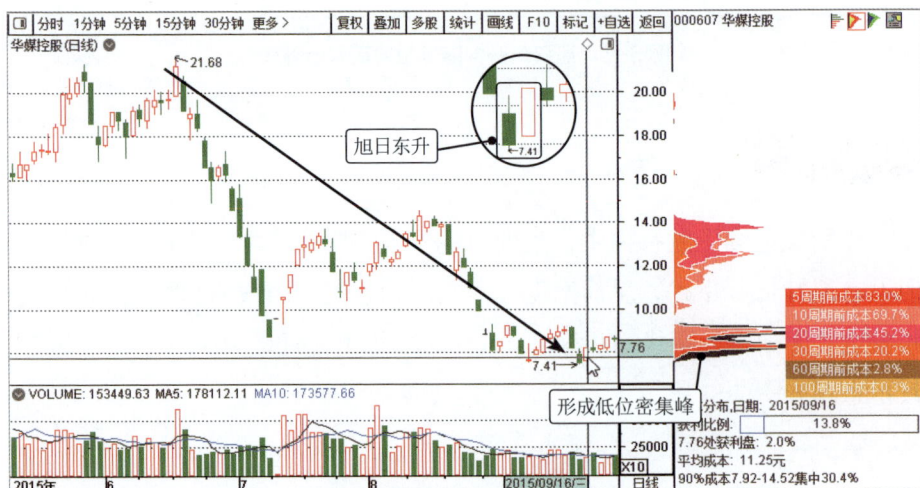

图 3-8　华媒控股 2015 年 5 月至 9 月的 K 线图

从图 3-8 可以看到，该股在 2015 年 6 月中旬出现 M 顶形态后（M 顶形态在本章 No.09 中介绍），继续出现一波暴跌行情，到 7 月中旬出现一波反弹行情后继续下跌，到 9 月初这波下跌才呈现出缓和之势。略做反弹后，9 月 14 日和 9 月 15 日又拉出两根大阴线，像是又要加速下跌的态势，但 9 月 16 日股价却高开高走，以涨停收盘，完全收复 9 月 15 日的大阴线，形成旭日东升的见底 K 线组合。

此时再看形成旭日东升组合当日的筹码分布图,从图 3-8 中可以看到,6 月位置处的顶部筹码已经消失,虽然 7 月中旬那波反弹形成的筹码仍有不少堆积在上方,但有相当大的一部分筹码转移到了 7.00 元位置,形成低位筹码峰,加上该股从顶部到这一位置跌幅巨大,在 60% 以上,因此判断至少会有一波像样的反弹行情,因此投资者在此位置可以积极参与。

图 3-9 所示为华媒控股 2015 年 6 月至 2016 年 1 月的 K 线图。

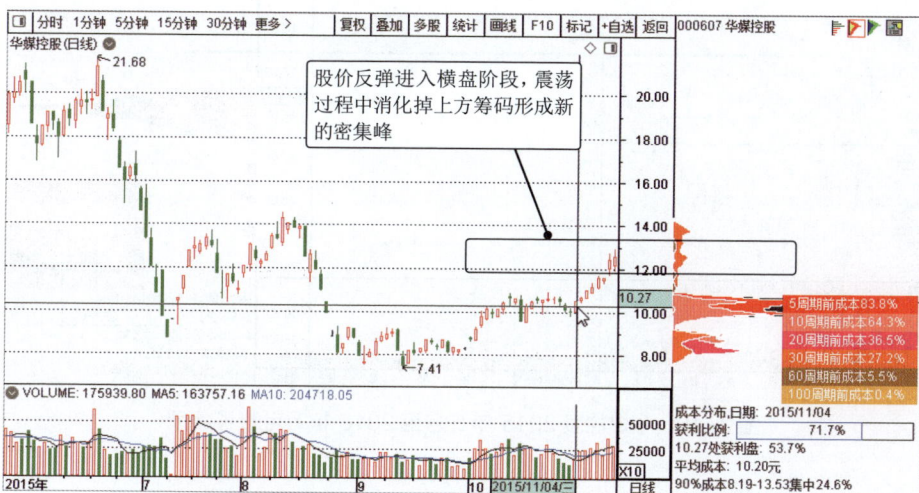

图 3-9 华媒控股 2015 年 6 月至 2016 年 1 月的 K 线图

从图 3-9 可以看到,在出现旭日东升 K 线组合后,股价并没有立即上涨,而是出现一个小幅横盘,在横盘过程中上方筹码仍在快速下移,因此买入的仓位可以持股不动。

之后股价开始向上发展,到 10 月中旬又出现一段横盘走势,直到 11 月初才结束,在这段震荡走势过程中形成一个新的筹码峰,上方筹码基本消失,所剩不多,而下方筹码仍有一部分呈锁定状态,因此可以继续持股不动或加仓。

图 3-10 所示为华媒控股 2015 年 5 月至 2016 年 7 月的 K 线图。

从图 3-10 可以看到,之后股价继续向上发展,最终在前期形成的高位密集峰位置上涨受阻进入横盘震荡过程中,下方筹码快速上移,再次形成密集峰,市场抛压强大,反弹结束。

　　从整个走势来看，虽然股价在 2015 年 9 月出现旭日东升 K 线组合后，该股后市出现了翻倍上涨，但是整个行情并没有处于上涨趋势中，而是一波涨势还不错的反弹行情，在反弹结束后继续进入了深幅下跌行情，最终跌至这波反弹的起点下方，创出 7.31 元的更低价格。

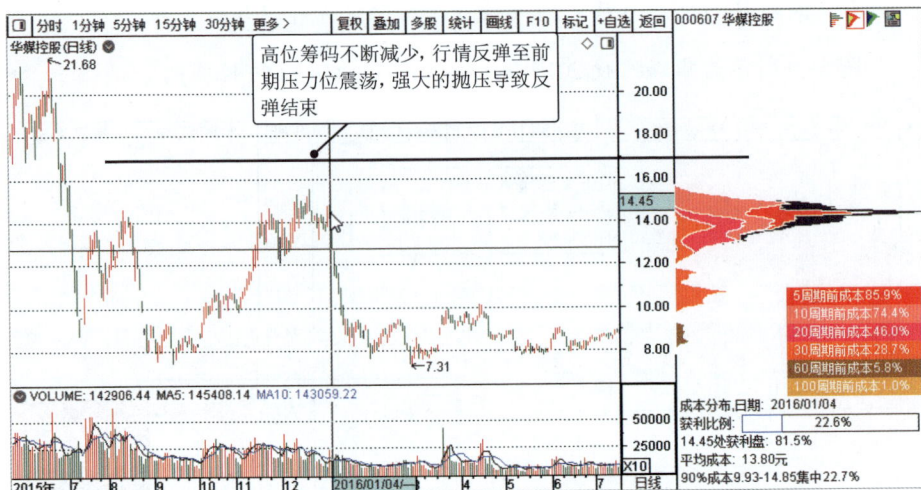

图 3-10　华媒控股 2015 年 5 月至 2016 年 7 月的 K 线图

No.03　上升途中阳包阴，低位筹码不动继续跟进

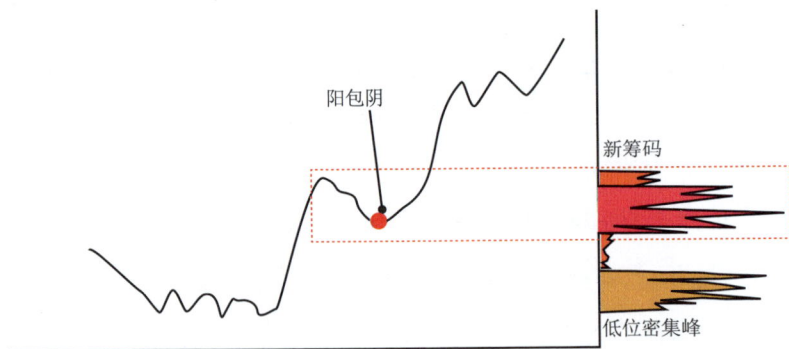

一图展示

图 3-11　上升途中阳包阴，低位筹码不动示意图

要点解析

阳包阴K线组合也被称为底部的穿头破脚组合，它是由两根K线组合而成的，第一根K线为下跌行情中的阴线，第二根K线为将第一根阴线从头到脚全部包在里面的阳线，其示意图如图3-12所示。

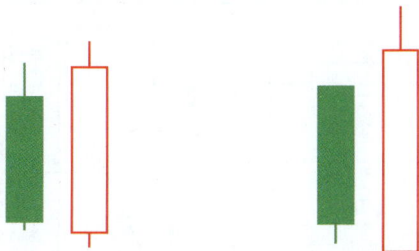

图 3-12　阳包阴K线组合示意图

阳包阴K线组合的第二根阳线的成交量要明显放大，两根K线的长度越悬殊，转势的力度就越强。如果阳包阴形态出现在上涨行情的途中，表示行情回调见底，此时如果下方低位筹码锁仓良好，则更加确定了行情调整结束，后市继续看涨，此时投资者可积极跟进或者加仓，持股待涨。

知识拓展　*曙光初现K线组合*

与阳包阴K线组合相似的见底信号还有曙光初现K线组合，该K线组合也是由两根一阴一阳的K线组成，第一根阴线为大阴线或中阴线，第二根为低开的中阳线或大阳线，并且阳线的实体部分深入阴线实体 1/2 以上的位置，其示意图如图3-13所示。第二根阳线深入阴线实体的部分越多，见底信号越强。当阳线实体将第一根阴线全部包含，则形态变为阳包阴K线组合。

图 3-13　曙光初现K线组合示意图

应用实例

深圳能源（000027）上升途中阳包阴，低位筹码锁仓良好操盘分析

图 3-14 所示为深圳能源 2020 年 5 月至 2021 年 3 月的 K 线图。

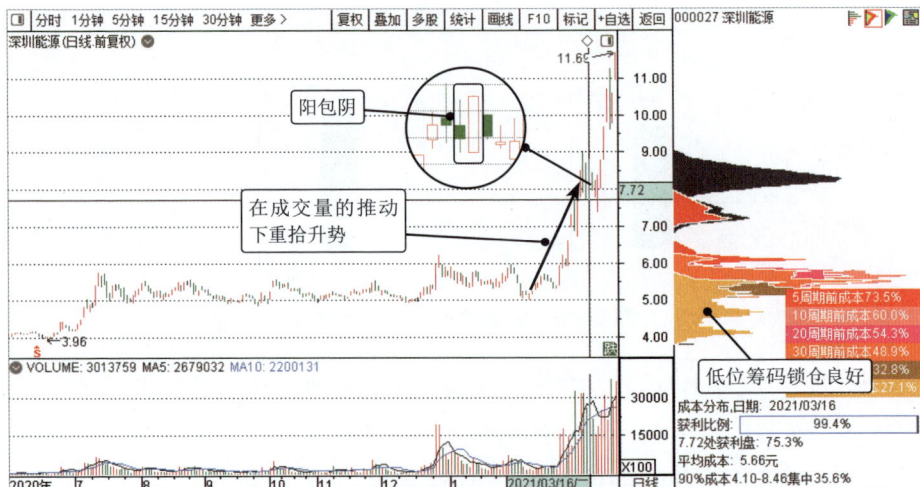

图 3-14　深圳能源 2020 年 5 月至 2021 年 3 月的 K 线图

从图 3-14 可以看到，该股在 2020 年 6 月中旬创出 3.96 元的最低价后见底回升步入上涨。但是这波拉升持续不久，最终还未达到 6.00 元价位线就受阻回落，之后，股价围绕在 5.00 元至 6.00 元价位线横向波动了较长时间。在 2 月中旬，股价缓慢抬升，逐步远离 5.00 元价位线。

经过一段时间，股价于 2021 年 3 月初上涨到 6.00 元下方，之后股价在不断放大的成交量的推动下快速拉升，大约一个月的时间，股价被拉升，直接突破 6.00 元价位线的压制，重拾升势。

但是之后股价在 8.00 元价位线附近再次出现了比较明显的滞涨横盘整理。2021 年 3 月 16 日，股价低开后一路大幅上涨，当日以 10.30% 的涨幅收出大阳线。当日大阳线完全将上个交易日的阴线全部覆盖，形成典型的阳包阴 K 线组合。此时的股价相对于拉升低位的 3.96 元的价格来说，已经出现翻倍上涨的行情，那么此时股价出现阳包阴 K 线组合是否可以继续追涨呢？

下面结合筹码分布图来具体分析。从形成阳包阴K线组合当日的筹码分布图来看，虽然股价在横盘过程中，高位出现了大量的新增筹码，在高位形成密集峰，但是观察下方的低位筹码可以发现，低位筹码锁仓良好，说明此时的横盘滞涨只是主力清理浮筹的一种手段，后市继续看涨，此时投资者可以在阳包阴K线组合形成后积极买进追涨。

图3-15所示为深圳能源2021年1月至3月的K线图。

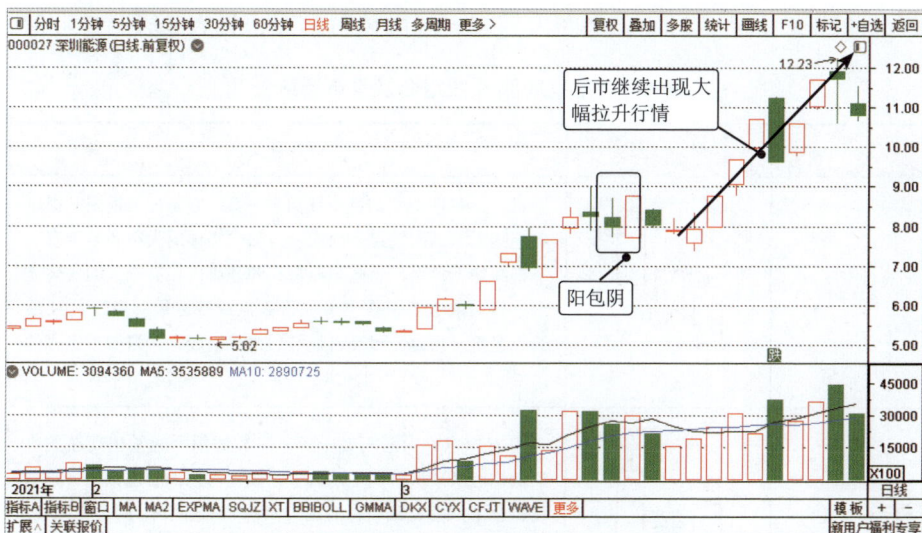

图3-15 深圳能源2021年1月至3月的K线图

从图3-15可以看到，在阳包阴K线组合形成后，股价短暂回调两个交易日后在7.50元价位线附近止跌企稳，之后在成交量的温和放大推动下继续走出一波良好的上涨行情，不到一个月的时间，股价从7.50元左右最高上涨到12.23元的高价，涨幅超过63%，也是不错的涨幅了。

如果仅仅从阳包阴K线组合发出的买入信号来看，在翻倍上涨后的高位很多投资者都不敢盲目追涨，担心股价随时见顶步入下跌。但是在本例中结合筹码分布图进行分析后，可以很明确地了解主力的持仓成本，只要主力不动，后市就不会跌。所以低位筹码锁仓良好就好比给投资者吃了一颗定心丸，投资者可以大胆买进追涨，持股待涨。

No.01 ～ No.03 介绍的是 K 线组合中的一些常见见底 K 线组合在不同阶段、不同情况下与筹码分布的结合使用，这些应用中的见底 K 线组合不是固定的，如 No.01 的"上峰未移，出现早晨之星不要急于抄底"中的"早晨之星"组合，可以换作任意的见底 K 线组合，只要上峰未移，稳健的投资者都不要急于抄底。

除了早晨之星、旭日东升和阳包阴 K 线见底组合外，在实战中还有一些高频的 K 线见底组合，下面再列举一些供读者学习，见表 3-1。

表 3-1　常见底部 K 线组合及其市场意义

名　称	形　态	市场意义
红三兵		红三兵也叫三个白武士或前进三兵，它是由三根或三根以上连续上涨的阳线组合而成，与阳线实体的大小和是否有上下影线均无关系，这些阳线每天的开盘价在前一天的实体之内，每天的收盘价在当天的最高点或接近最高点，且 K 线的收盘价一日比一日高，说明后市涨幅较大，是股市走强的信号
多方炮		多方炮也称为两阳夹一阴，该 K 线组合通常出现在股价的低位区域或股价的上涨途中，发出可信的看涨信号。该 K 线组合由三根 K 线组合而成，中间一根是阴线，两边是阳线，三根 K 线实体并排分布。其中后面一根阳线很重要，其实体越长，显示股价的看涨信号越强烈
好友反攻		好友反攻出现在下跌趋势中，由一阴一阳两根 K 线组成，第一根是大阴线，接着跳空低开，收出一根大阳线或中阳线，阳线收盘价与前一根阴线收盘价相同或接近
阴孕阳		阴孕阳由两根 K 线组成，第一根 K 线是中阴线或大阴线，第二根 K 线是一根高开高走的中小阳线，其收盘价低于前一日中阴线或大阴线的开盘价，即在前一日阴线内部收盘，即俗称的腹中孕线。这种组合通常预示多头反击，后市看涨

续表

名　　称	形　　态	市场意义
双针探底		双针探底组合由两根 K 线组成，具体是指在邻近的两根 K 线中，均带有较长的下影线，且两根 K 线的长下影线的最低价相同或接近，两根长下影线就像两根探雷针，探明股价的底部。这种情况预示着空头力竭，底部基本确认，市场可能即将转势，多头将展开反攻
低档五阳线		低档五阳线是一个比较可信的见底信号，该组合是指在股价的下跌低价位区，K 线图上连续出现了五根小阳线（也有可能是六根或七根小阳线），这表明行情的下跌动力不够，很可能是多头在低位慢慢吸货，行情随时有向上发力的可能

No.04　黄昏之星后伴随筹码上移，以卖出为主

一图展示

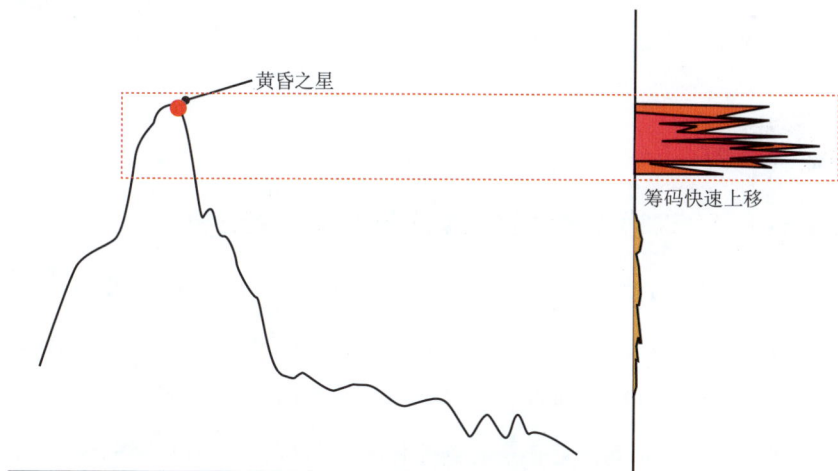

图 3-16　黄昏之星后伴随筹码上移示意图

黄昏之星 K 线组合与早晨之星 K 线组合相反，它指太阳消失黑夜来临，是股市看跌的信号。黄昏之星由三根 K 线组合而成，第一根为大阳线，第二根为小阴线或小阳线，第三根为低开低走，实体较长的阴线，它深入第一根 K 线实体之内，其示意图如图 3-17 所示。

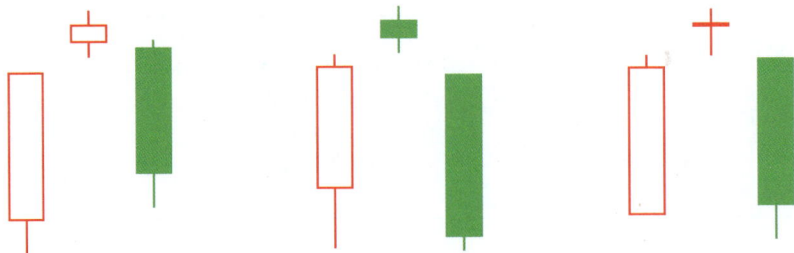

图 3-17　黄昏之星 K 线组合示意图

黄昏之星 K 线组合出现在股价高位区域，表明股价即将或已经见顶，后市看跌，投资者需要提前防范。如果此时下方低位筹码快速转移到上方，尤其在高位形成筹码密集区，则行情见顶的概率更大，投资者要果断抛售，卖出手中持股。

长虹美菱（000521）黄昏之星后筹码快速上移操盘分析

图 3-18 所示为长虹美菱 2020 年 9 月至 2021 年 1 月的 K 线图。

从图 3-18 可以看到，该股在 2020 年 12 月上旬之前，股价处于低位震荡，且始终被限制在 3.00 元至 3.50 元，并在该价格区间形成筹码密集区。

12 月 9 日，股价高开后快速打到涨停板后封板，当日以涨停大阳线报收，突破 3.50 元的价格，之后股价连续放量拉升股价。在 4.00 元至 4.50 元短暂横盘后，股价再次被多根涨停阳线急速拉升。

在 12 月 25 日，股价继续大幅高开，但是股价涨势吃力，在尾盘更是跳水式急速下跌，当日以 3.39% 的跌幅收出带长上影线的阴线。

观察当日的筹码分布图可以发现，在这波急速拉升的过程中，在 4.00 元至 4.50 元、4.75 元至 6.00 元新增了大量的筹码，但是下方 3.00 元至 3.50 元仍然存在不少的低位筹码，因此投资者可以继续持股。但是，在股价出现翻倍上涨行情中，股价随时会见顶，因此，继续持股的投资者要密切关注筹码的转移情况。

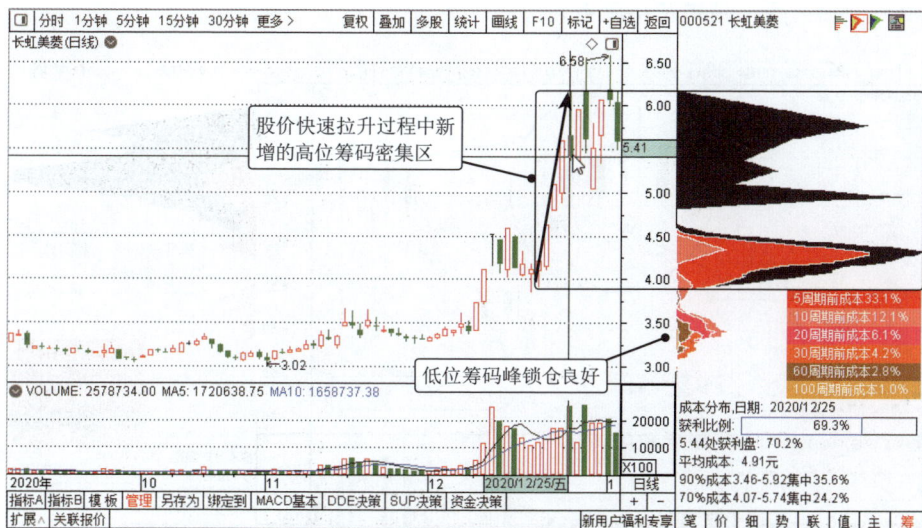

图 3-18 长虹美菱 2020 年 9 月至 2021 年 1 月的 K 线图

图 3-19 所示为长虹美菱 2020 年 10 月至 2021 年 1 月的 K 线图。

从图 3-19 可以看到，该股上涨越过 5.50 元价位线后出现滞涨，并在 12 月 30 日明显跌破 5.50 元价位线，但是 12 月 31 日股价高开，短暂回落后快速冲高，当日以涨停板收盘重新拉升股价。

2021 年 1 月 4 日，股价继续高开，冲高后快速回落，当日以 0.17% 的涨幅收出带长上影线的小阴线，并创出 6.58 元的高价。次日，股价低开后快速拉低股价低走，当日以 7.91% 的跌幅收出大阴线。

2020 年 12 月 31 日、2021 年 1 月 4 日和 2021 年 1 月 5 日这三个交易日形

成了典型的黄昏之星K线组合。在股价翻倍上涨的高位，K线出现这种组合，大概率是行情见顶的信号，即使不是行情顶部，也是阶段顶部，之后会有一波大幅下跌行情。

下面再结合筹码分布图进行分析。从形成黄昏之星当日的筹码分布图可以发现，3.00元至3.50元价格的低位筹码所剩无几，而此时的筹码大部分被集中到了5.50元至6.50元的高位。黄昏之星出现时伴随着筹码的快速上移，说明主力已经完成了大部分的筹码兑现，行情见顶的概率增加，此时投资者要以卖出为主，锁定既得收益。

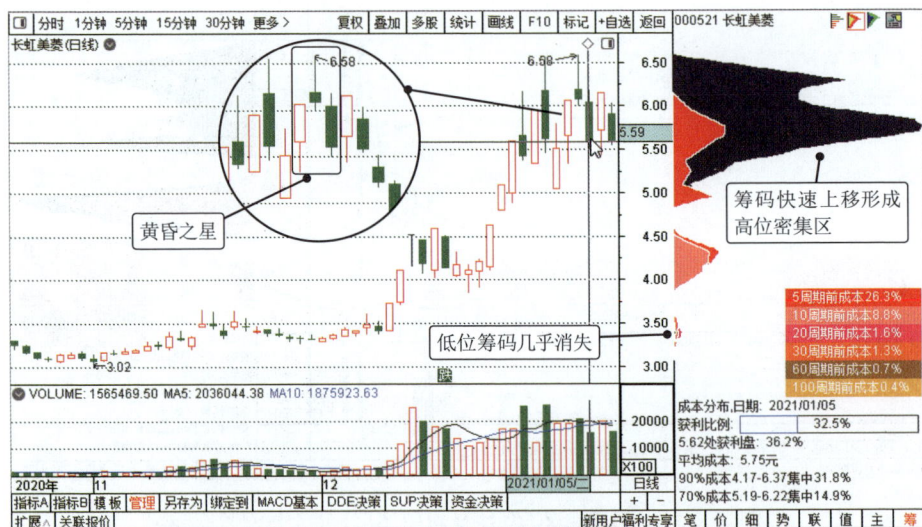

图3-19　长虹美菱2020年10月至2021年1月的K线图

图3-20所示为长虹美菱2020年12月至2021年8月的K线图。

从图3-20可以看到，该股在创出6.58元的最高价后的次日，K线形成黄昏之星见顶组合后，该股在连续收阴的作用下跌破了高位筹码密集峰，此时的密集峰对股价后市的反弹上涨形成强大的压制，使得行情见顶回落步入长时间的大幅下跌行情中，而且不给投资者任何反应的机会。

由此可见，黄昏之星后筹码快速上移发出行情见顶信号的可靠性，如果投资者没有及时出局，将损失惨重。

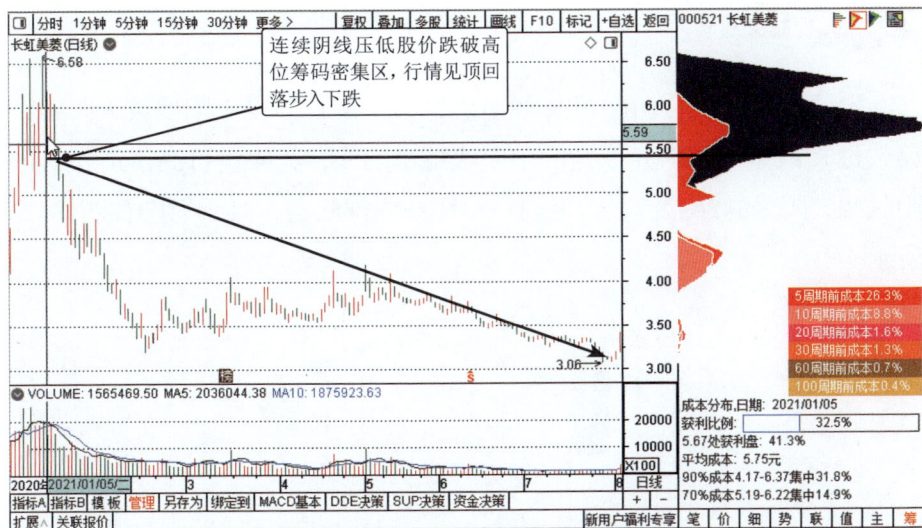

图 3-20 长虹美菱 2020 年 12 月至 2021 年 8 月的 K 线图

No.05 反弹高位阳孕阴，前期高位密集峰是卖点

一图展示

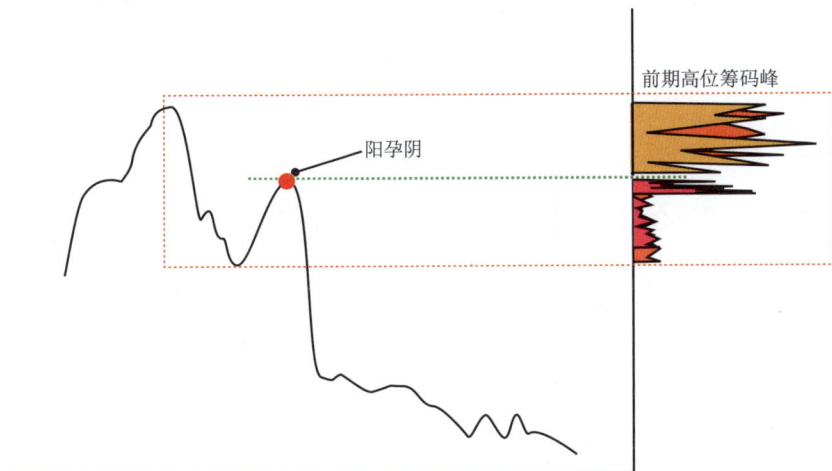

图 3-21 反弹高位阳孕阴，前期高位密集峰是卖点示意图

阳孕阴 K 线组合由两根 K 线组成，第一根 K 线是中阳线或大阳线，第二根 K 线是一根低开低走的中阴线或小阴线，其收盘价高于前一日中阳线或大阳线的开盘价，即在前一日阳线内部收盘，其示意图如图 3-22 所示。

图 3-22　阳孕阴 K 线组合示意图

阳孕阴 K 线组合的出现说明多头力竭，空头开始占据上风，通常视为股价即将反转下跌的信号。如果此时行情处于下跌途中的反弹阶段，阳孕阴组合就预示着反弹即将结束，投资者最好卖出，来规避新一轮的下跌风险。

尤其在股价反弹到前期高位筹码密集峰附近出现阳孕阴 K 线组合后，更是标志着反弹行情的结束，此时也是一个最佳卖点，投资者要果断抛售，保住收益。

应用实例

华媒控股（000607）黄昏之星后筹码快速上移操盘分析

图 3-23 所示为华媒控股 2021 年 7 月至 2022 年 5 月的 K 线图。

从图 3-23 可以看到，该股在 2021 年 12 月中旬开始放量急速拉升股价，在股价上涨到 6.50 元价位线后，该股进入了横盘整理阶段，股价始终在 5.00 元至 6.50 元进行宽幅震荡。

随着震荡的展开，下方低位筹码快速上移到高位，形成密集区。如果股价不能有效突破该密集区，则上涨结束。

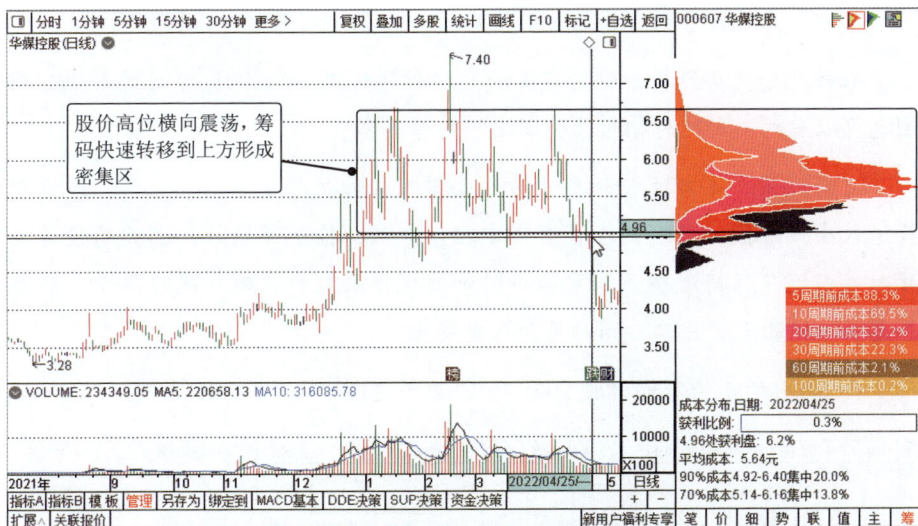

图 3-23　华媒控股 2021 年 7 月至 2022 年 5 月的 K 线图

图 3-24 所示为华媒控股 2021 年 11 月至 2022 年 5 月的 K 线图。

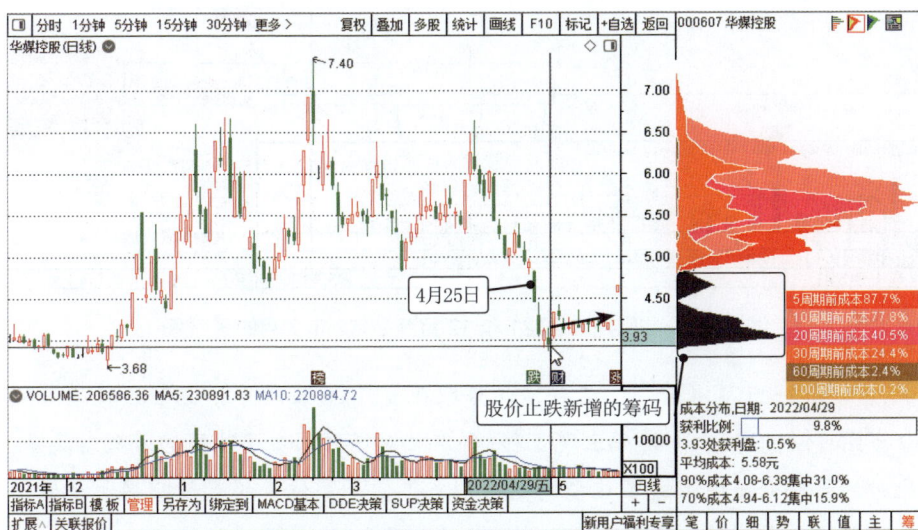

图 3-24　华媒控股 2021 年 11 月至 2022 年 5 月的 K 线图

从图 3-24 可以看到，2022 年 4 月 25 日，该股低开后一路低走，当日以 9.92% 的跌幅收出跌停大阴线，有效跌破 5.00 元价位线，运行到高位筹码密集区的下方，此时的筹码密集区对股价后市的上涨起到强大的压制作用。

短短几个交易日后，股价在 4.00 元价位线止跌，从 4 月 29 日的筹码分布图也可以看到，止跌时相对低位新增了许多筹码。

之后股价在 4.00 元价位线上方横向整理，但是整体重心在上移，股价即将进入反弹阶段。激进的投资者可以轻仓介入，抢反弹操作。稳健的投资者此时最好还是保持观望，如果后市股价出现强劲拉升突破筹码密集峰，则标志着新一轮的上涨开启，到时再介入更安全。

图 3-25 所示为华媒控股 2021 年 12 月至 2022 年 7 月的 K 线图。

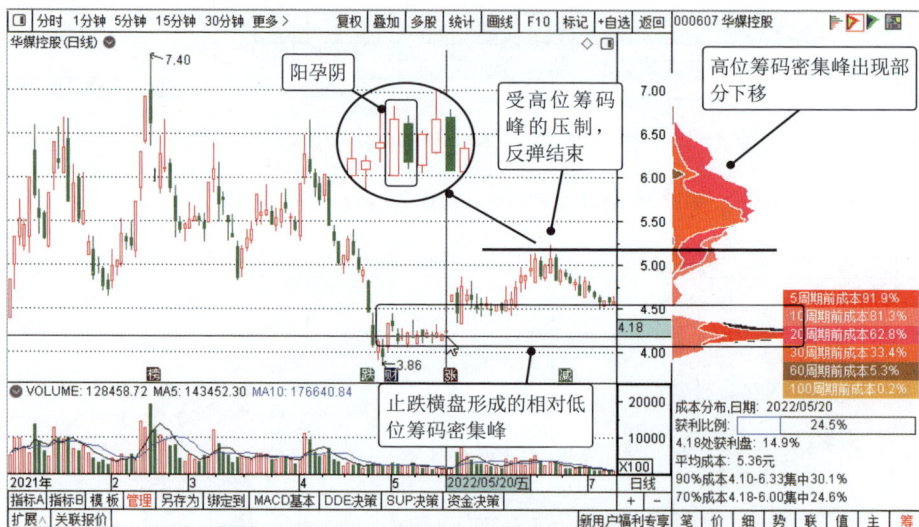

图 3-25　华媒控股 2021 年 12 月至 2022 年 7 月的 K 线图

从图 3-25 可以看到，这波横向整理在 5 月 20 日结束，观察当日的筹码分布图可以发现，上方筹码出现下移，并在相对低位形成了明显的筹码密集峰，此时的筹码分布图形成了典型的双峰形态，但是高位峰的数量明显大于低位峰，说明上方筹码对股价的压制作用仍然非常大。

之后股价一轮震荡上涨，在上涨到 5.00 元价位线后，该股出现滞涨，并且在横向整理过程中形成了典型的阳孕阴 K 线组合。

此时股价正好处于前期高位筹码密集峰的下方，从多方面分析中都可以判断上涨结束，反弹见顶了。此时前期高位的套牢盘和后市抢反弹介入短期获利盘要积极逢高卖出，保持观望，以此来规避后市可能出现的新一轮下跌风险。

No.04 ～ No.05 介绍的是 K 线组合中的常见见顶 K 线组合在不同阶段、不同情况下与筹码分布的结合使用，这些应用中的见顶 K 线组合不是固定的，如 No.04 的"黄昏之星后伴随筹码上移，以卖出为主"中的"黄昏之星"组合可以换作任意的见顶 K 线组合，只要下方低位筹码快速转移到高位，尤其在高位形成密集峰形态，此时投资者最好卖出手中筹码，离场观望。

除了黄昏之星和阳孕阴 K 线见顶组合，实战中还有一些高频的 K 线见顶组合，下面再列举一些供读者学习，见表 3-2。

表 3-2　常见顶部 K 线组合及其市场意义

名　　　称	形　　　态	市 场 意 义
三只乌鸦		三只乌鸦由三根持续向下的阴线组成，且每根阴线的收盘价低于前一天的最低价，同时接近当天的最低价，每天的开盘价在前一天的实体之内。如果每根阴线几乎没有上下影线，就称为三胎乌鸦，出现该组合，后市看跌的意义更大
乌云盖顶		乌云盖顶为股价见顶信号，它由两根 K 线组合而成，第一根 K 线为大阳线，继续前期的上涨行情；第二根 K 线为大阴线，收盘价深入第一根大阳线实体一半以下，形成乌云盖顶之势。其中阳线实体被阴线覆盖得越多，说明多方的力量越弱，空方的力量越强，如果第二根 K 线实体完全覆盖第一根 K 线实体，则反转意味更强
倾盆大雨		倾盆大雨也称一泻千里，是旭日东升的逆反形态，可以看作是乌云盖顶形态的增强版。该 K 线组合由两根 K 线组成，第一根 K 线是大阳线或中阳线，第二根 K 线是一根低开的大阴线或中阴线，阴线的收盘价低于前一根阳线的开盘价。第二根阴线的实体部分低于阳线实体的开盘价越多，阴线实体越长，预示着后期的下跌势头越猛烈

续表

名　称	形　态	市场意义
空方炮		空方炮也称两阴夹一阳，该K线组合通常出现在大幅上涨高位后的阶段性顶部，发出看跌信号。该K线组合由三根K线构成，中间一根是阳线，两边是阴线，三根K线呈下跌趋势。阴线的顶部尽量低，阳线的实体尽量短，为看跌信号
平顶线		平顶线组合是指股价在上涨途中，出现一根K线的最高价与后面一根或几根相邻K线的最高价相同的现象。虽然平顶线的K线不分阴阳，但是前一根K线是阳线，后一根K线是阴线的平顶线最具指示作用，且两根K线实体越长，说明转势效果越明显

二、筹码与K线反转形态结合

大部分的K线组合通常由2～5根K线组合而成，由于其形成时间短，在实际使用过程中也存在错误的情况，如图3-26所示。

图3-26　黄昏之星看跌失效

　　因此，K 线还有一个比较重要的应用就是 K 线形态，它是由一组连续的 K 线走势形成的一小段行情走势，其可靠性相比于几个交易日的 K 线组合来说更大。

　　K 线反转形态是 K 线形态中比较重要的类型，其预示行情见顶或者见底。将 K 线反转形态与筹码分布结合，可以进一步提高研判的准确性。下面介绍几种常见反转形态与筹码分布的结合应用实战。

No.06　V 形底形成，突破筹码单峰密集区买入

一图展示

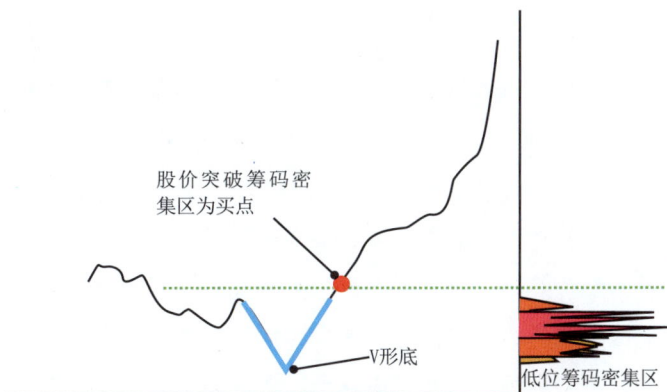

股价突破筹码密集区为买点

V形底

低位筹码密集区

图 3-27　V 形底形成，突破筹码单峰密集区买入示意图

要点解析

　　V 形底形态又称为尖底形态，是一种变化较快、转势力度极强的反转形态，通常出现在一波快速下跌且跌幅较大的行情之后，在股价下跌最猛烈时突然触底反弹，一路上扬，走势像英文字母"V"，故称 V 形底。V 形底的转势经常在几个交易日内就完成了，并且在转势点往往伴随着较大的成交量。V 形底的示意图如图 3-28 所示。

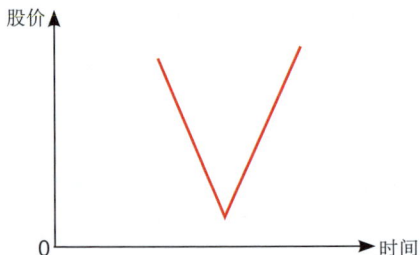

图 3-28　V 形底示意图

通常 V 形底形成后，都有一波快速拉升行情。对于投资者而言，一旦 V 形底形成，就要敢于进场抄底，前期下跌的幅度越大，则后市上涨的空间就越大。

在综合运用筹码分布图与一般 V 形底形态来预判行情转势时，需要从以下几点来进行考察。

◆ 股价必须是在大幅下跌之后的短时间内出现快速下跌形成的 V 形底形态。

◆ 在股价大幅下跌低位出现快速下跌之前，上方筹码虽然已经逐步开始下移，但是还未形成低位的单峰密集形态，这也说明了主力尚未获得足够的低价筹码。此时主力为了快速获取足够的低位筹码，就会通过快速压低股价的方式，造成跌势凶猛的走势，迫使一部分投资者交出筹码，主力则可以顺利完成建仓。之后的快速拉升形成 V 形底转势形态也就在情理之中了。

◆ 通常而言，低位单峰密集形态一般出现在股价快速下跌的价位附近。当股价经历一波快速下跌后，股价从底部快速转向，并放量重新突破这个筹码密集位置，就是上涨行情的启动时刻，成交量越大，看涨信号就越强，上涨空间就越大。稳健的投资者在此时就可以积极逢低吸纳，买入做多。

有时候，在股价运行到底部区域后，高位的筹码可能仍然没有完全转移到低位，此时在股价快速下跌后转势向上接近 V 形底快速下跌的价位时可能会受到阻力，从而进入一个横盘整理阶段，形成 V 形底的扩展形态，其示意图如图 3-29 所示。

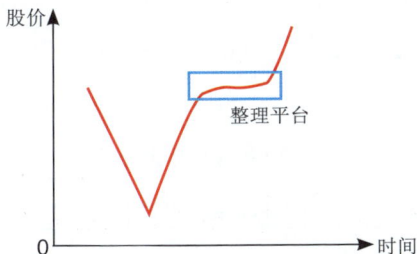

图 3-29 V 形底扩展形态示意图

出现这种形态，主要是投资者对于股价的上涨没有多少信心，纷纷抛售，此时主力也借机继续吸筹，高位筹码也逐步完成向低位转移。当股价突破了这一阻力位置，上涨行情就被打开，投资者就可以大胆买入。

应用实例

长源电力（000966）V 形底后股价突破筹码单峰买点分析

图 3-30 所示为长源电力 2019 年 11 月至 2021 年 1 月的 K 线图。

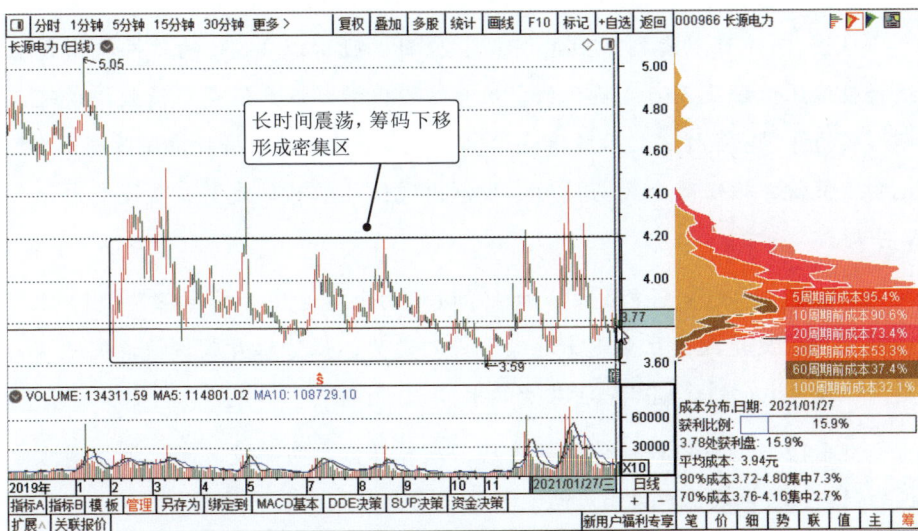

图 3-30 长源电力 2019 年 11 月至 2021 年 1 月的 K 线图

从图 3-30 可以看到，该股大幅下跌后于 2020 年 2 月初运行到 3.60 元价位线附近后止跌。之后该股在 3.60 元至 4.20 元进行宽幅震荡，整个震荡过程持续近一年的时间。通过这一震荡过程，高位筹码快速下移，并在该价格区间形成密集峰。

图 3-31 所示为长源电力 2020 年 11 月至 2021 年 3 月的 K 线图。

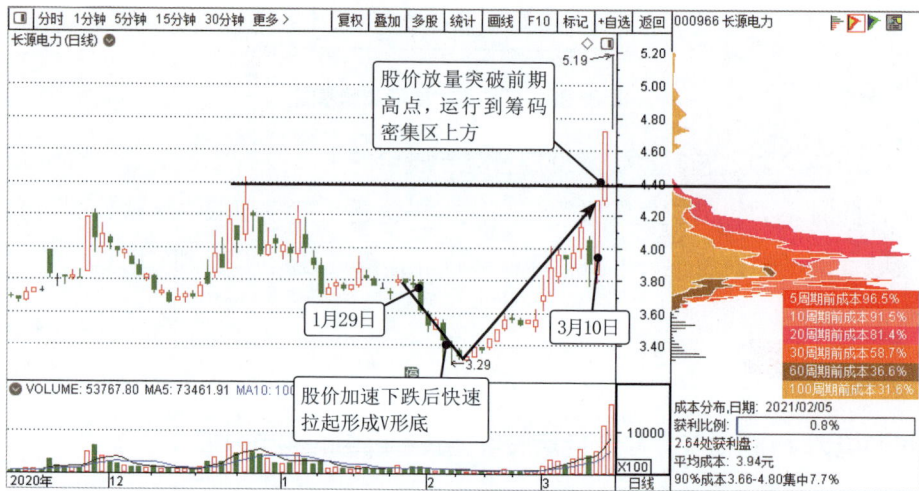

图 3-31　长源电力 2020 年 11 月至 2021 年 3 月的 K 线图

从图 3-31 可以看到，2021 年 1 月 29 日，股价以 4.24% 的跌幅收出大阴线将股价压低触及 3.60 元价位线。次日，股价继续低开低走拉低股价跌破前期形成的筹码密集峰，之后股价连续出现直线下跌走势，将股价压低创出 3.29 元的最低价，短短两个交易日后，股价出现快速拉升的走势，K 线走出一个 V 字形。

3 月后，成交量逐步放大，加快了股价的上涨速度，尤其在 3 月 10 日和 11 日，该股更是放出巨量走出连续涨停的走势，强势拉升股价快速突破 4.60 元价位线，运行到前期筹码密集峰的上方。

3 月 12 日，股价以涨停板开盘后，短暂开板交易一段时间后被打到涨停板后封板，直到收盘也没有开板。投资者当日介入的机会非常少。

图 3-32 所示为长源电力 2021 年 2 月至 6 月的 K 线图。

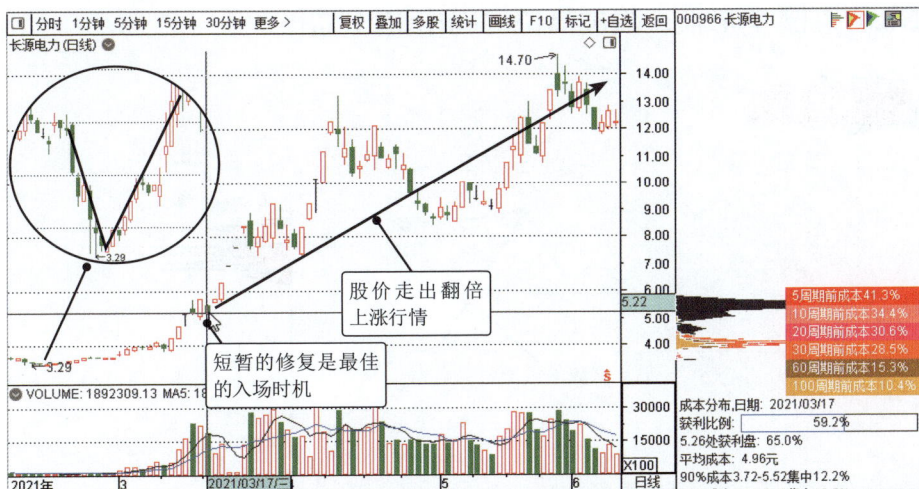

图 3-32 长源电力 2021 年 2 月至 6 月的 K 线图

从图 3-32 可以看到，股价放量突破筹码密集峰后有过一波短暂的横盘修复，这就是投资者介入的最好时机，此时介入的持仓成本在 5.00 元左右。之后股价一路震荡上涨，走出一波翻倍上涨的震荡行情。

如果投资者在 V 形底出现后，股价突破筹码密集峰后的短暂修复阶段中及时买进，将获得不错的收益。

知识拓展 **V形底的形成原因**

V 形底的形成主要有如下两种原因：

突发性重大利好： 股票突然出现重大利好，一部分资金阔绰的机构先于散户获知，抢先买进，由于利好重大且时间仓促，机构来不及用缓慢吸筹的方式，而是采用大手笔抢购的方式买进，因此 V 形底多数出现在中小盘股上，其流通盘小，机构抢筹就会引发快速上涨。

被套主力自救： 由于突发利空或者整体市场大跌，一些主力在前期持有的筹码来不及抛售，股价便随利空或大流快速下跌，主力也无力护盘。当达到一定跌幅后，大市暂时企稳或者利空因素消除，成本远在当前股价之上的主力趁机发动反攻，拉升股价吸引短线投机者，快速将股价拉升至持仓成本区之上，完成自救。

No.07　倒 V 形顶，跌破高位筹码密集区卖出

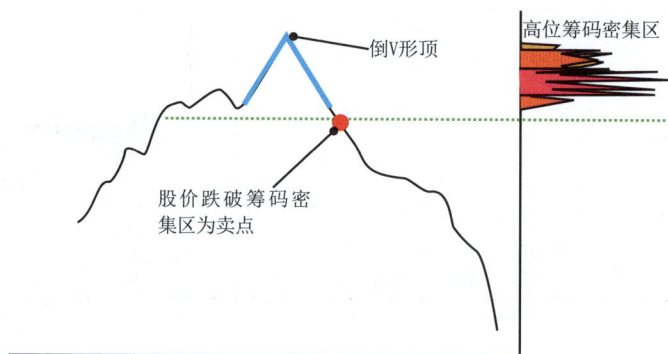

图 3-33　倒 V 形顶，跌破高位筹码密集区卖出示意图

要点解析

　　倒 V 形顶也称倒 V 形形态或尖顶形态，其走势先是大幅度的上涨，在股价上涨最强势的时候突然触顶回落，一路下跌，走势像倒立的字母"V"，故称倒 V 形顶。其示意图如图 3-34 所示。

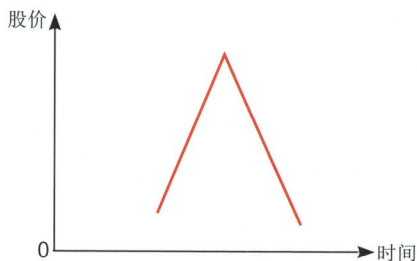

图 3-34　倒 V 形顶示意图

　　倒 V 形顶也是一个比较常见的反转形态，通常在几个交易日之内便形成，而且成交量一般也会大幅增加。在股价大涨或快涨后见到此形态，行情至少有一波较大幅度的回调。

如果整体市场同步下跌，也可能成为长期趋势的逆转。而且在形成倒 V 形顶的时候，前期上涨阶段股价上涨速度越快，且上涨幅度越大，那么相应的，行情转势后下跌的速度就越快，且跌幅也越大。

要想有效规避倒 V 形顶之后的大跌，投资者可以结合筹码分布图来分析行情是否转势，具体需要从以下几点来进行考察。

◆ 在股价大幅上涨高位出现快速上涨之前，下方筹码虽然已经逐步开始上移，但是还未形成高位的单峰密集形态，这也说明了主力尚未完成全部筹码的兑现。此时主力快速拉升，造成行情涨势强劲的假象，吸引场外资金进场接盘，同时自己大量派发手中的筹码，因此在较短时间内就可以完成出货操作。一旦主力出货完成，之后快速下跌形成倒 V 形顶，带动行情下跌也就是顺理成章的事情了。

◆ 高位单峰密集形态一般出现在股价快速上涨的价位附近。当股价经历一波快速上涨后，股价从顶部快速转向，并跌破这个筹码密集位置，就是下跌行情的启动时刻，此时即使没有成交量放大的配合，也能发出十分可靠的看跌信号。如果股价快速下跌伴随成交量的放大，则会加快股价的下跌，投资者更应该清仓出局。

有时候，在股价运行到顶部区域后，低位的筹码可能仍然没有完全转移到高位，此时在股价快速上涨后转势向下接近倒 V 形顶快速下跌的价位时可能会受到支撑，从而进入一个横盘整理阶段，形成倒 V 形顶的扩展形态，其示意图如图 3-35 所示。

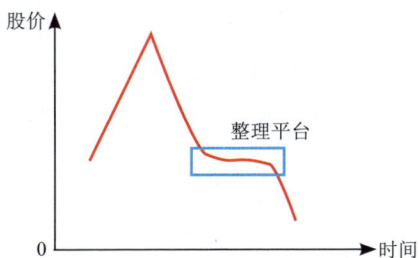

图 3-35 倒 V 形顶扩展形态示意图

　　出现这种形态，主要是主力为了更好地派发筹码，并将低位筹码转移至高位，一旦形成高位密集峰，且股价跌破这个密集峰，股价加速下跌的行情就被打开，此时投资者要积极抛售持股，离场观望。

应用实例

英特集团（000411）倒 V 形顶扩展形态后股价跌破筹码峰卖点分析

　　图 3-36 所示为英特集团 2020 年 3 月至 8 月的 K 线图。

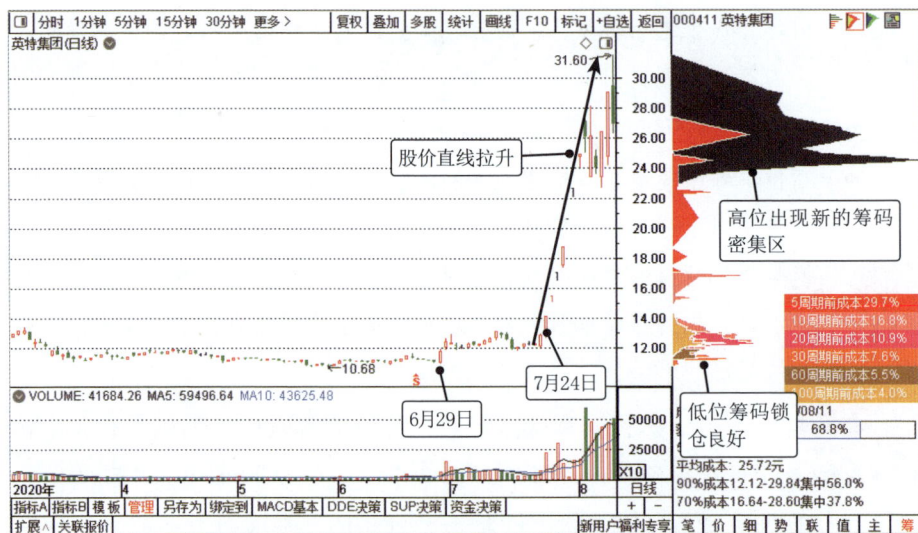

图 3-36　英特集团 2020 年 3 月至 8 月的 K 线图

　　从图 3-36 可以看到，该股在 2020 年 6 月底之前，股价始终在低位横向整理。从 6 月 29 日开始，该股连续放量拉升股价突破 12.00 元价位线后在该价位线的支撑下继续横向整理了近一个月的时间，使得主力能够充分吸纳低位筹码，完成建仓操作。

　　7 月 24 日，股价高开后快速拉升，短短时间内就打到涨停板，当日放量收出涨停大阳线，拉高股价突破近一个月的盘整高位。

　　之后连续 6 个交易日以涨停板直线拉高股价加速上涨。股价在高位短暂停留几个交易日，在 8 月 11 日创出 31.60 元的最高价。

观察当日的筹码分布图可以发现，股价在经过一波急速拉升后，在 24.00 元至 30.00 元的高位区域新增了大量的筹码，形成密集区域。

虽然下方 12.00 元至 14.00 元的低位筹码仍然大量存在，但是对于谨慎的投资者来说，在遇到这种走势时，最好离场观望，因为行情极可能走出倒 V 形顶走势，即使不见顶，也会大概率出现一波大幅调整行情。

图 3-37 所示为英特集团 2020 年 4 月至 9 月的 K 线图。

图 3-37　英特集团 2020 年 4 月至 9 月的 K 线图

从图 3-37 可以看到，该股在创出 31.60 元的最高价后连续阴线报收，将股价直线拉低，之后股价呈现快速下跌行情，K 线形成典型的倒 V 形顶走势，前期离场的投资者可以有效规避这波调整。

随后，该股在下跌到 16.00 元价位线附近后跌势减缓，观察此时对应的筹码分布图可以发现，下方的低位筹码已经所剩无几，此时筹码在高位呈现分散状态，说明在这波快速下跌过程中，主力已经完成了筹码兑换，后市看跌，投资者不要急于介入。

图 3-38 所示为英特集团 2020 年 7 月至 2021 年 2 月的 K 线图。

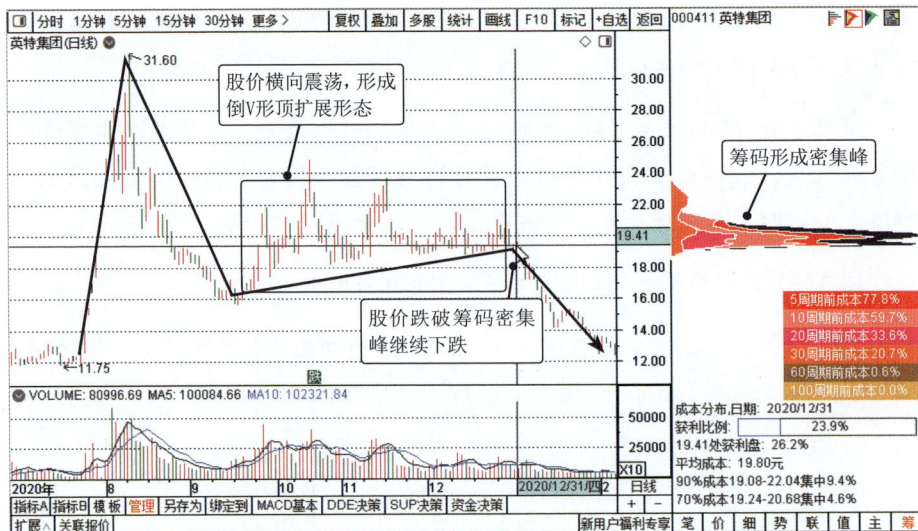

图 3-38　英特集团 2020 年 7 月至 2021 年 2 月的 K 线图

从图 3-38 可以看到，该股出现了一波反弹行情，成交量出现温和放大，但是相比于前期的快速拉升行情来说，量能明显不足，说明此次反弹上涨是主力派发手中剩余筹码所致，因此上涨不会持续太久，此时前期未离场的投资者也要抓紧时间逢高卖出。

从后市的走势来看，该股在反弹到 24.00 元价位线后就滞涨回落了，之后股价大部分在 18.00 元上方至 22.00 元下方进行横向整理，形成了倒 V 形顶扩展形态，这个整理阶段就是投资者的最后离场时机。

从整个整理过程来看，整理的高点逐步降低，上方筹码也在不断向这个区域集中，形成了新的筹码密集峰。

2021 年 1 月初，该股跌破了前期形成的筹码密集峰，股价继续下跌。如果投资者没有抓住倒 V 形顶的最后离场机会抛售手中持股，在后市的大幅下跌中将损失严重。

No.08　双重底右底筹码密集，预示行情见底

一图展示

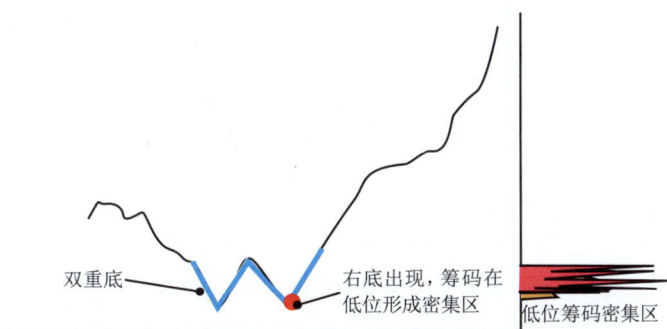

图 3-39　双重底右底筹码密集，预示行情见底示意图

要点解析

　　双重底也被称为 W 形底，通常出现在下跌趋势中，股价下跌到某一低点位置后出现技术性反弹，但反弹回升的幅度不大便又再次下跌，在股价跌至上次低点附近时获得支撑，再一次回升，同时成交量放大。股价第一次冲高回落后的顶点称为颈部。

　　双重底形态的示意图如图 3-40 所示。

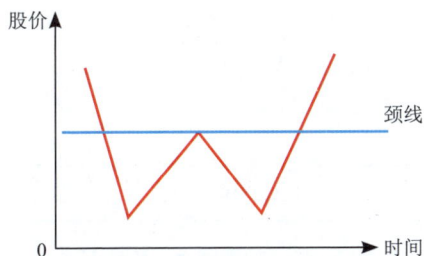

图 3-40　双重底形态示意图

　　有时股价在突破双重底颈线后不会立即上涨，此时会进行回抽（也

可以说是回踩）。当股价回抽到颈线附近获得支撑后，更加确立形态的形成，此时该形态发出的看涨信号更强。回抽颈线的双重底示意图如图 3-41 所示。

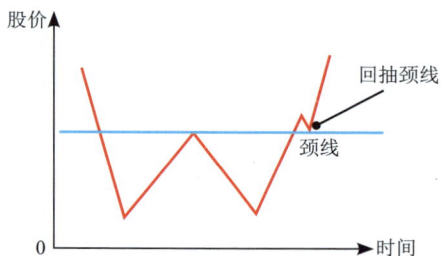

图 3-41　双重底回抽颈线示意图

实战中，双重底不一定都是行情的反转，也可能是下跌过程中一次比较大的技术反弹，当反弹结束后，行情会继续前期的下跌行情，如图 3-42 所示。

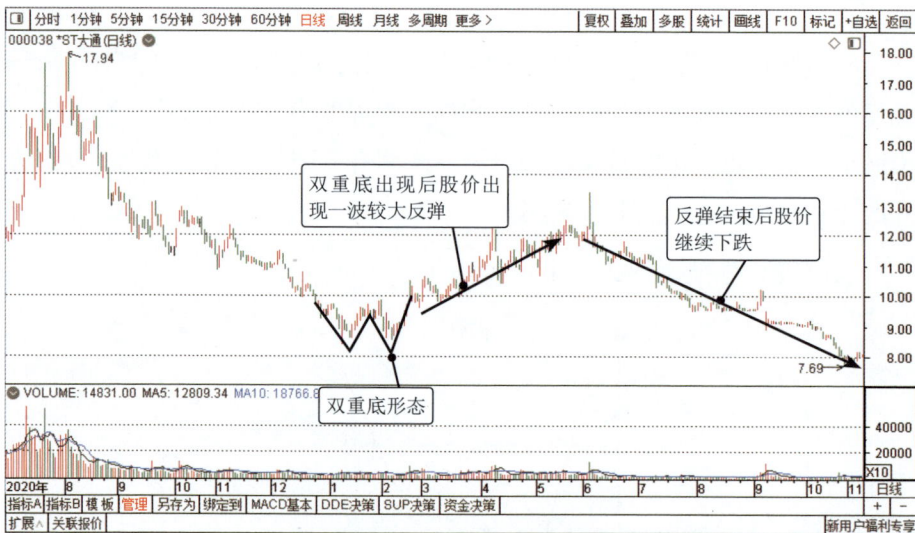

图 3-42　双重底之后股价反弹

如何能够可靠地研判双重底发出趋势反转的信号呢？比较有效的方法就是结合筹码分布图来进行分析。

在使用筹码分布图结合双重底形态判断趋势反转时，应该从以下几点进行分析。

- ◆ 股价在大幅下跌的低位创出新低后出现反弹，此时前期高位套牢的投资者寄希望于次轮反弹会出现大涨，因此抛售筹码有限，此时大部分筹码还在高位，并没有转移到下方形成密集区。主力没有收集到足够的筹码，肯定不会大幅拉升，为了让更多套牢盘交出筹码，主力会再进行一次压低股价。

- ◆ 主力在第一个底形成并反弹一段时间后就会主动出击压低股价，前期套牢盘恐怕行情继续下跌，于是纷纷清仓，此时市场中交投活跃，成交量明显放大，上方筹码迅速向下转移，低位筹码峰不断增加。如果在右底位置时能形成低位筹码峰，则行情见底信号更可靠。

- ◆ 由于股价多次往返在双重底的颈线位置，因此该位置就会聚集大量的筹码，低位筹码峰的核心区域也出现在该位置。之后如果股价突破该筹码密集区，那么上涨就成了必然的趋势，投资者此时就应该积极买入抄底。

- ◆ 有时候经过第二次底后，上方筹码没有完全转移到下方，此时还会出现回抽颈线的情况，目的是让上方筹码转移到低位，减少主力的拉升阻力。

知识拓展　**实战中的双重底形态**

　　在实际操作中，也会出现双重底的两个底点不在同一水平线上的情况，通常第二个底点都较第一个底点稍高，是因为部分先知先觉的投资者在第二次股价回落时已开始买入，令股价没法再次跌回上次的底点。而且形态底部两个底点之间的距离有不对称的情况，通常左底成交量大于右底，突破颈线若伴随放量，则上涨信号比较明确。此外，双重底形态在底部构筑的时间越长，其产生的回升效果就越好。完整形态的双重底构筑时间至少需要一个月。过短的时间间隔有可能是主力设置的技术陷阱。

应用实例

航锦科技（000818）双重底右底筹码密集买点分析

图 3-43 所示为航锦科技 2019 年 4 月至 12 月的 K 线图。

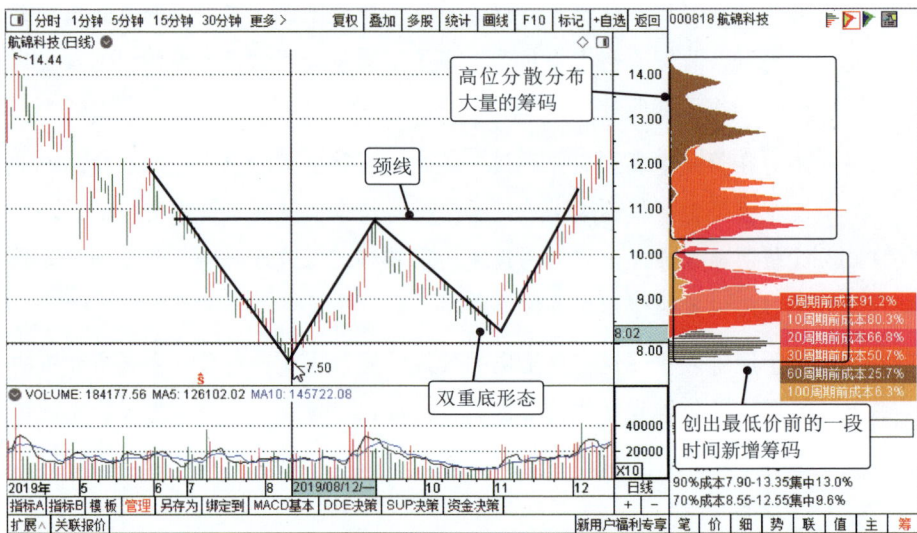

图 3-43　航锦科技 2019 年 4 月至 12 月的 K 线图

从图 3-43 可以看到，该股从 14.44 元的高价经过 4 个多月的下跌后于 2019 年 8 月 12 日创出 7.50 元的低价，跌幅约 48%。

观察该股创出 7.50 元的最低价当日的筹码分布图可以发现，近期该股在 8.00 元至 10.00 元新增了大量筹码，形成了新的密集区，但是在 10.00 元价格上方分散分布了大量的高位筹码，说明此时市场中还存在大量的套牢盘，行情是否见底还不能准确判断。

之后股价放量拉升出现反弹走势，但是股价在越过 10.50 元价位线后反弹结束，股价进入缩量下跌走势中。最终，股价在 11 月初运行到 8.00 元价位线上方时止跌，之后该股伴随着温和的成交量放量出现企稳回升走势，形成典型的双重底形态。

此时形成的双重底形态到底是下跌过程中的阶段底部还是行情底部呢？

下面结合对应的筹码分布图进行具体分析。

图 3-44 所示为航锦科技 2019 年 7 月至 2020 年 2 月的 K 线图。

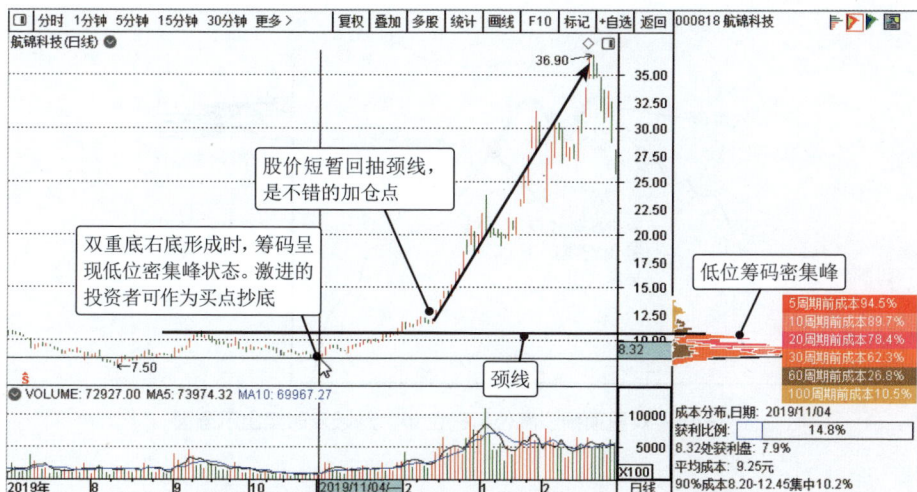

图 3-44　航锦科技 2019 年 7 月至 2020 年 2 月的 K 线图

从图 3-44 可以看到，在双重底形态的右底形成时，筹码大量下移，并在 8.00 元至 10.00 元形成低位密集峰。说明经过一波小幅反弹和下跌走势后，市场中的大部分筹码都集中到了主力手中，主力吸筹充分，后市拉升可期。

之后，股价温和放量突破颈线，运行到低位筹码密集峰的上方，双重底形态形成，结合右底出现筹码密集峰，可以确定双重底发出了可靠的行情反转信号，在股价放量突破该筹码密集区时就是一个买点。

在股价突破颈线后，该股走势减缓，出现了短暂的横盘走势，但是股价最终未跌破颈线，在筹码密集峰上方就获得支撑止跌，这是双重底回抽颈线的形态，更加确认双重底形态形成，此时投资者应积极买入或者加仓，持股待涨。

从后市的走势来看，该股最高上涨到 36.90 元的最高价，出现翻倍上涨行情，如果投资者在双重底回抽颈线获得低位筹码密集区的支撑后买进，持股一段时间后，在任意时间卖出，都将获得不错的收益。

No.09　双重顶颈线高位筹码密集，跌破及时卖出

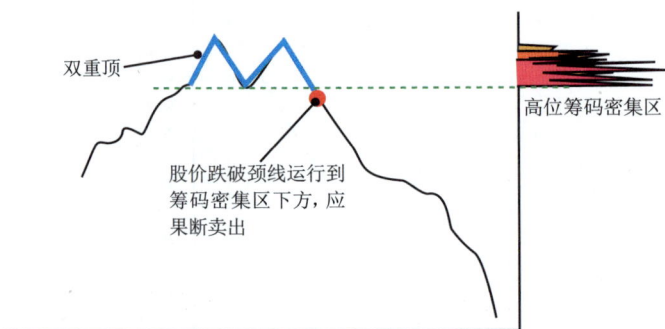

双重顶

股价跌破颈线运行到
筹码密集区下方，应
果断卖出

高位筹码密集区

图 3-45　双重顶颈线高位筹码密集，跌破及时卖出示意图

　　双重顶形态也称为 M 顶形态，通常出现在上升行情中，当股价上升到某一高点后受阻回落，接着股价又继续上升，上升到与第一个高点接近的高度时掉头向下。股价第一次受阻回落的低点称为颈部。

　　双重顶形态的示意图如图 3-46 所示。

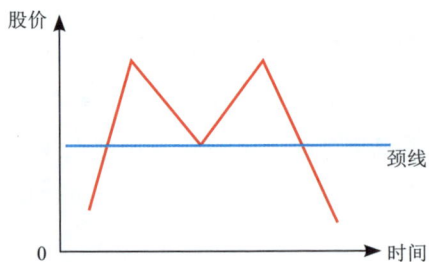

股价

颈线

时间

0

图 3-46　双重顶形态示意图

　　与双重底一样，股价在跌破双重顶颈线后也会出现回抽颈线的走势，回抽不破颈线则是对双重顶形态的进一步确定，这个回抽颈线也是投资者

离场的最后时机。

双重顶回抽颈线的示意图如图 3-47 所示。

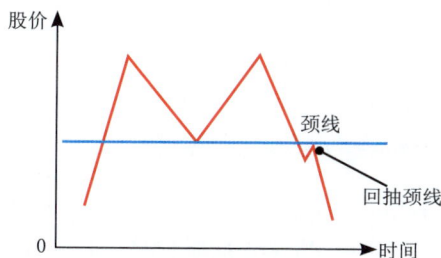

图 3-47 双重顶回抽颈线示意图

构筑双重顶的时间要求没有双重底严格，因为在股价的底部通常成交清淡，主力需要通过较长的时间才能在不引起散户注意的情况下吸收足够的筹码完成建仓动作。而在股价的顶部通常成交活跃，成交量巨大，主力可以不需要太长的时间就能完成出货动作。

如果双重顶的形成时间越长，其见顶的可靠性也越高。但是对于双重顶形成时间超过半年的，其判断价值就很小了。

如果要提高双重顶发出见顶信号的可靠性，帮助投资者及时找准卖点，可以结合筹码分布图来进行综合预判。

在使用筹码分布图结合双重顶形态判断趋势反转时，应该从以下几点进行分析。

◆ 在股价大幅上涨的高位，股价创出一个新高后反转向下时，追涨者会认为这只是上涨过程中的正常回调，于是纷纷进场接盘，主力乘机进行出货，因此在高位会形成大量的筹码，而此时下方低位的筹码峰仍然存在，这就表明经过第一个顶，主力还未完成出货。

◆ 为了让更多的追涨者介入接盘，主力会再次拉升股价，吸引散户入场，主力顺利派发，即在双重顶的第二个顶形成时，成交量会明显放大，对应的筹码分布图中显示为下方筹码快速向上转移，高位筹码峰不断增加。

◆ 由于股价多次往返在双重顶的颈线位置，因此该位置就会聚集大量的筹码，高位筹码峰的核心区域也出现在该位置，之后如果股价跌破该筹码密集区，那么下跌就成了必然的趋势，投资者此时就应该立即清仓离场。

知识拓展 双重顶形成过程中的成交量变化

在双重顶形成过程中，成交量随着股价的上升而增加，随着股价的下跌而缩小，但第二次股价上升带来成交量的增加却不能达到上一个高峰的成交量。一旦双重顶形态形成，表示股价的涨势结束，投资者应果断卖出股票。

应用实例

常山北明（000158）双重顶后股价跌破筹码密集区卖点分析

图 3-48 所示为常山北明 2019 年 10 月至 2020 年 7 月的 K 线图。

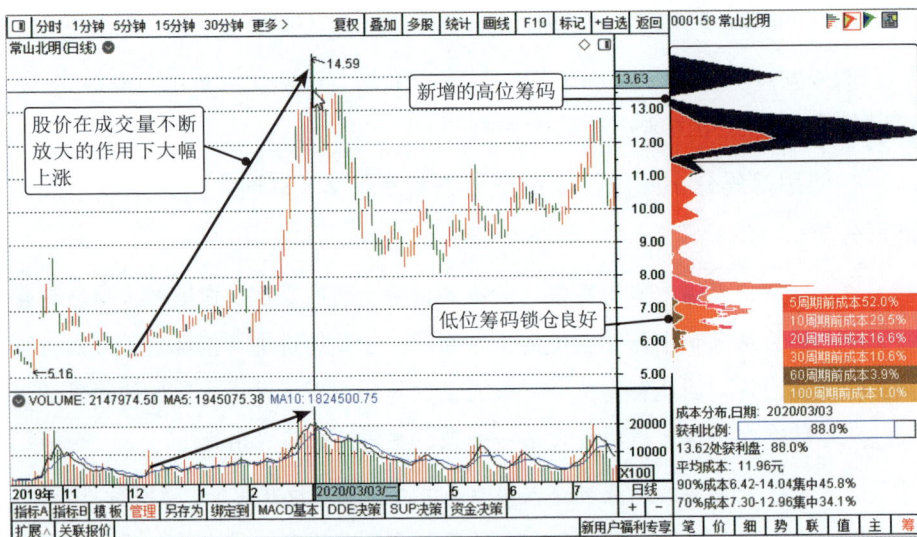

图 3-48　常山北明 2019 年 10 月至 2020 年 7 月的 K 线图

从图 3-48 可以看到，该股在 2019 年 10 月创出 5.16 元的阶段低点后止跌，股价迎来一波快速上涨行情，但是短短几个交易日的冲高后，股价在8.50元价位线附近受阻回落，成交量不断缩小。

最终该股在12月初5.50元价位线上方止跌企稳，之后该股放量继续走出一波翻倍上涨行情，并在2020年3月3日创出14.59元的最高价。

观察创出14.59元最高价当日的筹码分布图可以发现，虽然当日在高位新增了很多筹码，但是下方筹码锁定良好，因此，在之后股价出现的回落，很多散户都认为是上涨过程中的正常回调，于是纷纷在此时追涨。

下面来观察股价回落过程中的筹码分布变化。

图3-49所示为常山北明2020年1月至10月的K线图。

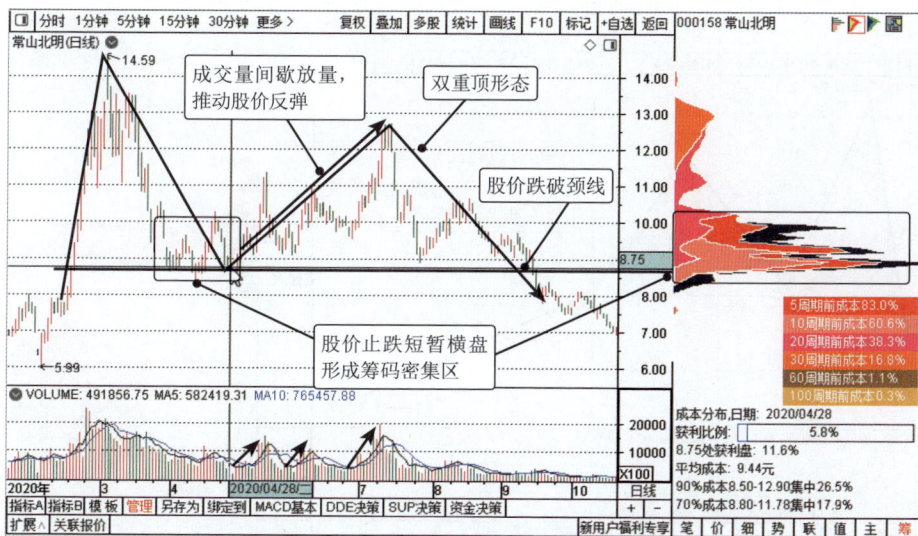

图3-49　常山北明2020年1月至10月的K线图

从图3-49可以看到，该股在创出14.59元的最高价后，股价在高位短暂横盘几个交易日后就连续收出阴线拉低股价快速回落，成交量也跟随股价的下跌而缩小。随后股价在跌到9.00元价位线附近后跌势减缓，并在9.00元至10.00元进行横向波动。

观察此时的筹码分布图可以发现，下方低位筹码基本上已经转移到高位，并在股价回落后横向波动的价位附近形成高位密集峰，说明主力趁着股价回落、散户追涨时，已经完成了大部分的筹码兑现。

该股随后间歇放量拉高股价呈现波动反弹走势，整个间歇放量拉升过程中，量能明显低于前期的大幅拉升行情的量能，说明股价上涨缺乏足够的动力，最终导致股价反弹不及前期高位，在13.00元价位线附近反弹受阻便拐头向下。

之后股价一路震荡下跌，最终在9月中旬跌破前期回落的低点，从K线图上形成典型的双重顶形态，而9.00元价位线就是双重顶的颈线，股价在颈线位置跌破筹码密集峰，更加说明行情已经发生逆转，此时投资者就要逢高抛售。

图3-50所示为常山北明2020年2月至2021年4月的K线图。

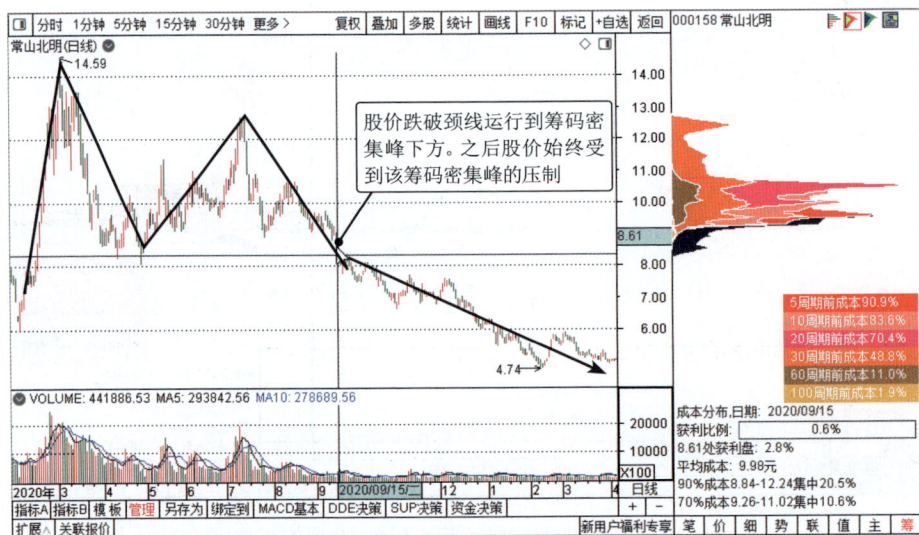

图3-50　常山北明2020年2月至2021年4月的K线图

从图3-50可以看到，股价在2020年9月中旬跌破双重顶形态的颈线后，颈线附近形成的筹码密集峰对股价的上涨形成了强大的压制，之后股价一路震荡向下。虽然股价也出现过多次反弹，但是反弹高点一波比一波低。如果投资者在股价跌破双重顶颈线运行到筹码密集峰的下方时没有及时清仓，将会损失惨重。

No.10 突破头肩底颈线的筹码密集峰，上涨被打开

一图展示

在颈线附近突破筹码
密集区，买点出现

低位筹码密集区

头肩底

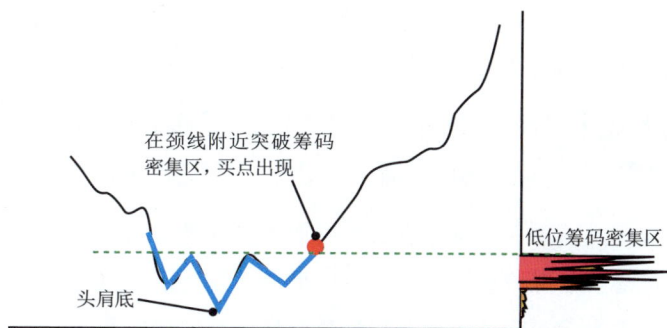

图 3-51 突破头肩底颈线的筹码密集峰，上涨被打开

要点解析

在股价运行到一个较低位置后波动变化，在这一波动过程中形成三个明显的低点，中间的低点明显比两侧的低点更低，形成头肩底的头部，而两侧的低点基本保持在同一水平位置，形成头肩底形态的两个肩部。前两个低点止跌反弹的高点连线就是头肩底形态的颈线。其示意图如图 3-52 所示。

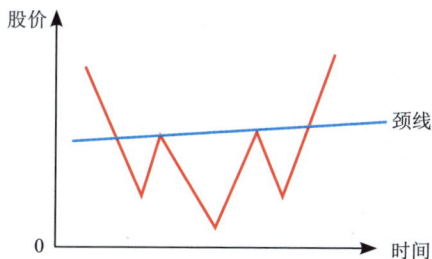

股价

颈线

0   时间

图 3-52 头肩底形态示意图

头肩底形态是一个长期性趋势的转向形态，是较为可靠的买入信号。

通常在熊市的尽头出现，且头肩底形态的形成时间较长，形态也较为平缓。

实战中，头肩底形态的颈线常常向右方下倾，如果颈线向右方上倾，则意味着市场更加坚挺。

当股价放量突破头肩底形态的颈线时，就是不错的买入时机，如果出现回抽颈线获得支撑，则更是投资者加仓的大好时机。

头肩底形态出现后，行情反转的概率比双重底更高。在使用筹码分布图结合头肩底形态判断趋势反转时，应该从以下几点进行分析。

◆ 在股价大幅下跌低位，当头肩底形态的左肩和头部形成时，此时高位套牢者仍然寄希望于之后出现的更大反弹，因此抛售筹码有限，筹码分布图显示出高位仍然聚集大量筹码，而底部的筹码却相对较少，没有形成密集筹码峰，此时主力是不会大幅拉升的。

◆ 为了获得更多廉价筹码，此时主力会再次主动压低股价，迫使高位套牢者交出筹码，因此在头肩底的右肩形成时，往往都伴随着成交量的明显放大，从筹码分布图上来看，高位筹码迅速向下转移，并在低位形成密集峰。

◆ 在头肩底形态中，通常情况下，颈线位置附近就是底部筹码峰的核心区域，只有当股价向上突破这一密集区域，上涨行情才真正被打开，此时投资者应该积极买入做多。

◆ 有时候股价在低位形成头肩底形态后，高位可能仍然存在许多筹码，此时主力可能会再次大幅度压低股价，从而使得这部分高位筹码被迫向下转移到低位，一旦低位形成了单峰密集形态，就表示主力控盘程度高，后市的上涨也比较可期。

应用实例

科泰电源（300153）头肩底后突破筹码密集区买点分析

图 3-53 所示为科泰电源 2020 年 10 月至 2021 年 2 月的 K 线图。

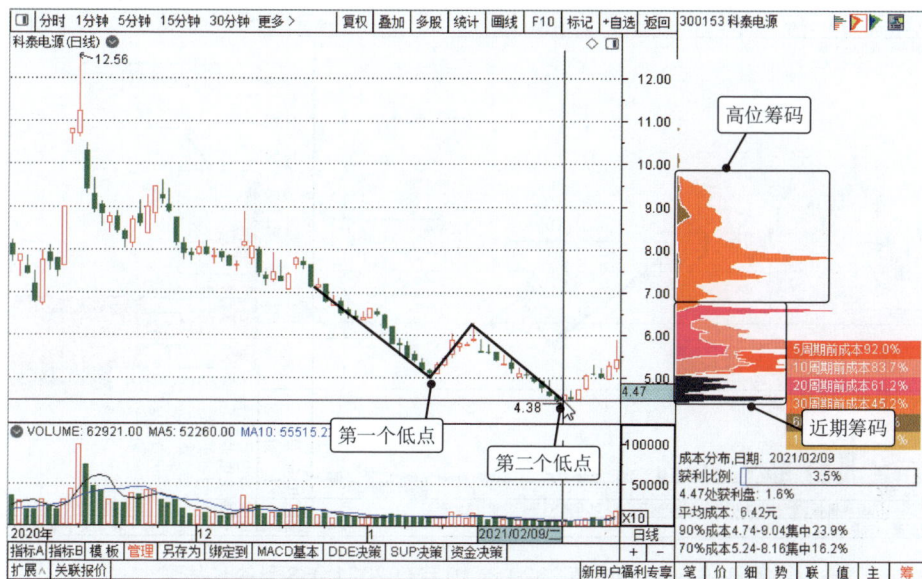

图 3-53 科泰电源 2020 年 10 月至 2021 年 2 月的 K 线图

从图 3-53 可以看到，该股在 2020 年 11 月 9 日创出 12.56 元的最高价后一路震荡下跌。在经历了一波大幅下跌行情后，在 5.00 元价位线附近时出现了明显的止跌回升，第一个低点出现。

之后该股经历了多根阳线的拉升，股价在 6.00 元价位线附近反弹结束后又出现持续下跌走势，并在 2021 年 2 月 9 日创出 4.38 元的最低价，出现第二个低点。

股价从 12.56 元的高位下跌到 4.38 元的低位，跌幅已超过 65%，算是比较大的跌幅了。

下面来观察创出 4.38 元最低价当日的筹码分布图，从筹码分布图中可以发现，虽然在两个低位分别新增了不少筹码，但是此时在 7.00 元至 10.00 元还存在大量的高位筹码，整体筹码分布图呈现出分散状态。

股价后市走势如何还尚未可知，下面继续分析该股后市走势。

图 3-54 所示为科泰电源 2020 年 10 月至 2021 年 3 月的 K 线图。

图 3-54　科泰电源 2020 年 10 月至 2021 年 3 月的 K 线图

从图 3-54 可以看到，该股创出 4.38 元的最低价后出现了一波不错的反弹行情，反弹过程中，K 线大部分时间都是阳线报收。但是在 2021 年 3 月 8 日，该股跳空高开后一路走低，当日阴线报收，但股价在前期高点位置冲高回落滞涨。

观察此时的筹码分布图可以发现，虽然高位筹码出现了一定的下移，并在前期高点位置附近形成密集区，但是高位筹码仍然大量存在，说明高位套牢盘仍然在观望。

主力如果要操作这只股票，为了减轻后市的拉升阻力，高位的这部分筹码必须大量下移，否则行情不会发生实质性的改变。

图 3-55 所示为科泰电源 2020 年 10 月至 2021 年 5 月的 K 线图。

从图 3-55 可以看到，之后该股出现了两个月左右的震荡下跌走势，震荡下跌过程中，成交量不断缩小。最终股价在前期低点位置附近止跌，股价围绕 5.00 元价位线横盘，K 线出现第三个低点。从 K 线形态来看，股价有走出头肩底形态的趋势。

下面再来看此时对应的筹码分布图，可以发现，此时 7.00 元价位线上方的高位筹码大部分已经下移，筹码在 5.00 元至 6.00 元形成明显的筹码密集峰，说明此时大部分筹码的成本在 5.00 元至 6.00 元。

综合判断，行情有望见底回升，激进的投资者此时可以少量建仓抄底。稳健的投资者最好还是等上涨信号明确后再介入。

图 3-55　科泰电源 2020 年 10 月至 2021 年 5 月的 K 线图

图 3-56 所示为科泰电源 2020 年 11 月至 2021 年 8 月的 K 线图。

从图 3-56 可以看到，该股在 2021 年 4 月 22 日微微低开后一路高走，盘中打到涨停板后封板直到收盘，当日以涨停大阳线放量拉升股价触及前期高点位置，即 6.00 元价位线，头肩底形态形成，6.00 元价位线就是该形态的颈线。

观察对应的筹码分布图可以发现，此时高位筹码出现了快速下移，并在颈线位置附近出现明显的低位筹码密集区，说明此时市场中的大部分筹码都掌控到主力手中。只要股价放量突破颈线，就标志着行情彻底逆转。

4 月 23 日，股价继续跳空高开，当日以 9.92% 的涨幅阳线报收，继续放量拉高股价突破头肩底形态的颈线，运行到前期低位筹码密集区的上方。虽然之后股价出现短暂的回抽，但是最终在颈线位置获得低位筹码密集区的支撑止跌。综合头肩底形态和筹码分布图的分析，可以更加确定此时上涨行情已经来临，投资者应该积极逢低吸纳，持股待涨。

从后市的涨势来看，该股经历了一波翻倍上涨的上升行情，如果投资者能够及时跟进，将获得不错的收益。

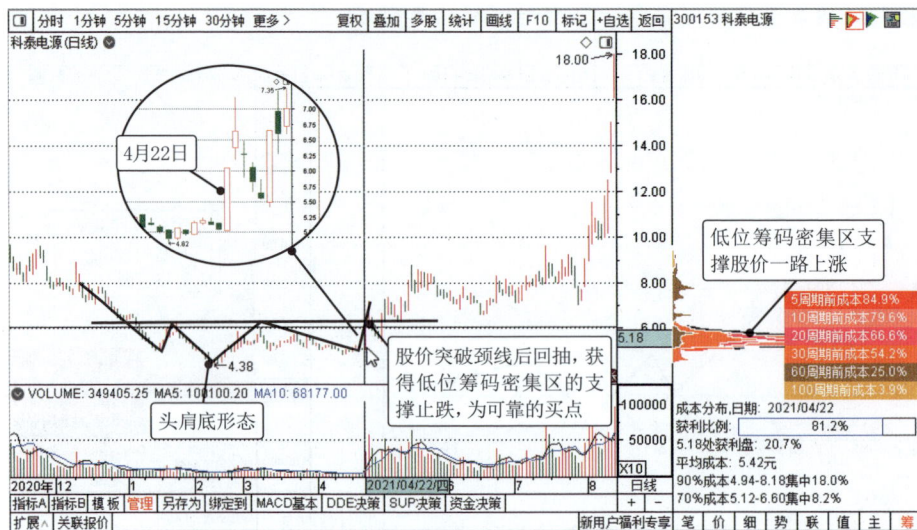

图 3-56　科泰电源 2020 年 11 月至 2021 年 8 月的 K 线图

No.11　跌破头肩顶颈线受密集区压制，是最后的离场机会

一图展示

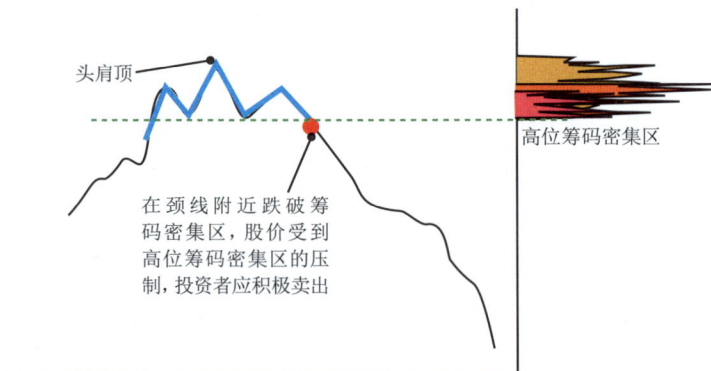

图 3-57　跌破头肩顶颈线受密集区压制，是最后的离场机会示意图

要点解析

在股价运行到一个较高位置后波动变化，在这一波动过程中形成三个明显的高点，中间的高点明显比两侧的高点更高，形成头肩顶的头部，而两侧的高点基本水平（或右侧高点低于左侧高点），形成头肩顶形态的两个肩部。前两个高点反弹回落的低点连线就是头肩顶形态的颈线。其示意图如图 3-58 所示。

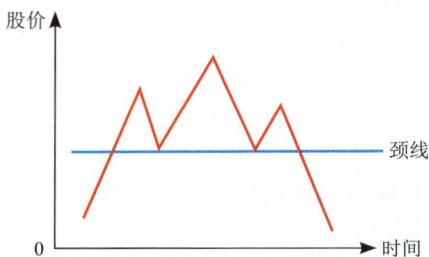

图 3-58　头肩顶形态示意图

头肩顶形态是一个长期性趋势的转向形态，通常会在牛市的尽头出现，此时投资者要提高警惕，在形成头肩顶雏形时，可先卖出部分筹码，减轻仓位。一旦发觉股价跌破颈线，就将手中剩余的股票全部卖出，退出观望。

在使用筹码分布图结合头肩顶形态判断趋势反转时，应该从以下几点进行分析。

◆ 在股价大幅上涨的高位，当头肩顶形态的左肩和头部形成时，由于头部比左肩高出许多，这就让散户以为股价还会继续创出新高，于是纷纷追涨接盘，主力趁机出货，此时成交量出现明显的放大。对应的筹码分布图中显示，高位出现许多筹码峰，但是此时下方仍然存在部分筹码，因此，股价还不会快速下跌。

◆ 由于经过前面两次拉高，主力出货不理想，此时为了便于将手中剩下的筹码全部抛售，会再进行一波拉伸，这就是头肩顶形态的右肩。但是此时右肩冲高相较于前面两个顶来说，成交量有比较明显的缩量，下方筹码也迅速向高位转移，并在高位形成密集峰。

◆ 在头肩顶形态中，通常情况下，颈线位置附近就是高位筹码峰的核心区域，如果股价向下跌破这一密集区域后，伴随着下跌低位筹码的快速消失，则表明一波长期上升趋势发生扭转，下跌行情来临，此时投资者要果断抛售。

◆ 有时候股价在高位形成头肩顶形态后，低位可能仍然存在许多筹码，此时主力可能会在高位震荡，从而派完手中的筹码，此时筹码分布图中显示低位筹码基本全部转移到高位，一旦高位形成了单峰密集形态，就表示主力出货完毕，随之而来的就是长期的下跌。

应用实例

亚光科技（300123）头肩顶后跌破颈线受密集区压制卖点分析

图 3-59 所示为亚光科技 2019 年 11 月至 2020 年 7 月的 K 线图。

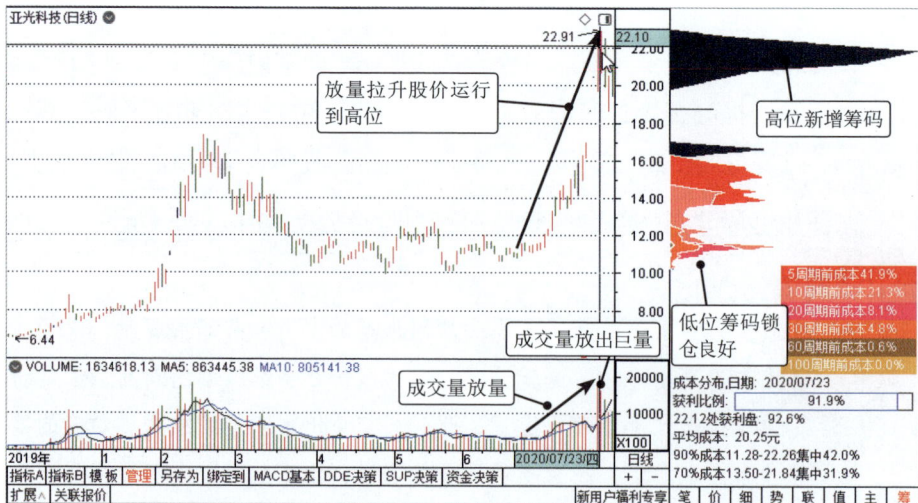

图 3-59　亚光科技 2019 年 11 月至 2020 年 7 月的 K 线图

从图 3-59 可以看到，该股在 2019 年 11 月底以 6.44 元的最低价见底后一路上涨，在 2020 年 2 月中旬运行到 17.00 元的价位线附近后阶段性见顶。

随后该股经历了一波大幅回落调整后步入长时间的横向整理，最终该股在2020年6月底重拾升势，并经历了一波快速拉升行情，尤其在7月下旬，该股更是放出巨量拉升股价。

观察此时的筹码分布图可以发现，该股在创出22.91元的最高价当日，筹码分布图的高位新增了大量筹码，并形成明显的高位筹码峰，而下方的低位筹码呈现出良好的锁定状态，说明此时主力手中还有大量筹码没有派发，股价不会立即见顶。

图3-60所示为亚光科技2020年4月至8月的K线图。

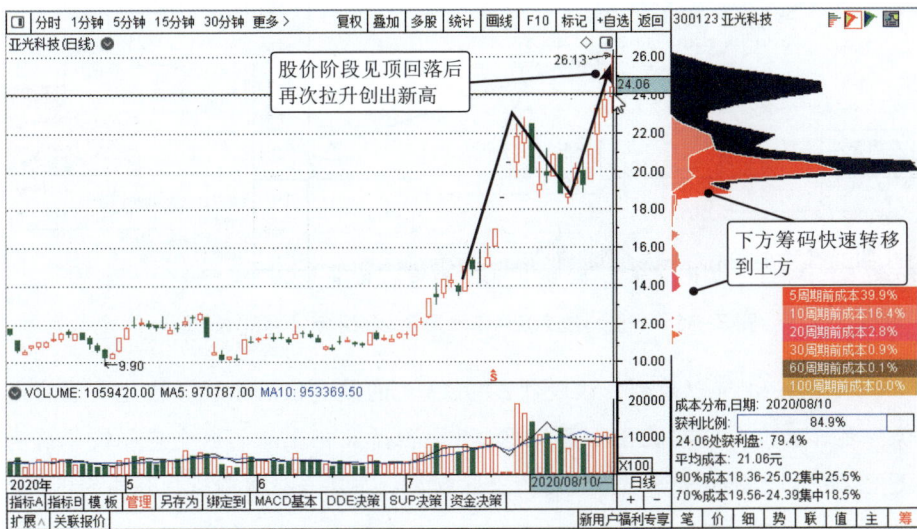

图3-60　亚光科技2020年4月至8月的K线图

从图3-60可以看到，该股在创出22.91元的高价后阶段见顶，随后股价出现回落调整走势，在回落过程中成交量出现明显缩量，之后股价在18.00元价位线上方止跌回升，许多散户误认为此时为股价的正常回调，因此在股价止跌后纷纷追涨，成交量温和放大，并在2020年8月10日创出26.13元的高价。

观察此时对应的筹码分布图可以发现，经过回调到拉升这一过程，下方低位筹码快速转移到高位，在高位形成两个明显的筹码峰，下方低位筹码剩余不多，说明市场中大部分低位筹码已经转移到高位，这是主力兑换大部分筹码的表现。

在大幅上涨的高价位区出现这种形态，股价见顶的可能性很大，稳健的投资者最好逢高卖出。

图 3-61 所示为亚光科技 2020 年 6 月至 2022 年 4 月的 K 线图。

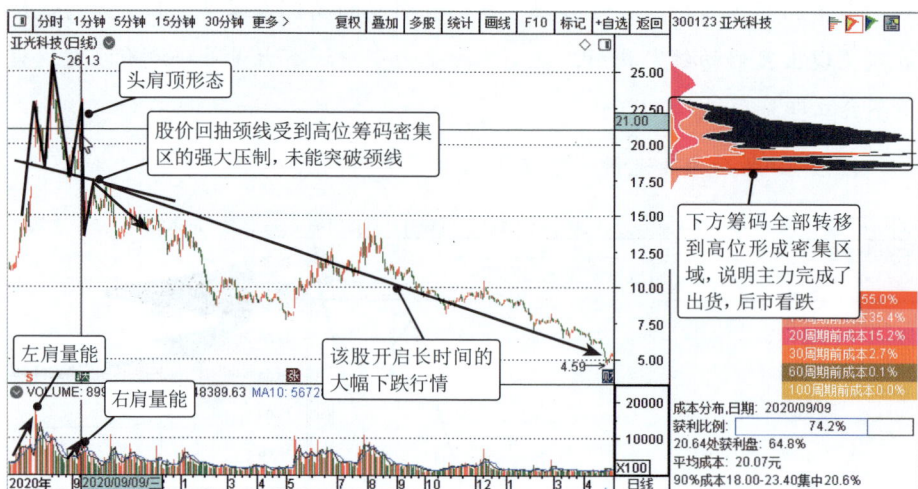

图 3-61　光亚科技 2020 年 6 月至 2022 年 4 月的 K 线图

从图 3-61 可以看到，该股创出 26.13 元的最高价后出现了快速回落的走势，之后股价在前期低点位置止跌回升，但是此轮上涨的成交量相较于前两次上涨的成交量明显更小，且股价上涨到第一个高点位置附近便拐头向下，K 线图呈现典型的头肩顶形态。

观察此时头肩顶形态右肩时的筹码分布图可以发现，此时下方低位筹码已经全部转移到高位，并在 18.00 元至 23.00 元形成明显的筹码密集区，这更加确定了主力派发已经完成，后市看跌。

之后股价强势跌破颈线后有过一波回抽颈线的走势，但是由于上方高位筹码密集区的强大压制，股价回抽未能突破颈线便受阻回落，之后该股步入长期深幅下跌行情中，不给投资者任何喘息机会。如果投资者在头肩顶形态出现，并结合筹码分布图确定行情见顶时没有及时清仓出局，将会被长时间深度套牢。

第四章

筹码与经典理论结合

　　股市投资中最讲究顺势而为，只有把握准了行情的运行趋势，才能更加稳健地进行投资。要研究股市的运行趋势，投资者必须了解并学会趋势理论的应用。除此之外，波浪理论也是研究趋势变化的重要技术。本章就针对这两个理论具体展开，讲解它们是如何与筹码技术结合，从而提高趋势研判的准确率。

一、筹码与趋势理论结合

趋势就是股价未来的发展方向，它主要有上升趋势和下降趋势。虽然在实际中也存在震荡行情，即股价长时间处于横向震荡的过程中，但从更长远的时间周期来看，震荡行情只是上升趋势或下降趋势中的一部分，且其对于一般投资者来说，买卖操作意义不大，因此，很多情况下我们只掌握上升趋势和下降趋势。

为了更好地识别和分析趋势，我们通常都会在炒股软件中通过绘制对应的趋势线来直观描述一段行情的发展趋势。下面来认识一下上升趋势和下降趋势的具体意义。

◆ **上升趋势**：在一个行情的变动过程中，如果其包含的顶部和底部都相应地高于前一个顶部和底部，那么该趋势就称为上涨趋势。根据该趋势的低点作出的直观的指示线就是上升趋势线，其对股价的回落起到支撑作用，股价回落到上升趋势线位置附近都会获得支撑止跌，如图 4-1 所示。

图 4-1　上升趋势线

◆ **下降趋势**：在一个行情的变动过程中，如果其包含的顶部和底部都相应地低于前一个顶部和底部，那么该趋势就称为下降趋势。根据该趋势的顶点作出的直观的指示线就是下降趋势线，其对股价的反弹起到压制作用，股价反弹到下降趋势线位置附近都会受压制止涨回落，如图 4-2 所示。

图 4-2　下降趋势线

在不同的趋势中，筹码也会呈现出不同的分布状态。当趋势发生改变时，筹码分布状态也会随着发生改变，因此，将筹码与趋势结合，可以更加可靠地研判行情的变化。本节就以上升趋势与筹码结合进行具体讲解。

知识拓展　绘制趋势线前需对 K 线图前复权处理

由于许多股票每年都有转股、送股等除权活动，会造成股价的突然巨幅差，因此在遇到这种类型的股票时，绘制趋势线前最好先对其进行复权处理，否则突然的落差会带来分析上的不便，图 4-3 所示为同一段时间复权前后的效果对比。

炒股软件都有复权功能，如在通达信软件中的方法是：在任意一只股票的 K 线图上右击，在弹出的快捷菜单中选择"复权处理"命令下的"前复权"或"后复权"命令，建议选择"前复权"命令，以使复权后的现价与实际现价相同，也可以直接按【Ctrl+V】组合键快速在前复权和不复权之间切换。

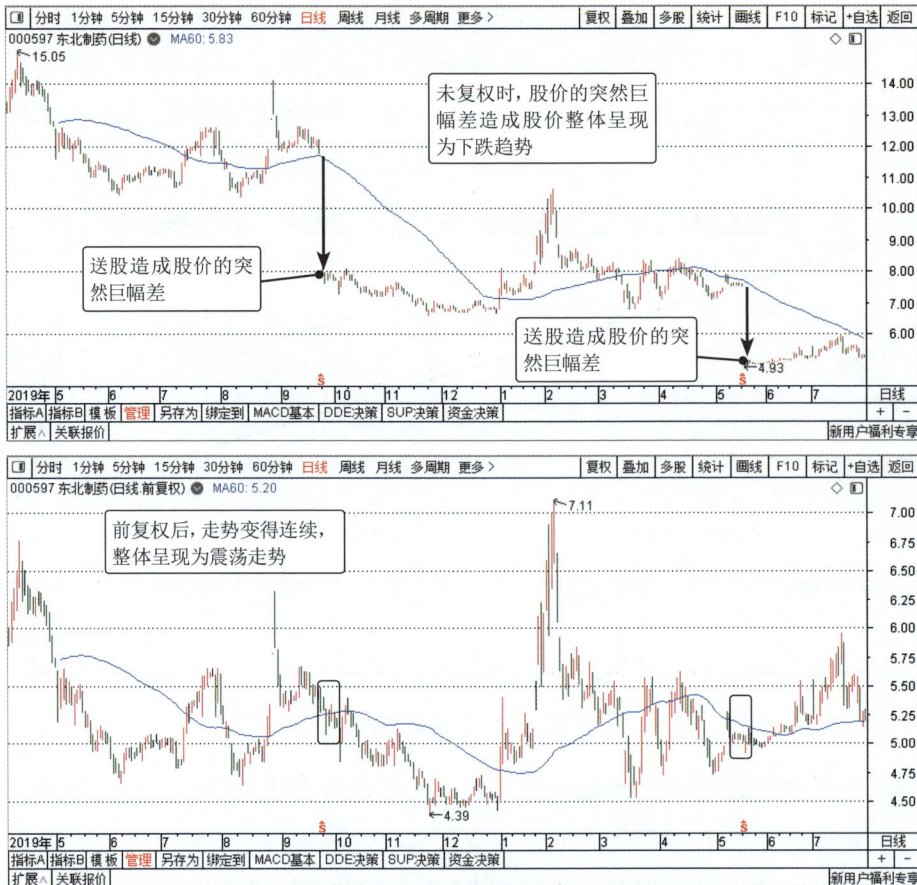

图 4-3 同一段时间复权前后的效果对比

知识拓展 *趋势线的有效性与修正*

　　一条趋势线是否有效，还需经过验证才能确认。如绘制上升趋势线只需要两个波段的低点便可绘制出来，但还需要得到第三个波段低点的验证才能确认这条趋势线的有效性。

　　因为后面运行波段的高点或低点不可能全都正好落在之前绘制的趋势线上，为了让趋势线更多地通过波段高点或低点，就需要对趋势线位置进行修正，从而让更多的点落到趋势线上，这样会让趋势线更有效，如图 4-4 所示。

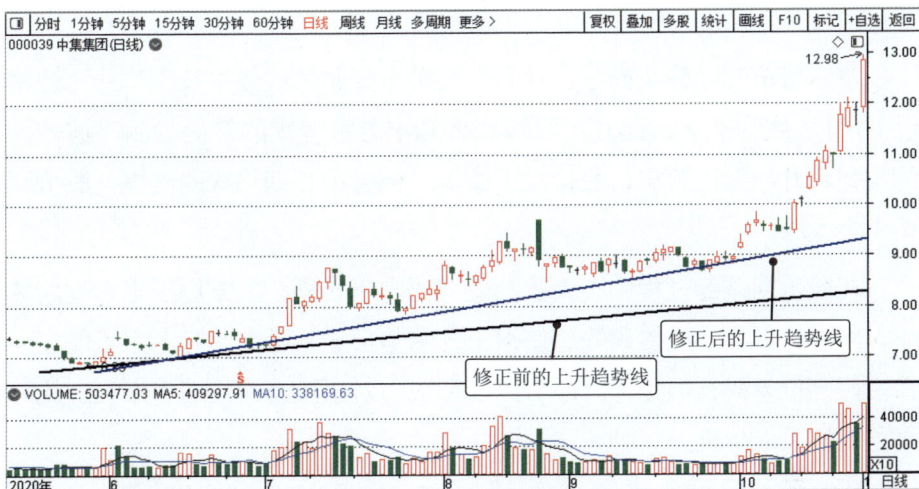

图 4-4　趋势线的修正

No.01　股价回落获得支撑，筹码低位密集上涨启动

一图展示

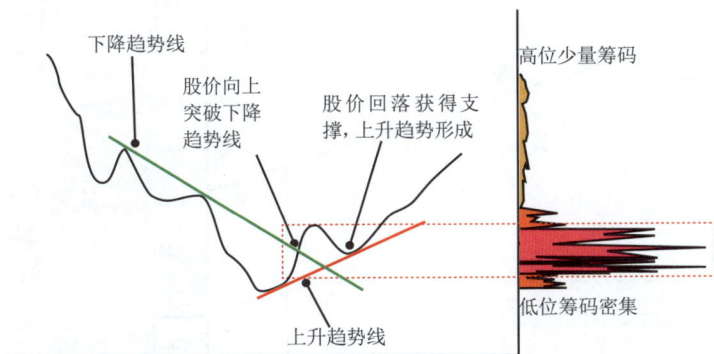

图 4-5　股价回落获得支撑，筹码低位密集上涨启动示意图

要点解析

在股价下跌的末期，股价创新低，成交量却非常小，虽然上方有大量

筹码被套牢，但已经没有多少人愿意卖出。

之后股价开始转头向上，并向上突破下降趋势线或中长期均线（通常以 60 日均线为准），此时短线抄底者和上方被套牢的筹码看到一波较大的反弹会开始抛出筹码，股价向下回调，但受中长期均线的支撑，股价回调不会太深。

在股价回调的过程中，大量高位筹码向下转移，上方抛压阻力逐渐减小，同时在低位形成筹码峰，使得上升趋势形成，虽然此时上方可能还存在一些高位筹码，但是上升趋势已经形成，对于激进的投资者来说，此时是不错的买入时机。

应用实例

深粮控股（000019）上涨初期筹码低位密集买入分析

图 4-6 所示为深粮控股 2019 年 4 月至 2020 年 3 月的 K 线图。

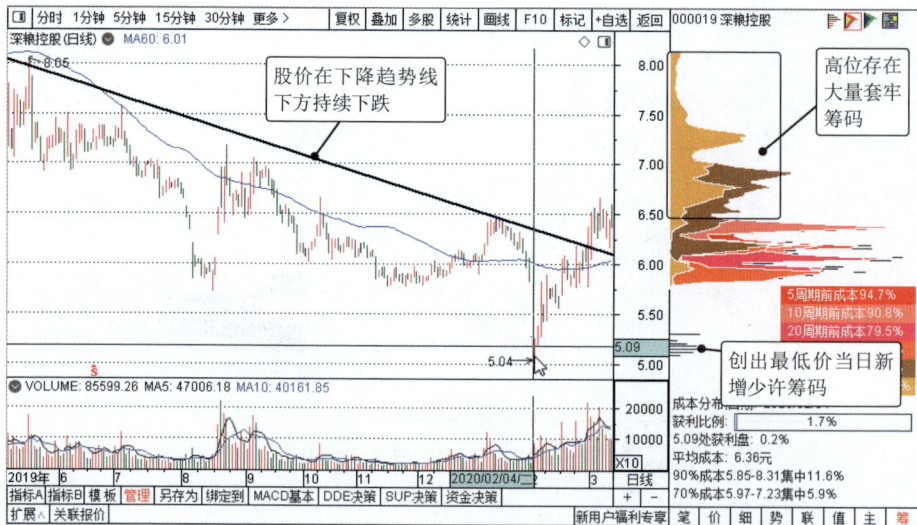

图 4-6 深粮控股 2019 年 4 月至 2020 年 3 月的 K 线图

从图 4-6 可以看到，该股 2019 年 4 月至 2020 年 1 月，股价在下降趋势线的压制下始终保持持续下跌走势。

在 2020 年 1 月初，股价在 6.50 元价位线附近触及下降趋势线后受阻，之后股价出现一波快速下跌行情，成交量快速缩小，并在 2 月 4 日创出 5.04 元的最低价后企稳。

观察此时对应的筹码分布图可以发现，在创出最低价当日新增的筹码非常少，6.50 元价位线上方存在大量高位筹码，说明在这一波快速下跌过程中，市场中已经没有多少人愿意卖出手中持股。但是如果行情要改变，股价要上涨，这部分筹码必须大量向下转移才有可能。

下面继续观察该股后市走势。

图 4-7 所示为深粮控股 2019 年 7 月至 2020 年 4 月的 K 线图。

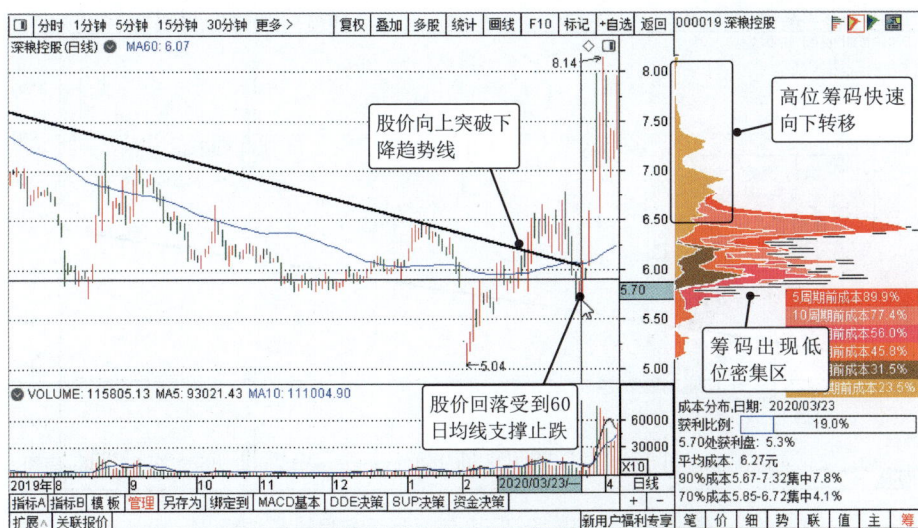

图 4-7 深粮控股 2019 年 7 月至 2020 年 4 月的 K 线图

从图 4-7 可以看到，该股在创出 5.04 元的最低价后，股价止跌企稳，在成交量逐步放大的推动下，股价步步抬升，并在 2020 年 3 月初放量突破下降趋势线的压制后继续上涨。

在股价上涨到 6.50 元价位线后出现滞涨横盘走势，之后便快速下落。但是整个回落的时间不长，且跌幅也不大。

最终在 3 月中下旬，股价在短暂跌破向上运行的 60 日均线后出现快速拉升的走势，说明 60 日均线对股价的下跌起到明显的支撑作用。

此时的回落低点明显比前期的低点高，上涨趋势初步形成，通过这两个低点即可绘制出上涨趋势线。

观察此时对应的筹码分布图可以发现，在第二个低点出现时，6.50 元价位线上方的筹码大部分已经向下转移，并且在 5.75 元至 6.50 元形成密集区。

这就更加确定了行情发生了逆转，上升趋势已经形成，此时股价在向上的 60 日线位置获得支撑就是一个很好的买点，激进的投资者可以逢低吸纳买入。

图 4-8 所示为深粮控股 2020 年 1 月至 8 月的 K 线图。

图 4-8　深粮控股 2020 年 1 月至 8 月的 K 线图

从图 4-8 可以看到，该股在 60 日均线位置获得支撑止跌企稳后，成交量大幅放量，推动股价不断震荡上涨，该股行情转为上升趋势。

如果投资者在股价回落到 60 日均线获得支撑止跌，对应的筹码出现低位密集区时积极买入，持股一段时间后，在任意时间点卖出都将获利。

No.02 低位筹码锁定，股价回落不破趋势线，上涨趋势持续

上升趋势线

上涨初期

低位筹码密集

新增筹码

上升趋势线

上涨途中

低位筹码锁定

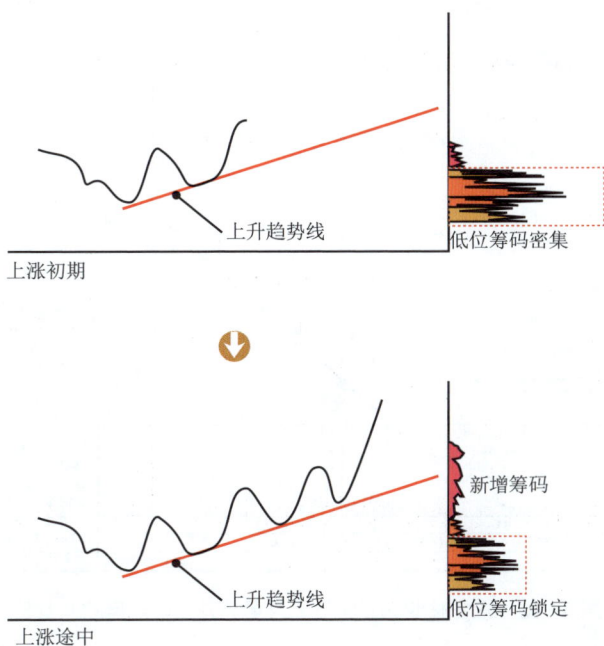

图 4-9 低位筹码锁定，股价回落不破趋势线，上涨趋势持续

上升趋势形成以后，股价将沿着上升趋势线或中长期移动平均线向上发展。中途也可能会出现几段回调行情，但会受到上升趋势线的支撑作用继续上涨。

在上涨过程中，一部分低位筹码会逐步向上转移，但仍有一部分筹码面对上涨无动于衷，在筹码分布图上一般显示为低位"锁定"状态，这是股价仍将持续上涨的信号。股价每次回落触及上升趋势线，都是投资者加仓的时机。

永安林业（000663）上涨途中低位筹码锁定加仓分析

图 4-10 所示为永安林业 2020 年 7 月至 2021 年 4 月的 K 线图。

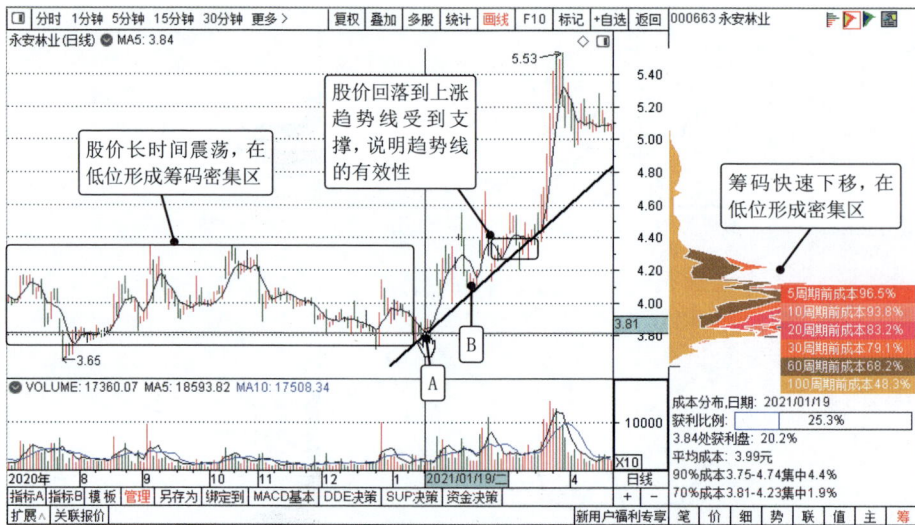

图 4-10　永安林业 2020 年 7 月至 2021 年 4 月的 K 线图

从图 4-10 可以看到，该股在 2021 年 1 月中旬之前，股价始终围绕在 3.80 元至 4.30 元进行横向震荡，行情呈现出震荡趋势。随着股价的不断震荡，高位筹码大幅下移。

2021 年 1 月中旬，股价在 3.80 元价位线附近止跌形成一个低点，标记为 A 点，观察此时的筹码分布图可以发现，此时大部分筹码被集中到了 3.80 元至 4.30 元，说明经过长时间的横盘震荡走势后，市场中的大部分筹码都被集中到了主力手中，主力建仓完毕后就会迎来拉升。

之后股价不断放量拉升，并在 2 月初越过 4.40 元价位线，但是很快股价便回落。

此次回落的跌幅不大，持续时间也不长，股价最终在 4.20 元价位线下方止跌形成一个低点，标记为 B 点（从 5 日均线的走势可以明显看到回落的低点位置）。连接 AB 两点可以作出这一段行情的上涨趋势线。

之后股价不断出现短暂拉升和短暂回落的走势，且每一次的回落都在趋势线位置获得支撑，说明上涨趋势线的有效性比较可靠。

3 月底，该股出现巨大的成交量推动股价直线拉升的走势，短短几个交易日就将股价拉高创出 5.53 元的高价。股价从 3.80 元价位线附近上涨到 5.53 元，涨幅约 46%，还是算比较大的涨幅了。

图 4-11 所示为永安林业 2020 年 12 月至 2021 年 6 月的 K 线图。

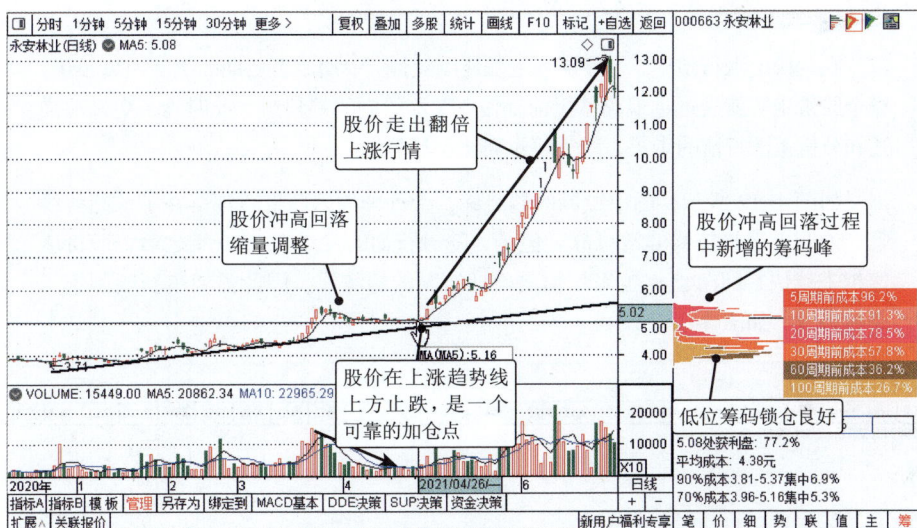

图 4-11　永安林业 2020 年 12 月至 2021 年 6 月的 K 线图

从图 4-11 可以看到，在股价创出 5.53 元的阶段高价后该股出现了回落调整走势，整个调整过程中，成交量出现快速缩小，最终股价在接近上涨趋势线位置止跌。

观察此时的筹码分布图可以发现，在股价冲高回落调整过程中，该股在 5.00 元价位线上方新增了一个筹码密集峰，但是观察下方的低位筹码，可以发现前期低位筹码在 3 月底的快速拉升过程中并没有出现大量兑现，说明市场中投资者看好后市。

此时股价在上涨趋势线上方获得支撑止跌就是一个可靠的加仓时机，投资者可逢低吸纳加仓，积极做多。

从后市的走势来看，该股出现了快速拉升的走势，两个多月的时间，股价从 5.00 元价位线附近上涨创出 13.09 元的高价，行情走出翻倍上涨走势。

通过这个案例，进一步说明了综合上涨趋势线和筹码分布情况来分析加仓位置的重要意义。

知识拓展 *股价远离原趋势线后要重新绘制新趋势线*

在一段上涨行情中，一般前期上涨速度较慢，中期或者后期的上涨速度较快，整个股价走势就会远远偏离基于前期慢速上涨绘制的趋势线。此时为了更好地描述和分析上涨行情的走势，就需要重新绘制趋势线。

如图 4-12 所示，图中绘制的趋势线，大部分的回落低点都落在了该趋势线上，说明上涨趋势线非常可靠。但是，随着行情的发展，2020 年之后，股价涨速越来越快，回落低点越来越偏离前期绘制的趋势线，因此需要重新绘制第二条趋势线，如图 4-13 所示。

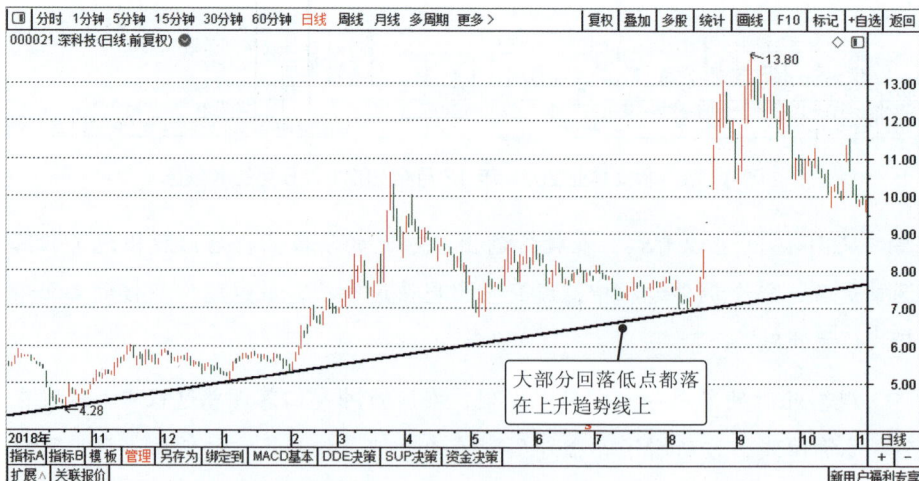

大部分回落低点都落在上升趋势线上

图 4-12　上涨行情初期的趋势线

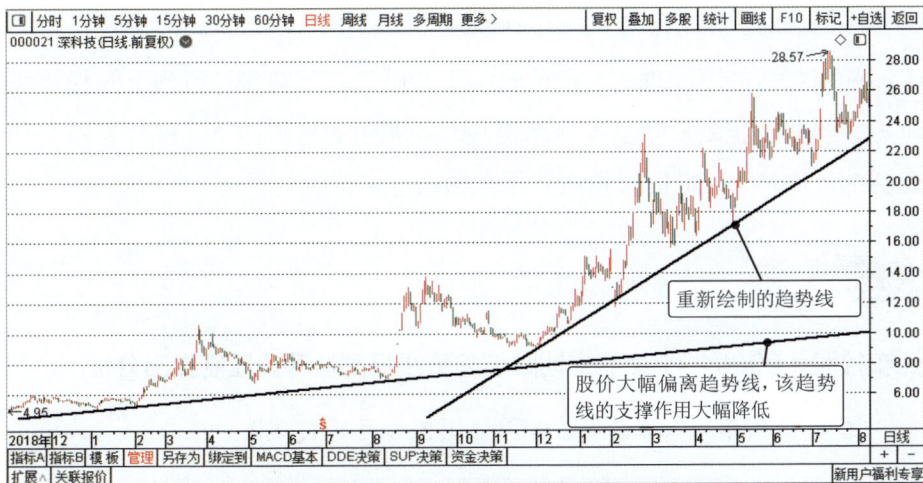

图 4-13　股价远远偏离原趋势线后重新绘制趋势线

No.03　筹码高位密集，股价回抽趋势线不破上涨结束

一图展示

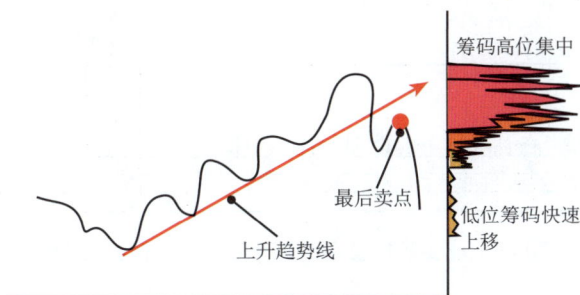

图 4-14　筹码高位密集，股价回抽趋势线不破上涨结束示意图

要点解析

在上升趋势末段，主力通常会大量抛出所持筹码，同时许多投资者也开始抛出所持股票，筹码大量向高位转移，形成高位筹码密集区，该筹码

密集区域会对股价的继续上涨起到强大的压制作用。

随着抛压的不断增大，股价会向下跌破上升趋势线运行到上升趋势线下方，当股价止跌反弹至上升趋势线时受到阻力再次向下，就标志着上升趋势的彻底结束，此时投资者要果断抛售手中持股。

应用实例

深粮控股（000019）上涨末期跌破趋势线受高位筹码压制卖出分析

图4-15所示为深粮控股2020年3月至9月的K线图。

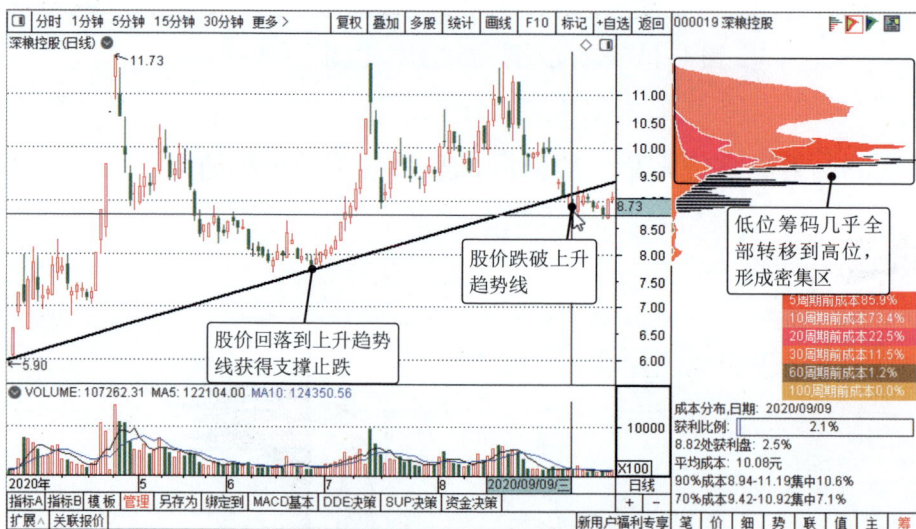

图4-15　深粮控股2020年3月至9月的K线图

从图4-15可以看到，该股在4月下旬有过一波快速拉升行情，短短几个交易日，股价就从7.00元价位线附近直线拉升，并在4月24日以涨停阳线报收，创出11.73元的高价。

之后股价出现大幅回落调整走势，最终股价在6月中旬回落到上升趋势线附近，受到上升趋势线的支撑，股价在8.00元价位线止跌企稳。

之后股价继续上涨，但是涨势明显不足，在7月中旬和8月下旬都出现上冲 11.00 元价位线但是都未能有效突破该价位线压制的情况。最终该股在 8 月下旬上冲 11.00 元价位线时，在该价位线附近短暂横盘后一路下跌，并在 9 月上旬跌破了上升趋势线。

观察此时的筹码分布图可以发现，下方的低位筹码基本上转移到了上方高位，并在 9.50 元至 11.50 元形成筹码密集峰，说明主力基本上完成了筹码的兑换，后市看跌。

图 4-16 所示为深粮控股 2020 年 7 月至 2021 年 2 月的 K 线图。

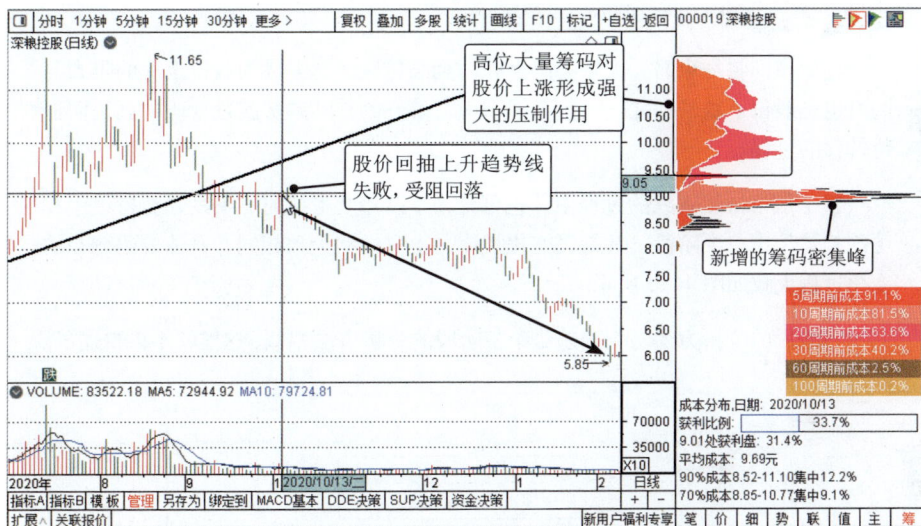

图 4-16 深粮控股 2020 年 7 月至 2021 年 2 月的 K 线图

从图 4-16 可以看到，该股在 9 月初跌破上升趋势线后，股价围绕 9.00 元价位线进行了一波短时间的窄幅横盘波动。

在 9 月底股价打破了横向整理的格局向下运行，但是很快便企稳回升回抽上升趋势线。

在股价再次上行到 9.00 元价位线时，由于缺乏足够的量能支撑出现滞涨，股价回抽上升趋势线失败。

观察此时的筹码分布图可以发现，在前期股价跌破上升趋势线后出现的横盘及此时的回抽滞涨过程中，在9.00元价位线附近新增了大量的筹码，在筹码分布图上形成尖锐的筹码密集峰。

但是在该密集峰上方还存在着大量的高位筹码，这些筹码对股价的上涨起着强大的压制作用，因此股价回抽上涨趋势线未能突破趋势线也是情理之中的事，此时的滞涨就更加表明了行情已经发生逆转，这是投资者的最后机会，投资者要积极清仓出局。

知识拓展 **下跌行情中的筹码变动规律**

在牛市即将结束时，大量筹码会移动到高位区，这会成为股价上涨的阻力，同时也是股价下跌的动能，而整个熊市中，筹码的移动趋势就是筹码从高位向低位转移的过程。

整个熊市持续下跌的过程中，也可分为下跌趋势形成时、下跌趋势持续中和下跌趋势结束三个阶段，其筹码变化规律与上升趋势大致相同，具体筹码分布的变化过程大致如图4-17所示。

各阶段的分析方法与上升趋势中各阶段的分析方法相似，这里就不再赘述了。

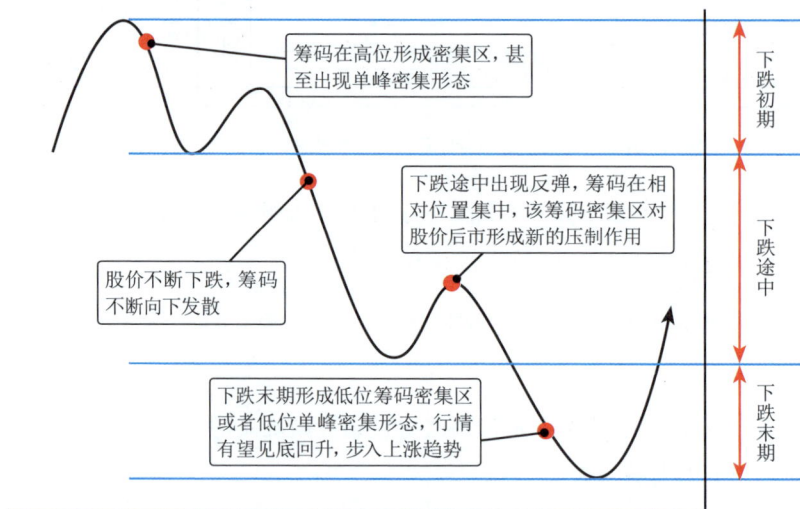

图4-17　下跌趋势中筹码的变动规律

二、筹码与波浪理论结合

波浪理论是股票市场最常用的一个技术分析理论，它可以准确地描述股价在波动前行中的趋势规律。

在一个完整的股价波浪运动周期当中，应包含股价的上升阶段与股价的下跌阶段。各阶段说明如下。

◆ 上升阶段的股价向上波动，其波浪模式又称为五浪模式。上升的五浪模式中又可以分为股价向上运动的三浪（浪 1、浪 3、浪 5）和股价向下调整的两浪（浪 2、浪 4）。

◆ 下跌阶段的股价向下运动，其波浪模式又称为三浪模式。下跌的三浪由浪 A、浪 B 和浪 C 组成，其中，浪 A 和浪 C 是下跌走势，推动股价一步一步运行到更低位，而浪 B 是下跌走势中的反弹走势。

由此可见，上升五浪和下跌三浪组成的八浪形态就成了波浪理论研究的基本形态，其示意图如图 4-18 所示。

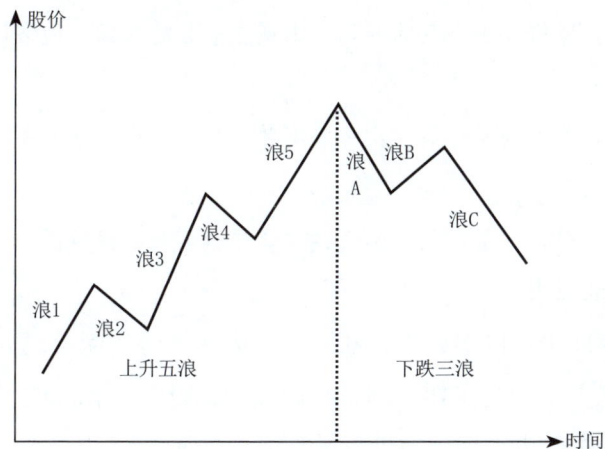

图 4-18　八浪基本形态

在图 4-18 中，虚线左侧部分是八浪模式中的上升五浪。在这一阶段中，股价以五浪形式向上运动，因此也可以把这一阶段称为驱动五浪。

虚线右侧部分是下跌三浪，是股价的调整阶段，在这一阶段中，股价向下运动，因此也可以把这一阶段称为调整三浪。

驱动五浪将股价推向高位，调整三浪则将股价压到低位。所以调整浪的实质就是对股票的价值修复及对空方力量的释放，它是市场的一种等待状态。

在八浪基本形态中，各浪的具体意义如下。

◆ **浪1**：循环的开始，出现在长期下跌后的反弹中或长期横盘整理之后。

◆ **浪2**：浪 1 的逆向调整浪，通常调整幅度较大，但是其调整的最低点不能低于浪 1 的起点。

◆ **浪3**：循环的主力，上涨时间较长，爆发力最强，肯定不是持续时间最短的一浪。

◆ **浪4**：浪 3 的逆向调整浪，以较为复杂的形态出现，其低点不会低于浪 1 的高点。

◆ **浪5**：上升期的最后一浪，上涨力度不定。

◆ **浪A**：股价真正下跌的开始，出现在浪 5 的后期，通常伴随量价背离的现象。

◆ **浪B**：浪 A 的反弹浪，反弹幅度并不稳定，容易让人误以为是另一波上涨的开始。

◆ **浪C**：破坏力最强的一浪，通常会持续很长一段时间，整个下跌幅度也会比较大。

通过波浪理论可以很好地判断股价的大体趋势，而筹码分布则可以看出在当前趋势下主力的操作动向，与波浪理论是相辅相成的，如果把两者结合起来，则可以更加准确地进行操作。

而在八浪循环中，浪 3 是最值得期待的一浪，浪 5 的结束是判断上涨行情结束的标志，因此这是投资者最值得研究的两个浪。下面以运用筹码分布技术来抓浪 3 和浪 5 为例，讲解相关的操作技法。

No.04　低位密集峰抓浪 3

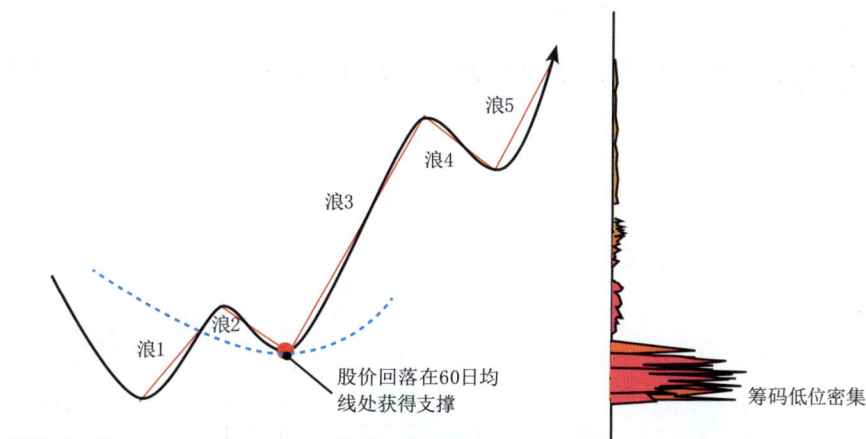

图 4-19　低位密集峰抓浪 3 示意图

一般情况下，浪 3 是整个波浪循环中上涨幅度最大的一浪，如果投资者能准确地抓住浪 3，把握良好，必定会有所收获。

通常浪 1 会在 60 日均线上方见顶回落步入浪 2 回调阶段，最终股价会在 60 日均线附近受到支撑回升。

有时会出现股价跌破 60 日均线的情况，但是股价在短暂时间内也会快速被拉回站到 60 日均线上方，标志着浪 2 结束。

当浪 2 结束，浪 3 开启时，对应的筹码分布图中，虽然高位可能仍然存在少量筹码，但是此时在低位会出现明显的筹码密集峰。股价向上突破筹码密集峰就是浪 3 正式启动，此时投资者可积极买入。

应用实例

特发信息（000070）低位筹码密集峰抓浪 3 分析

图 4-20 所示为特发信息 2017 年 9 月至 2018 年 12 月的 K 线图。

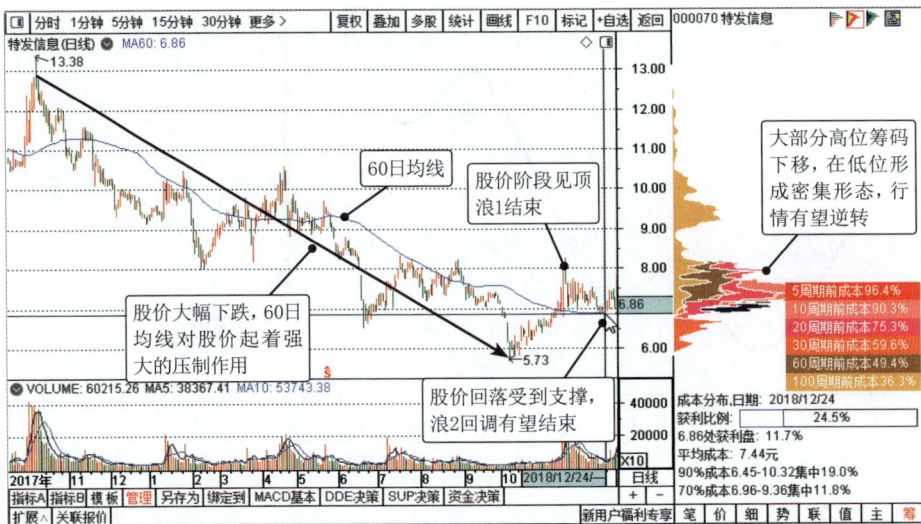

图 4-20　特发信息 2017 年 9 月至 2018 年 12 月的 K 线图

从图 4-20 可以看到，该股在 2018 年 10 月之前，股价始终保持着向下运行的趋势，虽然期间也出现股价突破 60 日均线的走势，但是 60 日均线对股价形成了强大的压制作用，使得股价短暂突破后就快速回落，继续下跌。

2018 年 10 月 12 日，股价低开低走，当日以 3.58% 的跌幅收出带长下影线的阴线，创出 5.73 元的历史新低。之后股价一路震荡上扬。

在股价上涨触及向下的 60 日均线时，该股连续放量向上突破 60 日均线，运行到 8.00 元价位线附近后阶段见顶回落。

整个回落过程中，成交量快速缩小，说明市场出现惜售。最终，股价在 12 月底下跌到 7.00 元价位线附近时受到走平的 60 日均线的支撑止跌，说明市场中做多势能强大。

从整个走势来看，股价在创出 5.73 元的最低价后的一路上涨突破 60 日均线后见顶就是浪 1。之后股价的回落就是浪 2。浪 2 在 60 日均线获得支撑大概率结束调整。按照这个分析，那么接下来就是浪 3 开启。为了进一步证明分析的正确性，可以结合筹码分布图来进行确认。

观察股价在 60 日均线位置获得支撑的筹码分布图可以发现，此时虽然上方仍然存在部分高位筹码，但是下方低位出现大量的低位筹码，并形成密集形态。综合判断，该股后市大概率上涨，即浪 3 开启。此时投资者可积极买入，持股待涨。

图 4-21 所示为特发信息 2018 年 9 月至 2019 年 5 月的 K 线图。

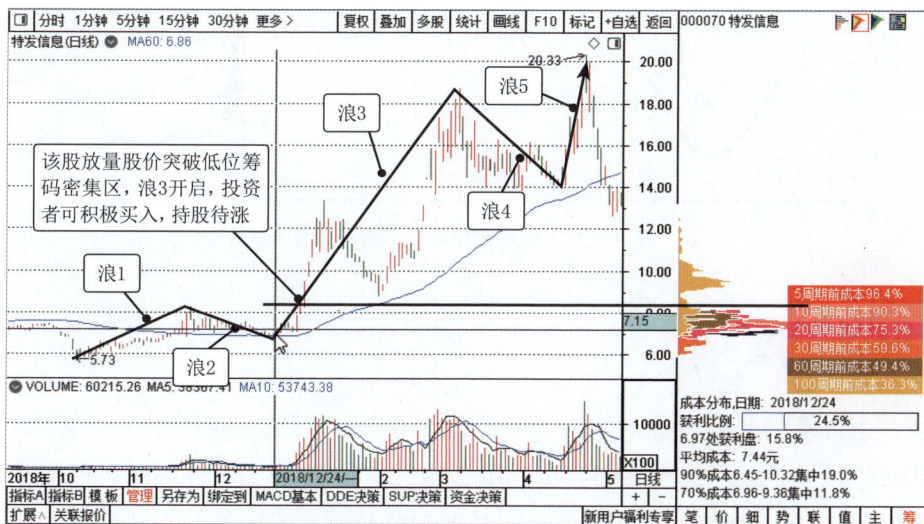

图 4-21 特发信息 2018 年 9 月至 2019 年 5 月的 K 线图

从图 4-21 可以看到，该股在 60 日均线止跌后，成交量连续放量推动股价快速上涨运行到低位筹码密集区的上方，浪 3 开启。

此时的筹码密集区对股价后市的上涨起着强大的支撑作用，如果在前期未介入的投资者，此时便可积极买入。

从整个上升行情来看，整个浪 3 阶段，股价从 7.00 元价位线附近开始上涨，最高上涨突破 18.00 元，涨幅超过 157%。投资者仅操作这一个波段，也会获得十分可观的利润。

No.05　高位密集峰抓浪 5

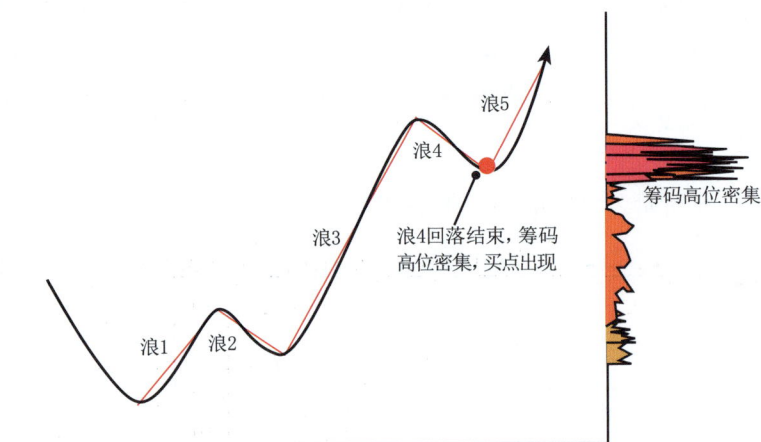

图 4-22　高位密集峰抓浪 5 示意图

随着浪 3 的不断发展，市场上的投资者一致看多，不断有投资者买入，从而在筹码分布图上反映出筹码持续向上分散的形态，与此同时，低位密集区的筹码也会消失一部分。筹码分散程度越高，股价继续上涨的阻力越大，当股价不再继续上涨，则浪 3 结束。

因此，高位密集峰抓浪 5 就是筹码在浪 3 后重新聚集时形成的相对高位密集峰。该密集峰可能在浪 4 回调结束时形成，也可能在浪 5 开启初期不断震荡时形成。

但是一旦浪 3 拉升过程中发散的筹码在高位重新聚集形成密集峰，此时就是投资者抓浪 5 的绝佳时机。

需要特别说明的是，由于浪 5 是八浪循环中的最后一个上冲浪，一旦筹码再次上移发散，低位筹码快速消失，就标志着浪 5 即将结束，此时追涨浪 5 的投资者应积极逢高卖出，锁定利润。

尤其当股价在高位滞涨，筹码在高位再次呈现密集区域，投资者一定要果断离场。

应用实例

中盐化工（600328）高位筹码密集峰抓浪 5 分析

图 4-23 所示为中盐化工 2020 年 9 月至 2021 年 7 月的 K 线图。

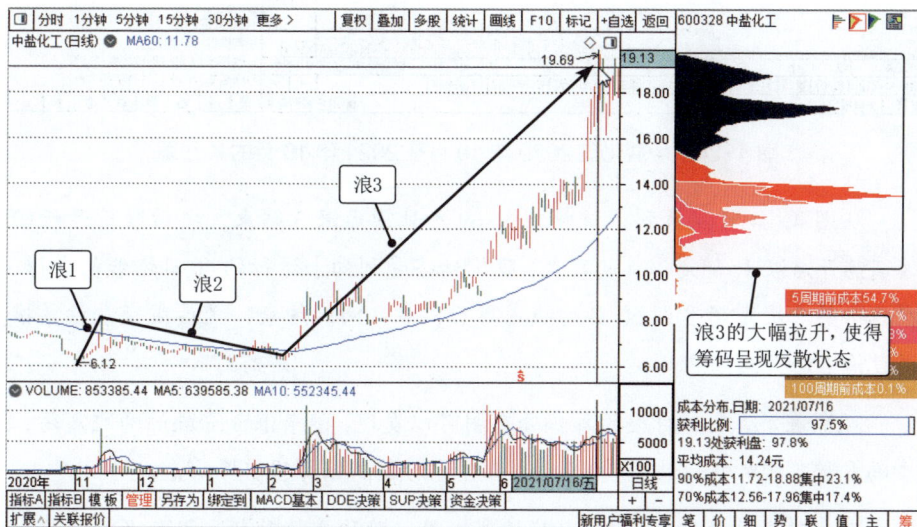

图 4-23 中盐化工 2020 年 9 月至 2021 年 7 月的 K 线图

从图 4-23 可以看到，该股在 2020 年 11 月 2 日创出 6.12 元的最低价后止跌企稳步入上涨，经过浪 1 拉升、浪 2 回调、浪 3 的暴涨后，股价在 2021 年 7 月 16 日创出 19.69 元的阶段高价后运行到浪 3 顶部。

观察此时的筹码分布图可以发现，在创出 19.69 元阶段高价当日，高位新增了大量筹码，浪 1 和浪 2 阶段的低位筹码基本上移，在浪 3 途中不断追进的筹码使得整个筹码分布呈现出分散状态。

图 4-24 所示为中盐化工 2020 年 10 月至 2021 年 10 月的 K 线图。

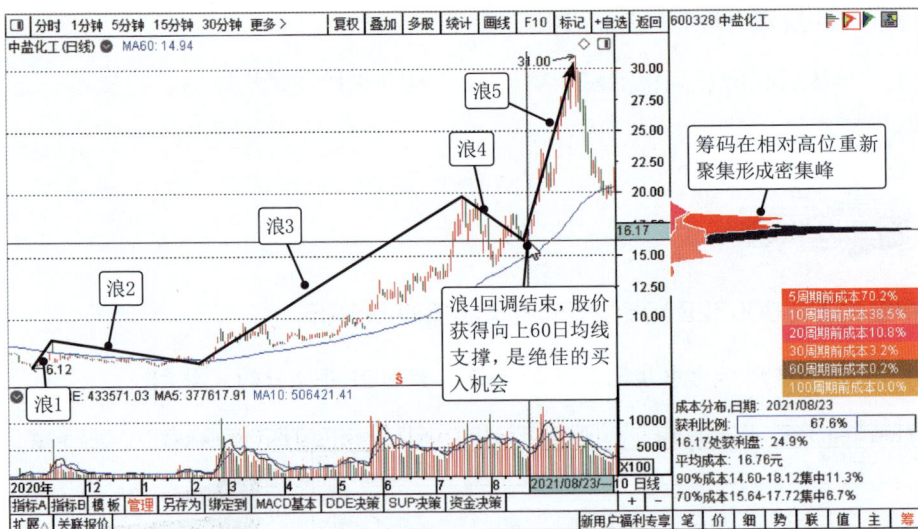

图4-24　中盐化工2020年10月至2021年10月的K线图

从图4-24可以看到，该股在19.69元见顶后浪3结束，之后股价开始回落震荡开启浪4，随着浪4的震荡，股价始终受到向上运行的60日均线的支撑，在股价第二次震荡受到60日均线支撑后，浪4回调结束，之后成交量放量推动股价上涨开启浪5。

观察浪4结束时对应的筹码分布图可以发现，随着浪4阶段的两次震荡，筹码重新在相对高位的15.00元至19.00元形成高位筹码单峰形态。

而此时股价受到向上的60日均线支撑，股价重拾升势，浪5开启，此时就是投资者抓浪5的最好介入时机。

从整个浪5走势来看，股价在一个月左右的时间，从16.00元价位线附近快速拉升创出31.00元的高价，涨幅大约94%，如果投资者及时操作，抓住这波浪5，即可获得不错的收益。

第五章

筹码与技术指标结合

除了K线技术和经典的炒股理论之外，炒股技术中还有许多技术指标，如移动平均线指标、MACD指标等，这些技术指标也可以和筹码分布技术进行结合使用，从而实现精准操盘。本章将挑选几个常用的技术指标，讲解与筹码分布结合的实操。

一、筹码与移动平均线指标结合

移动平均线指标又称为 MA（Moving Average 的简称）指标，它是用统计分析的方法，将一定时期内的股价加以平均，并把不同时间的平均值连接起来，形成 MA 曲线，用于察股价变动趋势的一种技术指标。

对于移动平均线的使用，可以从其均线周期、均线与股价的位置关系、均线的排列关系及均线的交叉关系等方面来分析，下面结合具体的实例，讲解移动平均线与筹码结合使用的方法。

No.01 股价偏离 5 日均线出现单日筹码峰，行情见顶

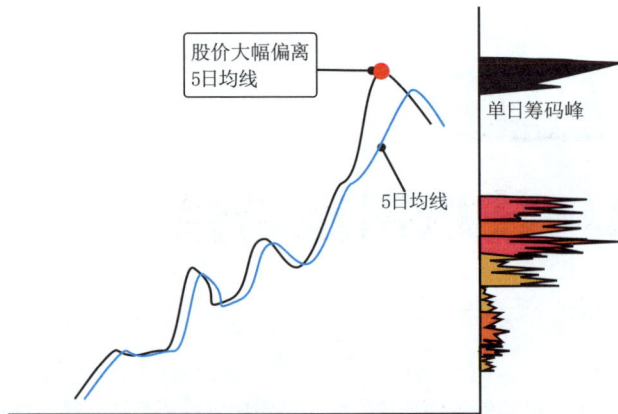

一图展示

图 5-1 股价偏离 5 日均线出现单日筹码峰，行情见顶示意图

要点解析

5 日均线是短期移动平均线中的常见均线，它代表一个星期的股价运行方向，该周期的均线为多方护盘中枢。

在股价稳健上涨的过程中，股价依附于 5 日均线呈现出一致向上运行的情形，如果此时出现快速上涨行情，股价就会偏离 5 日均线，乖离率太大，这时候股价往往会有回调的风险，是单边走势结束的标志。

如果此时再出现单日筹码密集峰，这就是快速上涨主力趁机出货造成的，尤其在大幅上涨的高位出现这种现象，主力出货的概率更大，这时投资者最好立即抛售出局。

应用实例

创元科技（000551）高位股价偏离 5 日均线出现单日筹码峰卖出分析

图 5-2 所示为创元科技 2019 年 11 月至 2020 年 5 月的 K 线图。

图 5-2 创元科技 2019 年 11 月至 2020 年 5 月的 K 线图

从图 5-2 可以看到，该股在 2019 年 11 月底创出 6.01 元的最低价后企稳回升步入上涨行情。在 2021 年 2 月之前，股价基本上都依附于 5 日均线呈现出震荡攀升的走势。

之后该股上涨触及 8.00 元价位线后出现滞涨，股价围绕该价位线窄幅波动，最终在 3 月下旬的连续阴线作用下打破该平衡，股价下跌到 7.00 元价位线后继续震荡变化，股价始终很好地依附 5 日均线进行波动。

2020 年 5 月 20 日，股价微微低开后始终围绕上个交易日收盘价附近横线整理，盘中逐步拉升并在下午开盘后被巨量打到涨停板后封板，当日以涨停大阳线报收，拉高股价站在 5 日均线上方。

之后股价连续 4 个交易日出现强势上涨行情。5 月 27 日，股价大幅偏离 5 日均线再次跳空高开后快速打到涨停板后封板，但是在尾盘时，该股开板交易，股价呈现出跳水走势，成交量也集中放大，当日收出带长下影线的小阴线，成交量也是近期以来的最大。

股价从最低的 6.01 元到 13.30 元，该股已经走出了翻倍上涨行情，此时股价大幅偏离 5 日均线，并放出天量，预测主力出货的可能性较大。

下面继续分析对应的筹码分布图。

图 5-3 所示为创元科技 2019 年 11 月至 2020 年 11 月的 K 线图。

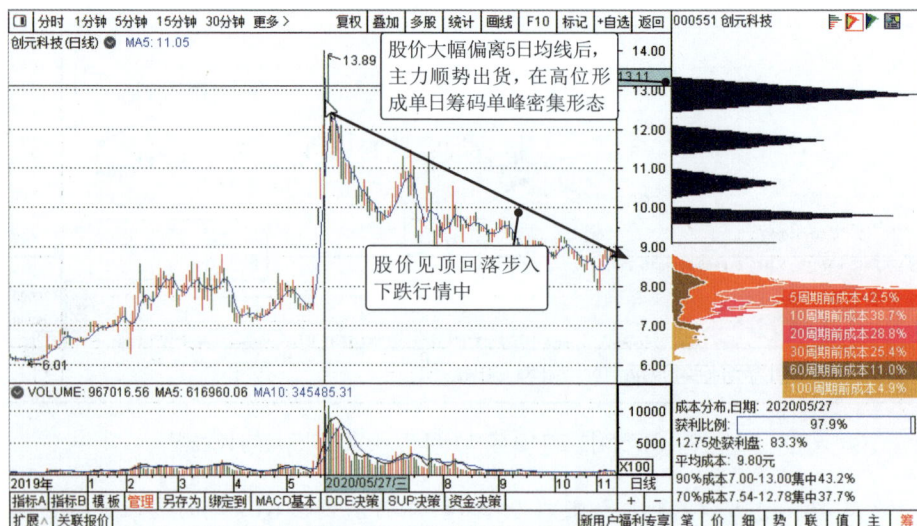

图 5-3 创元科技 2019 年 11 月至 2020 年 11 月的 K 线图

从图 5-3 可以看到，股价连续涨停拉升股价偏离 5 日均线，并在 5 月 27

日继续大幅跳空高开拉高股价偏离 5 日均线当日，筹码分布图的高位出现了单日筹码单峰密集形态，更加可以确定是主力在出货。

在股价翻倍上涨的高位，主力借机快速拉升行情，致使追涨盘介入顺利承接了主力抛售的筹码，从而形成了单日筹码密集形态。主力出货痕迹明显，此时投资者应该逢高卖出。

从后市的走势来看，该股次日冲高回落创出 13.89 元的最高价后快速见顶回落步入下跌走势之中。

知识拓展　*了解移动平均线的周期*

根据移动平均线周期的不同，可将其分为短期移动平均线、中期移动平均线和长期移动平均线三类，各周期的移动平均线介绍见表 5-1。

表 5-1　不同周期的移动平均线介绍

周期类型	具体描述
短期移动平均线	指一个月以内的移动平均线，其波动较大，过于敏感，适合短期投资者。常用的短期移动平均线包括 5 日均线和 10 日均线，其中，10 日均线代表半月股价运行方向，是多头的重要支撑，当有效跌破该均线，市场就可能转弱
中期移动平均线	指一个月以上、半年以内的移动平均线，其走势较沉稳，因此常被使用。常用的中期移动平均线以 20 日均线、30 日均线或 60 日均线为主，其中，① 20 日均线或 30 日均线称为月移动平均线，代表一个月的平均价或成本。此外，30 日均线是衡量市场短、中期趋势强弱的重要标志，当向上运行时短期做多；当向下运行时短期做空。② 60 日移动平均线俗称季线，另外还有以 55 日或 72 日移动平均线作为中期移动平均线的
长期移动平均线	指半年以上的移动平均线，其走势过于稳重不灵活，适合长线投资者。在某些国外股市技术分析所采用的长期移动平均线多以 200 天为主。在国内则以半年以上的时间样本作为长期移动平均线，通常以 120 日移动平均线代表半年线，250 日移动平均线代表年线

No.02　均线多头排列后出现筹码峰，止跌位置是买点

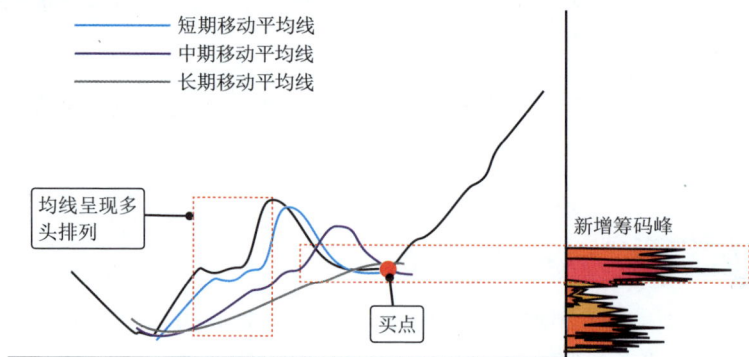

图 5-4　均线多头排列出现筹码单峰，止跌位置是买点示意图

多头排列组合是指各条移动平均线从上到下按照短期均线、中期均线、长期均线的顺序进行排列，并且各均线保持同时向右上方持续运行，如图 5-5 所示。

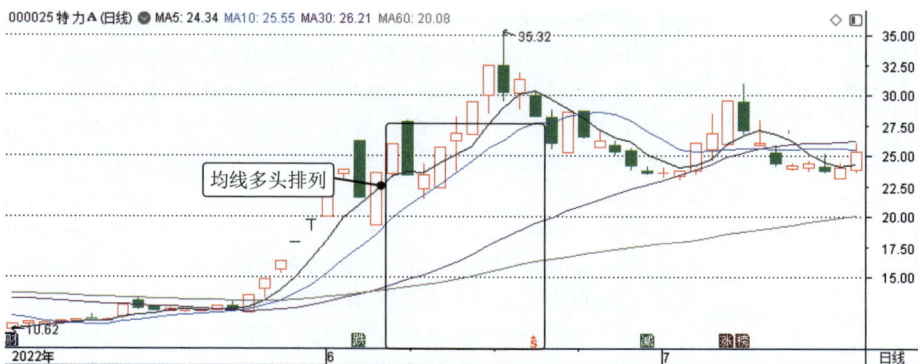

图 5-5　均线多头排列

均线多头排列组合形态说明市场短期介入的投资者平均成本超过长期

持有投资者的平均成本，市场做多氛围浓厚，后市看涨。

在股价大幅下跌的低位，均线系统拐头向上出现多头排列，表示买方势力不断增强，可能见底回升步入上涨行情。

但此时却出现上涨后的短期回落，若股价经过回落调整后筹码分布图中出现筹码密集峰，则可以肯定前期多头排列发出的买入信号的可信度。

股价之所以回落是主力清理浮筹的一种动作，所以最终才会形成筹码密集峰。如果下方筹码锁仓状态良好，则更加可以确定行情步入上涨，股价回落止跌的位置就是投资者入场的时机。

通常情况下，这个止跌点也是个股快速上攻前的启动位置，投资者入场后一定要持股待涨。

应用实例

湖北宜化（000422）低价位区多头排列后短期回落出现筹码峰买入分析

图 5-6 所示为湖北宜化 2020 年 1 月至 2021 年 2 月的 K 线图。

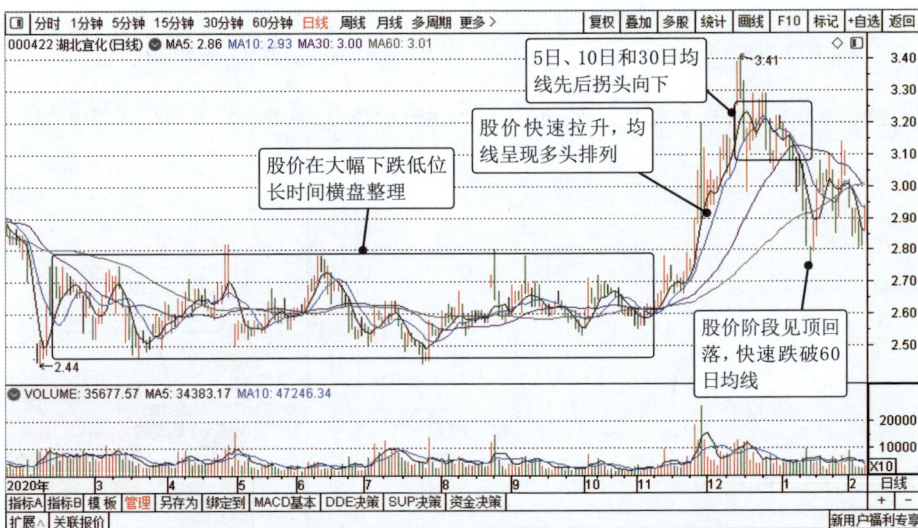

图 5-6　湖北宜化 2020 年 1 月至 2021 年 2 月的 K 线图

从图 5-6 可以看到，该股在 2020 年 1 月下旬经历一波快速下跌行情后于 2 月 6 日创出 2.44 元的最低价后止跌回升，5 日和 10 日均线快速拐头向上。但是股价在上涨到 2.70 元价位线附近后受到向下运行的 30 日均线和 60 日均线的压制回落。

之后股价在 2.50 元至 2.80 元进行横盘震荡了 9 个月左右的时间，5 日均线和 10 日均线随着股价不断波动变化，而 30 日均线和 60 日均线逐渐走平，股价和 4 条均线缠绕在一起。

2020 年 11 月中旬，在成交量温和放大的推动下，股价开始逐步突破前期横盘震荡的高点，5 日均线和 10 日均线率先跟随股价的回升拐头向上并穿过 30 日均线和 60 日均线。随着股价的不断上涨，均线系统也向上发散形成多头排列，市场一片看好。

但是在 12 月 15 日，股价冲高回落创出 3.41 元的阶段高价后出现短期回落，且在 1 个月左右的时间，股价快速下跌到 60 日均线下方，5 日、10 日和 30 日均线均拐头向下，整个股价跌势比较厉害。此时是否说明行情还要继续下跌呢？

下面结合筹码分布图进行分析。

图 5-7 所示为湖北宜化 2019 年 6 月至 2020 年 12 月的 K 线图。

图 5-7　湖北宜化 2019 年 6 月至 2020 年 12 月的 K 线图

从图5-7可以看到，该股在大幅下跌的低位经过9个月左右的横盘整理后，上方大部分筹码都转移到了低价位区，并在2.50元至2.80元形成筹码密集峰。但是上方仍然分散不少的远期筹码，那么股价拉升不能持续也是情理之中的事。

下面继续分析股价多头排列后短期回落的筹码分布图。

图5-8所示为湖北宜化2019年12月至2021年3月的K线图。

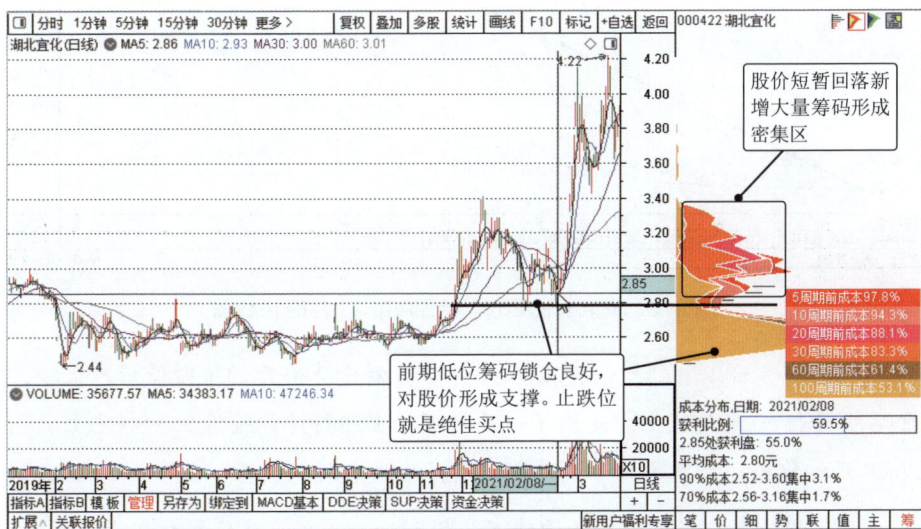

图5-8　湖北宜化2019年12月至2021年3月的K线图

从图5-8可以看到，随着股价的上涨后回落，股价在2.80元至3.40元新增了大量的筹码形成密集区。但是观察下方的低位筹码，发现前期震荡低位的筹码锁仓良好，说明市场向好，股价阶段见顶的下跌只是主力清理浮筹的一种手段，其目的是让后市更好地拉升。

观察此时股价的止跌位置，刚好在前期低位筹码上方，说明前期低位筹码对股价起到很好的支撑作用。另外，此时的60日均线仍然保持良好的上行走势，这更加确定这轮回落只是暂时回落，后市会有更大的涨幅，此时股价受到多方面支撑止跌就是一个很好的买入和加仓时机，投资者要积极逢低吸纳，进行追涨。

图 5-9 所示为湖北宜化 2021 年 2 月至 11 月的 K 线图。

图 5-9 湖北宜化 2021 年 2 月至 11 月的 K 线图

从图 5-9 可以看到,该股在 2021 年 2 月创出 2.80 元的阶段低价后止跌,之后股价在 60 日均线上方走出了一波可观的上涨行情,股价从 2.80 元上涨到 35.00 元的价格,只用了 8 个多月的时间,涨幅达到 1150%。

如果投资者在股价低位的均线多头排列后的回落止跌位置积极逢低买进,即使不在最高价卖出,而是在持股一段时间后的任意时间点卖出,都可获得不错的收益。

知识拓展 移动平均线的空头排列

移动平均线的空头排列与多头排列是相反的均线排列组合。空头排列是指 K 线在下,以上依次为短期移动平均线、中期移动平均线、长期移动平均线,如图 5-10 所示。

空头排列表明投资者做空意愿极其强烈,股价将持续下跌较长一段时间,投资者应保持观望,直到各期移动平均线下跌速度变缓走平再考虑进场。

图 5-10　均线空头排列

No.03　突破后回踩 30 日均线及筹码密集峰，积极加仓

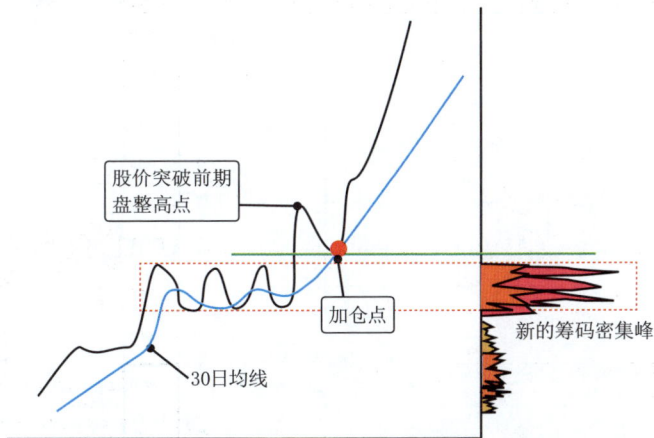

一图展示

图 5-11　突破后回踩 30 日均线及筹码密集峰，积极加仓示意图

在上涨过程中，股价阶段见顶后步入长时间的横盘整理过程中，30 日均线逐渐走平与股价纠缠在一起（或者股价在缓慢向上的 30 日均线上方横盘整理），由于震荡时间较长，股价在震荡期间形成了筹码密集峰形态。

待股价整理完毕后在主力资金的有意拉升下该股重拾升势，但市场中存在获利盘的抛压，使得股价在突破前期盘整高点后出现回落走势，最终股价受到 30 日均线的支撑，在回落到筹码密集峰附近后便止跌。

此时的筹码密集峰对股价也起着重要的支撑作用，股价的止跌位更加确定了新一轮行情的启动，此时投资者可在股价止跌企稳时积极跟进或加仓，中短线持股。

晨鸣纸业（000488）突破后回踩 30 日均线及筹码密集峰买点分析

图 5-12 所示为晨鸣纸业 2020 年 3 月至 2021 年 1 月的 K 线图。

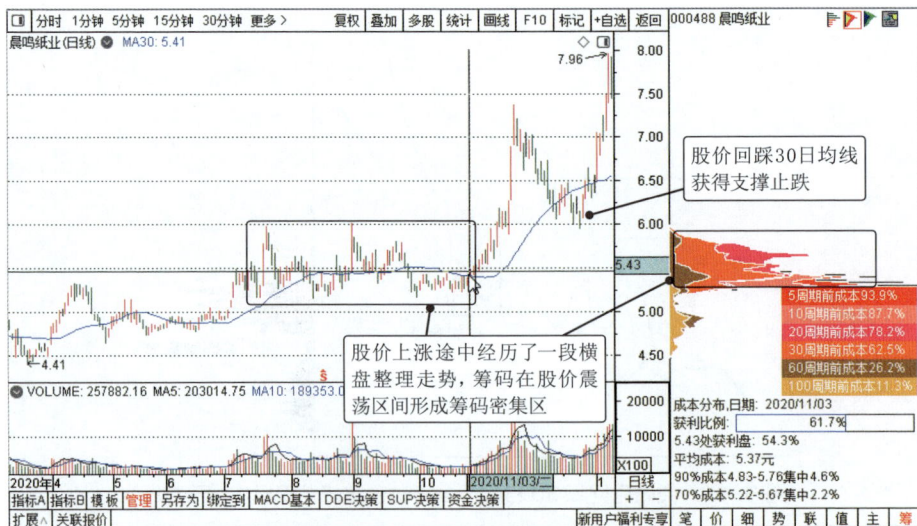

图 5-12　晨鸣纸业 2020 年 3 月至 2021 年 1 月的 K 线图

从图 5-12 可以看到，该股在 2020 年 3 月 19 日创出 4.41 元的最低价后止跌企稳，之后股价一路震荡上涨，30 日均线也从逐渐走平转为向上运行。

在 2020 年 7 月中旬，股价上涨触及 6.00 元价位线时受阻回落，之后股价始终维持在 5.20 元至 6.00 元进行横盘震荡，整个横盘时间持续了 3 个多月，30 日均线也从向上运行转为走平，与股价纠缠在一起。

2020 年 11 月初，股价从 30 日均线下方放量上穿该均线，结束横盘整理。观察此时的筹码分布图可以发现，通过长时间的横盘整理，筹码逐步在 5.20 元至 6.00 元形成密集峰形态，之后该股放量拉升股价突破该密集峰，重拾升势。

但是股价这轮突破上涨持续时间不长，最终，11 月底在 7.50 元价位线下方冲高回落受阻，阶段见顶，之后股价快速回落跌破 30 日均线，由于此时 30 日均线仍然保持向上运行，受到该均线的支撑，股价在 6.00 元价位线止跌，前期盘整时期形成的筹码密集峰同样对股价的回落起到强大的支撑作用，更加说明了新一轮上涨行情开启，此时股价回踩 30 日均线止跌就是一个很好的加仓点，投资者可积极逢低吸纳买入，持股待涨。

图 5-13 所示为晨鸣纸业 2020 年 10 月至 2021 年 2 月的 K 线图。

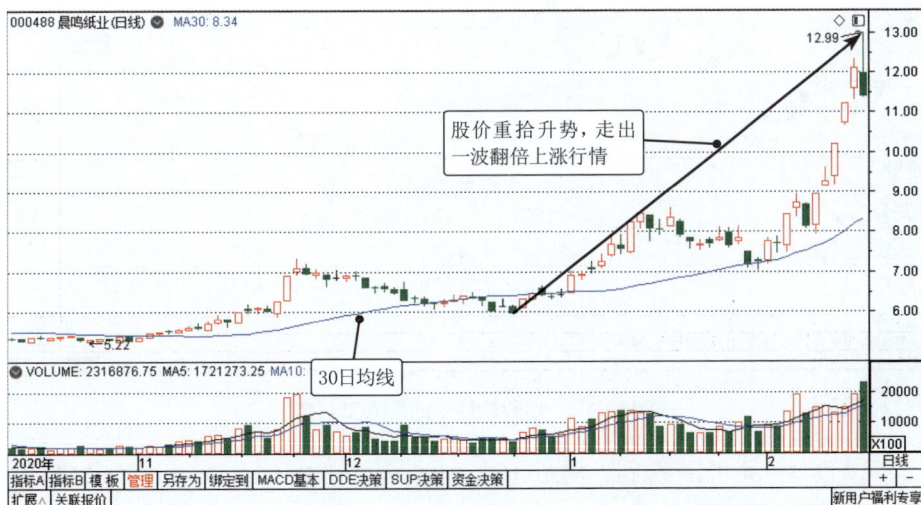

图 5-13　晨鸣纸业 2020 年 10 月至 2021 年 2 月的 K 线图

　　从图 5-13 可以看到，该股回踩 30 日均线止跌后成交量温和放大，逐步推动股价上涨，一个多月的时间，股价从 6.00 元价位线附近最高上涨到 12.99 元，涨幅约为 117%，若投资者若及时跟进，就会获得不错的收益。

二、筹码与 MACD 指标结合

　　MACD 指标是 Moving Average Convergence Divergence 的简称，指标中的 "MA" 是指 Moving Average（移动平均），"CD" 是指 Convergence（收敛）和 Divergence（发散），简称为 "异同" 二字，因此 MACD 指标又被称为指数平滑异同移动平均线指标。

　　MACD 指标对股票买卖时机的判断具有研判意义，一般的行情软件默认情况下会在副图中显示 MACD 指标，如图 5-14 所示。

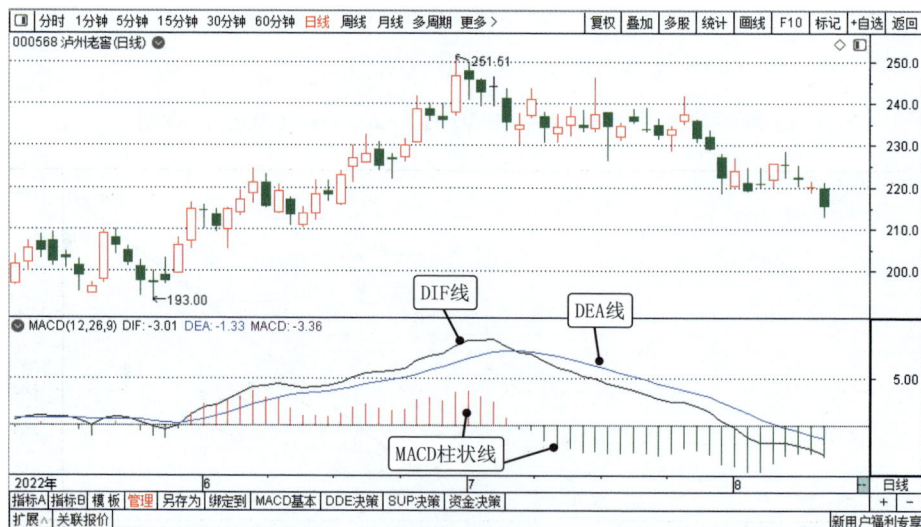

图 5-14　炒股软件中的 MACD 指标

　　从图 5-14 可以看到，MACD 指标主要由 DIF 线、DEA 线和 MACD 柱状线构成，各构成部分的具体介绍如下。

◆ DIF 是指短期指数移动平均线与长期指数移动平均线之间的差，用于反映指数移动平均线的聚合程度。因 DIF 取值间隔时间较短，图形波动比较迅速，所以又称为快线。在实战中，DIF 线经常与股价走势呈现出高度的一致性。当 DIF 线向上穿越 0 轴，预示后市行情将转好；当 DIF 线向下跌破 0 轴，预示后市行情看空。

◆ DEA 也叫差离值移动平均数，是 DIF 的 M 日移动平均数。因其取值的间隔时间稍长，图形波动平缓，所以称为慢线。当 DIF 线在低位向上突破 DEA 线时，为买入信号；当 DIF 线在高位向下跌破 DEA 时，为卖出信号。

◆ MACD 柱状线是用差离值减去异同平均数值的两倍绘制而成的，可代表未来发展趋势的强弱程度。它能很好地表达出多空双方力量强弱的变化，当柱状线从红色转变为绿色时，即表明多方开始乏力，空方势力增加，此时应卖出。当柱状线从绿色转变为红色时，表明多方力量战胜空方，占据主动，此时应买入。

在了解了 MACD 指标的基本构成后，下面就来具体介绍如何将筹码分布与该指标结合使用，以指导实战操盘。

No.04　MACD 指标底背离，突破低位密集区后抄底

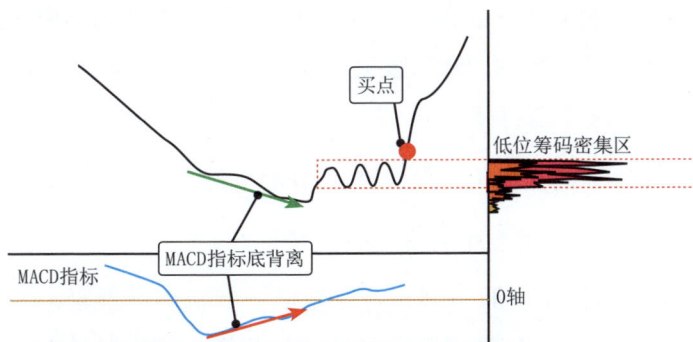

一图展示

图 5-15　MACD 指标底背离，突破低位密集区后抄底示意图

MACD 指标底背离是指股价处于下跌趋势中，而 MACD 指标的整体运行趋势却与之相反，即向上运动，如图 5-16 所示。MACD 底背离发出的是买入信号，投资者在股价低位区遇到这种走势应积极买入股票。

图 5-16　MACD 底背离

在股价大幅运行到低价位即将见底时，MACD 指标与股价往往都会形成底背离形态。此时筹码分布图中虽然出现了低位筹码，但是上方仍然分布大量的高位套牢筹码。

因此股价止跌上涨后会有一波回调整理，随着整理的结束，上方筹码向下转移，筹码分布图中出现低位筹码密集区，说明上涨动力已经蓄势完毕，后市必有一波上涨行情。

在实战操作中，要判断此类行情，可以从以下三点来进行分析。

◆　股价向上突破重要主力线之前最好观望

当 MACD 指标出现底背离后，上方仍然堆积大量筹码，虽然伴随着 0 轴下方的低位金叉的出现，上涨动能开始逐步增加，但是上方套牢盘依然会对股价的继续上涨形成较强的阻力。

如果股价能够顺利突破阻力位，则上涨行情就能启动；否则股价还会继续下跌。因此投资者此时不要急于抄底，最好保持观望。

◆ 股价回调的呈现方式很重要

因为 MACD 指标底背离后上方筹码并没有完全转移到下方，因此股价止跌回升的上涨幅度不会太大，时间也不会太长，之后便会进入回调整理阶段，该轮回调的目的是清理浮筹，迫使套牢盘交出筹码，因此回调往往以横盘整理的方式居多，且横盘整理的时间较长。

在整理过程中，筹码会逐渐转移到股价震荡的区域，并形成密集峰，说明大部分筹码集中到了主力手中，主力高度控盘后，离拉升上涨就不远了。

◆ 0 轴附近的金叉就是买点

在筹码密集峰形成后，上涨趋势就基本上形成了，如果此时的 MACD 指标在 0 轴附近出现金叉，这是上涨动能开始释放的标志，是投资者安全抄底的时机，此时投资者可积极买入抄底。当然，如果此时的 MACD 金叉出现在 0 轴上方，则买入的信号更强烈。

知识拓展　*什么是金叉*

金叉是黄金交叉的简称，MACD 指标中的黄金交叉是指 DIF 线从下向上突破向上运行的 DEA 线形成的交叉。

根据金叉出现的位置不同，其含义也不同。

①金叉在 0 轴上方，是强烈的买入信号。

②金叉在 0 轴附近，表明上涨趋势刚开始，后市上涨空间大，买入风险相对小。

③金叉在 0 轴下方，表明市场中多方刚开始占据优势，上涨行情还未确立，此时买入回报高，但风险也大。

应用实例

永安林业（000663）MACD 指标底背离后突破低位密集区抄底分析

图 5-17 所示为永安林业 2019 年 3 月至 2020 年 2 月的 K 线图。

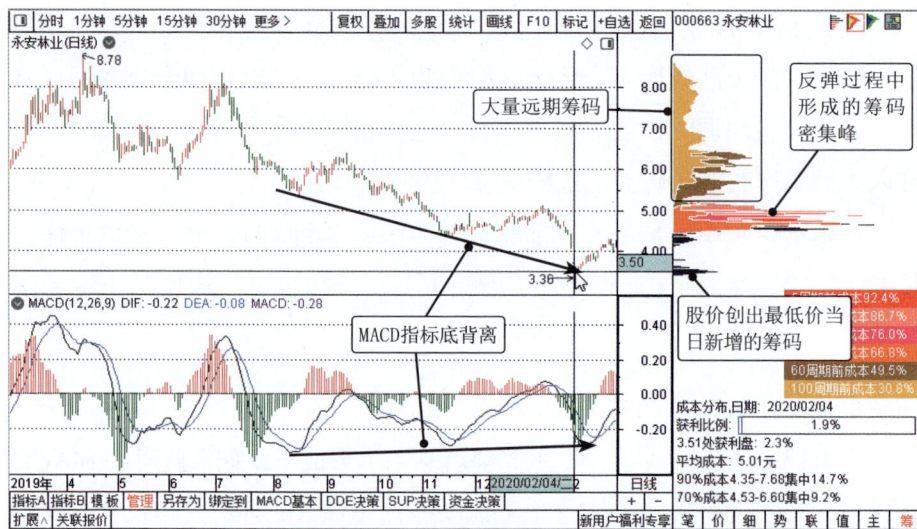

图 5-17　永安林业 2019 年 3 月至 2020 年 2 月的 K 线图

从图 5-17 可以看到，该股大幅下跌后在 2019 年 11 月中旬形成一个明显的阶段低位，之后股价出现反弹走势，但是整个反弹的力度不大，在 5.00 元价位线受阻后反弹结束，之后股价经历了一波快速下跌行情。

2020 年 2 月 4 日，股价大幅跳空低开，当日以 6.17% 的跌幅报收创出 3.36 元的最低价。

观察同时期的 MACD 指标可以发现，早在 2019 年 11 月中旬股价形成明显低位时 MACD 指标就止跌了，而且此时的低点稍高于前期的低点，MACD 指标整体重心上移，与股价走出完全背离的走势，这是典型的 MACD 指标底背离形态。

下面来观察股价创出 3.36 元最低价当日的筹码分布图。

从图 5-17 可以看到，该股在 MACD 指标底背离的期间，股价在 2019 年 11 月中旬止跌反弹过程中，在 4.50 元至 5.00 元出现许多近期筹码并形成了密集峰形态，并且在急速下跌创出 3.36 元最低价当日，下方也出现了许多新增筹码。

但是从筹码的整个分布来看，在 5.00 元上方仍然存在许多高位筹码，这些筹码将对后市股价拉升产生较强的阻力，因此只有这些远期筹码充分下移后，股价才有望上涨。

图 5-18 所示为永安林业 2020 年 2 月至 2021 年 1 月的 K 线图。

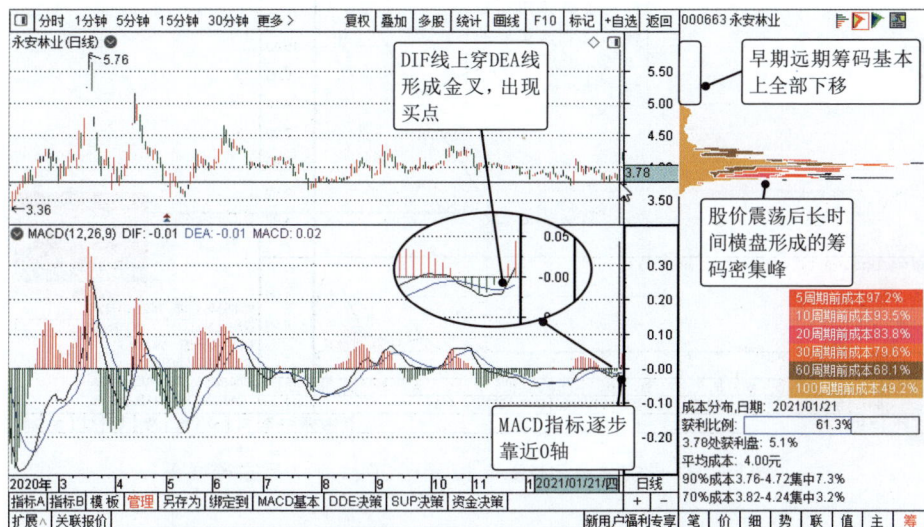

图 5-18 永安林业 2020 年 2 月至 2021 年 1 月的 K 线图

从图 5-18 可以看到，该股在创出 3.36 元的最低价后经历了一波短时间的快速拉升行情，股价直接被拉高创出 5.76 元的阶段高价后便快速回落。

之后股价更是展开了长时间的震荡行情，震荡高点逐步降低，震荡低点逐步抬高，最终在 3.75 元至 4.50 元进行长时间的横盘整理。

在 2020 年 1 月下旬，该股出现了一个明显的震荡低点，同期 MACD 指标的 DIF 线和 DEA 线逐步靠近 0 轴，且 DIF 线从下上穿 DEA 线形成金叉，发出买入信号。

观察对应的筹码分布图可以发现，通过这一波长时间的震荡整理走势后，5.00 元上方的远期筹码大部分已经转移到下方，并且筹码在 3.75 元至 4.50 元形成密集峰形态，说明在震荡走势中，主力清理浮筹彻底，并且控盘良好。

综合多方面的分析，此时 MACD 指标形成的金叉发出的买入信号更可靠，投资者此时应该积极逢低吸纳，抄底。

图 5-19 所示为永安林业 2019 年 12 月至 2021 年 7 月的 K 线图。

图 5-19　永安林业 2019 年 12 月至 2021 年 7 月的 K 线图

从图 5-19 可以看到，在 2021 年 1 月下旬股价横盘整理结束后，该股逐步上涨突破筹码密集峰运行到其上方，之后受到该筹码峰的支撑走出一波可观的大幅上涨行情。股价从 4.00 元价位线附近最高上涨到 13.09 元，涨幅超过 227%。

如果投资者在前期通过 MACD 指标底背离技术与低位筹码密集峰分析行情见底回落开启上涨行情，并在 2020 年 1 月下旬 MACD 指标在 0 轴附近形成金叉后买入，持股一段时间，之后在任意时间点卖出，都将获得不错的收益。通过这个案例也更加说明了此项分析技术在实战操盘中的重要作用。

No.05 MACD 指标顶背离，跌破高位密集区后逃顶

一图展示

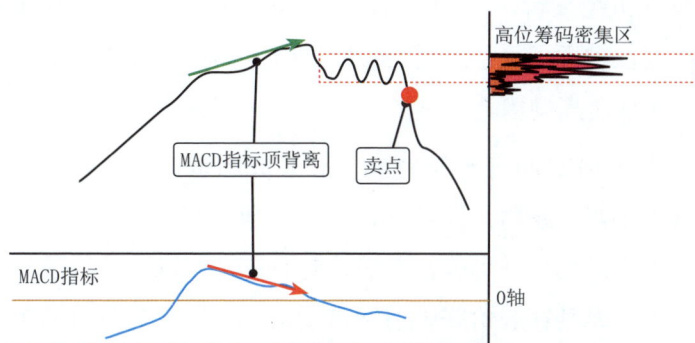

图 5-20 MACD 指标顶背离，跌破高位密集区后逃顶示意图

要点解析

MACD 指标顶背离是指股价处于上涨趋势中，而 MACD 指标的整体运行趋势却与之相反，即向下运动，如图 5-21 所示。

图 5-21 MACD 顶背离

在股价大幅上涨到高价位区后，主力随时都有可能兑现筹码离场。当股价出现疲软上涨走势时，对应的 MACD 指标出现了向下的走势，与股价形成顶背离形态，此时一般是行情见顶的信号。

从筹码分布图来看，在 MACD 指标出现顶背离后，下方低位筹码快速上移，在高位出现了大量筹码，说明此时主力已经开始出货，稳健的投资者此时就应该逢高抛售。

如果主力在 MACD 指标顶背离没有完成出货，通常就会在高位出现横盘整理或者小幅下跌后止跌整理，这一整理过程中，下方筹码快速转移到股价震荡价格区间，并形成密集峰，此时更加可以判定行情见顶，投资者要及时离场。尤其在股价跌破前期重要支撑位时，更是行情加速下跌的标志，此时投资者应该果断清仓。

应用实例

英洛华（000795）MACD 指标顶背离后跌破高位密集峰逃顶分析

图 5-22 所示为英洛华 2021 年 5 月至 12 月的 K 线图。

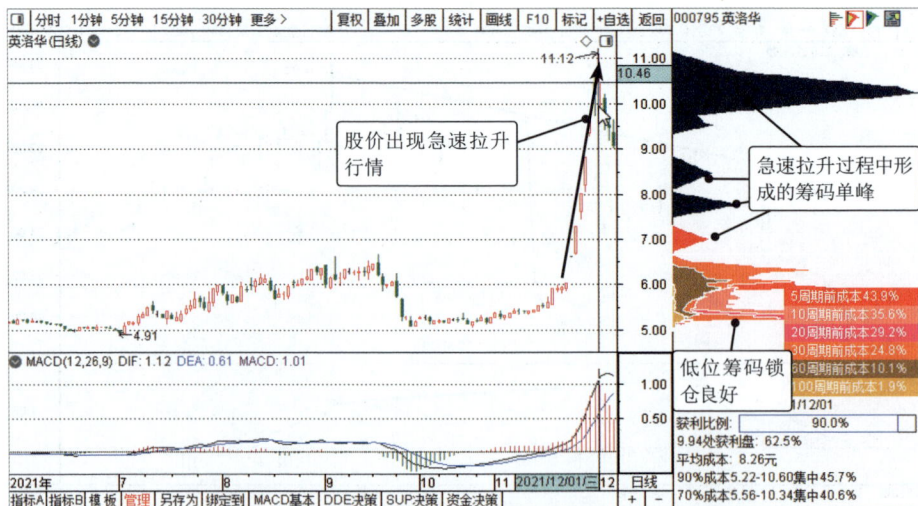

图 5-22　英洛华 2021 年 5 月至 12 月的 K 线图

从图 5-22 中可以看到，该股在 2021 年 11 月下旬出现了直线拉升的暴涨行情，短短几个交易日，股价就从 6.00 元左右上涨到 11.12 元的高位，创出阶段性的高价。观察此时的筹码分布图可以发现，在连续拉升的过程中，筹码每日都形成筹码单峰，但是 7.00 元价位线下方的低位筹码基本上没有松动。

图 5-23 所示为英洛华 2021 年 6 月至 12 月的 K 线图。

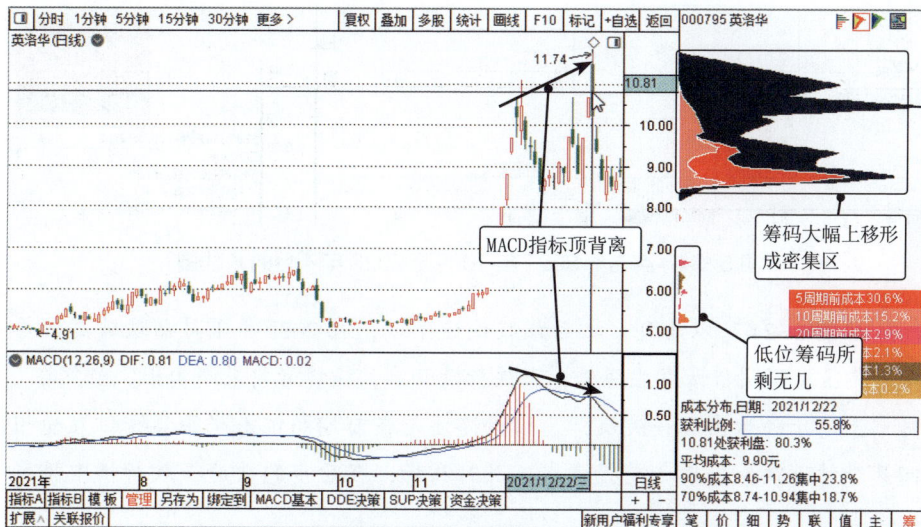

图 5-23　英洛华 2021 年 6 月至 12 月的 K 线图

从图 5-23 可以看到，随后股价短暂回落，在 8.50 元价位线止跌后继续上涨，并创出 11.74 元的最高价。虽然股价出现继续上涨行情，并且突破前期创下的阶段高价，但是观察同期的 MACD 指标可以发现，DIF 线和 DEA 线均已拐头向下，走出与股价完全相反的走势，形成典型的 MACD 指标顶背离形态。

观察此时的筹码分布图可以发现，该股在创出 11.74 元的最高价当日新增了大量筹码，并且 7.00 元价位线下方的大部分筹码已经快速转移到上方，并在高位形成明显的密集区，说明主力已经基本完成筹码派发，而且在 MACD 指标顶背离过程中，DIF 线下穿 DEA 线形成死叉后，DIF 线多次试图上穿 DEA 线都失败，说明市场中的抛压非常大，更说明了行情见顶的事实。

图 5-24 所示为英洛华 2021 年 10 月至 2022 年 4 月的 K 线图。

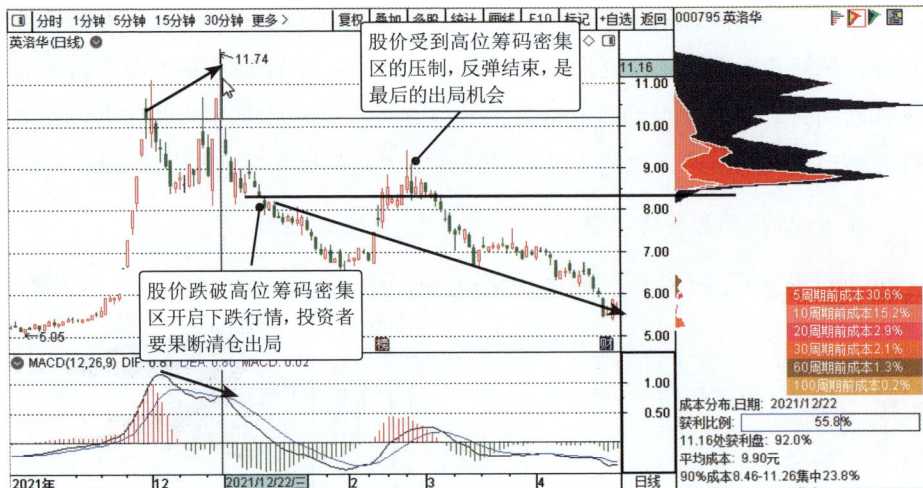

图 5-24　英洛华 2021 年 10 月至 2022 年 4 月的 K 线图

从图 5-24 可以看到，之后该股快速下跌，在 2022 年 1 月初跌破高位筹码密集区，说明行情发生逆转，下跌行情开启，投资者要果断卖出。虽然在 2 月中上旬止跌后出现一波反弹，但最终还是在前期高位筹码密集峰位置受阻回落继续下跌，如果之前投资者未及时离场，在后市的快速下跌行情中将损失惨重。

知识拓展　什么是死叉

死叉是死亡交叉的简称，MACD 指标中的死亡交叉是指 DIF 线从上向下跌破向下运行的 DEA 线形成的交叉。根据死叉出现的位置不同，其含义也不同。

①低位死叉，即出现在 0 轴下方的死叉，通常出现在下跌行情反弹阶段，意味着反弹行情的结束，应卖出股票。

②0 轴附近的死叉，表明在 0 轴附近下跌动能开始聚集，又将迎来新一轮下跌行情，为卖出信号。

③高位死叉，即出现在 0 轴上方的死叉，与其他死叉不同的是，高位死叉通常出现在上涨行情回调阶段，表明回调的结束，后市行情将继续上涨。投资者此时应持股观望。但是在股价大幅上涨的高位阶段出现高位死叉，就是股价见顶的信号，尤其出现高位二次死叉，说明行情已经发生转变，投资者应果断离场。

第六章

透过筹码看主力动向

在股市投资中，如果散户投资者想获得更多的收益，就需要参与有主力入驻的股票。而个股是否有主力入驻？主力的动向如何？都可以从筹码分布图中分析出来。因此，学会从筹码变化规律中分析主力动向，是投资者提高投资收益必须要掌握的进阶技能。

一、主力建仓阶段的筹码分析

建仓也被称为吸筹，当主力在经过对某一只股票长时间的分析和考察后，就会选择在低位不动声色地收集低价筹码。这部分筹码是主力的仓底货，也是主力未来产生利润的源泉，一般情况下主力不会轻易抛出。

因此，如果能通过筹码分布及时发现主力的建仓动作，那么投资者就可以紧跟主力抄底，买在低位，最大化降低持仓成本。

No.01 低位横盘吸筹建仓，筹码逐步集中

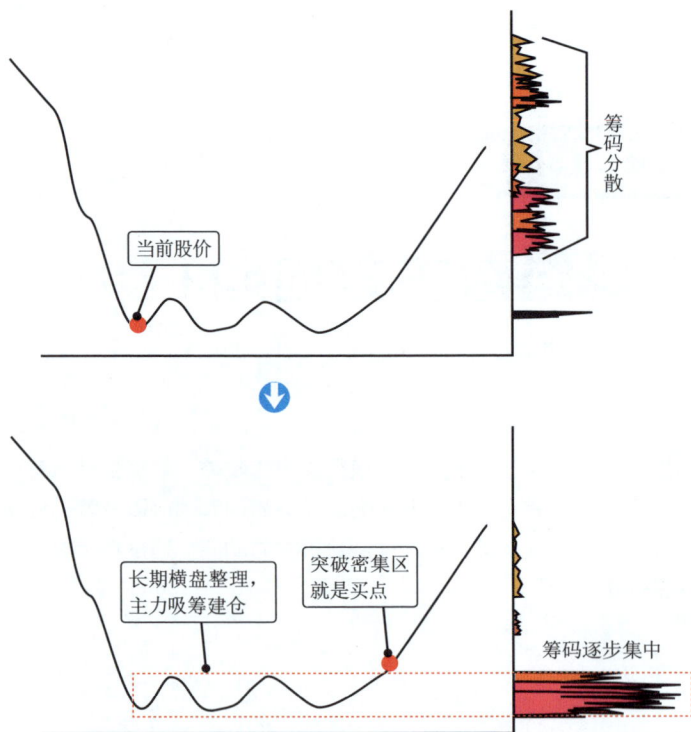

一图展示

图 6-1 低位横盘吸筹建仓，筹码逐步集中示意图

要点解析

低位横盘吸筹建仓是主力比较常用的一种建仓手法。当主力采用该方法吸筹建仓时，盘面上会呈现如下特点。

◆ 股价大幅下跌后在低价位区企稳，之后股价在底部长时间小幅震荡横盘，成交量随着股价的涨跌会呈现出一定的规律性变化，但股价横盘整体的涨跌幅度都不大。

◆ 随着股价盘整时间的不断延长，筹码分布图中的高位筹码逐渐下移至低位，并逐步形成低位单峰密集形态，此时就说明主力接近完成吸筹，这个单峰密集区就是主力的成本分布区。

◆ 通常在主力吸筹尾声，股价会小幅上涨，成交量也会随之小幅放大。当股价上涨突破低位单峰密集形态的压制时，就是散户介入的时机。

应用实例

湖北宜化（000422）低位横盘吸筹建仓的筹码分布分析

图 6-2 所示为湖北宜化 2019 年 3 月至 2020 年 11 月的 K 线图。

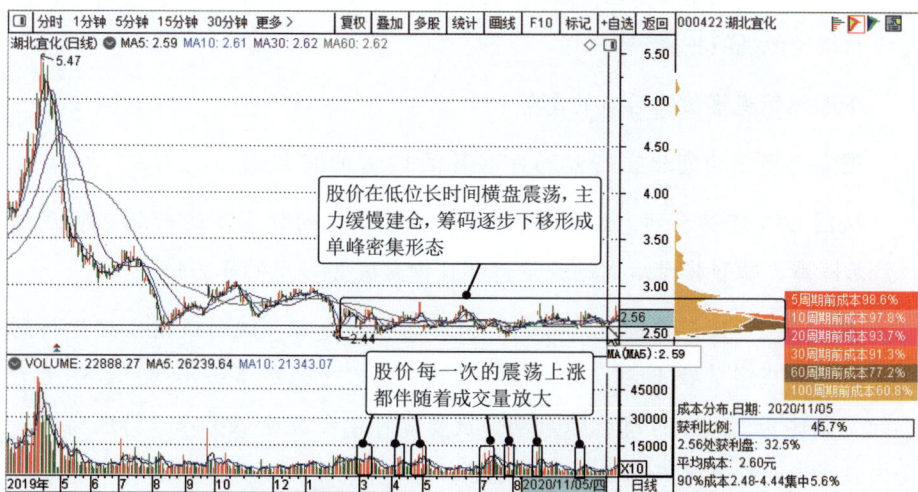

图 6-2　湖北宜化 2019 年 3 月至 2020 年 11 月的 K 线图

从图 6-2 可以看到，该股大幅下跌后于 2019 年 8 月上旬下跌到 2.50 元价位线后形成一个明显的低点止跌，之后股价企稳经历了一波长时间的反弹。这波反弹行情的高位受到 3.00 元价位线的压制，最终在 2020 年 1 月中上旬结束。

随后该股经历了一波快速下跌行情，股价在 2020 年 2 月 6 日创出 2.44 元的最低价后企稳。

之后股价在下跌的低位经历了长时间的横盘震荡走势，股价在 2.50 元至 2.80 元进行小幅波动整理。

在整个横盘震荡期间，当股价下跌触及 2.50 元价位线时，就有筹码主动护盘，支撑价格不继续下跌。当股价上涨触及 2.80 元价位线时，就有筹码主动下压，压制价格不继续上涨。

另外，从成交量变化可以发现，在整个横盘震荡期间，在每次震荡上涨时，成交量出现规律性的放量。

在震荡接近尾声时可以看到，此时筹码分布图中，上方筹码随着震荡行情的不断延长，逐步下移并在 2.50 元至 2.80 元形成单峰密集形态，说明此时市场中大部分筹码都被集中到了主力手中，主力建仓充分。

激进的投资者在观察到筹码在长时间低位横盘后出现单峰密集形态，就可以积极逢低吸纳抄底。

下面继续观察该股后市的走势。

图 6-3 所示为湖北宜化 2020 年 8 月至 12 月的 K 线图。

从图 6-3 可以看到，该股 11 月初在连续阳线的作用下运行到 2.70 元价位线后滞涨，短暂横盘后继续放量拉升股价突破 2.80 元的压力位。

在 11 月 27 日，股价继续冲高后出现休整的走势，此时股价已经运行到前期低位筹码密集峰上方，而且所有均线向上发散形成多头排列，说明主力已经完成建仓，上涨行情已经启动，投资者可以积极逢低买入，持股待涨。场内投资者此时也可以积极加仓，追涨。

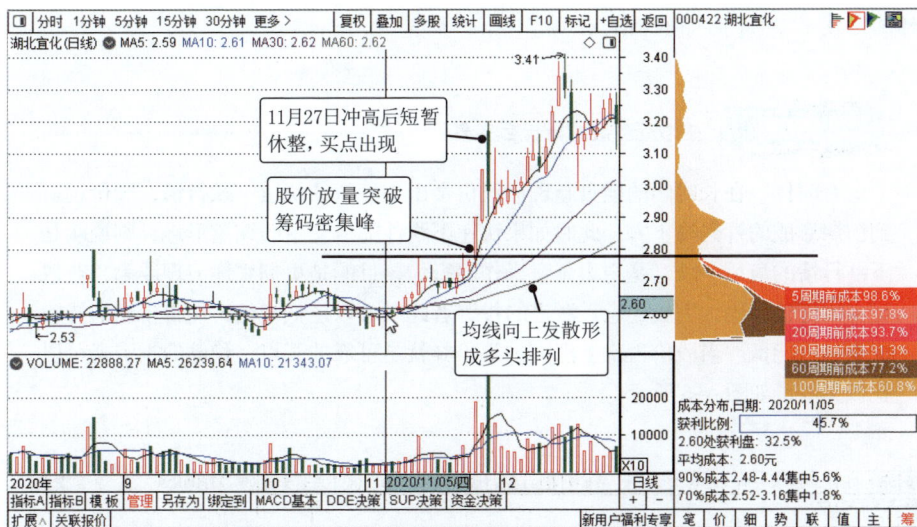

图 6-3　湖北宜化 2020 年 8 月至 12 月的 K 线图

图 6-4 所示为湖北宜化 2020 年 11 月至 2021 年 11 月的 K 线图。

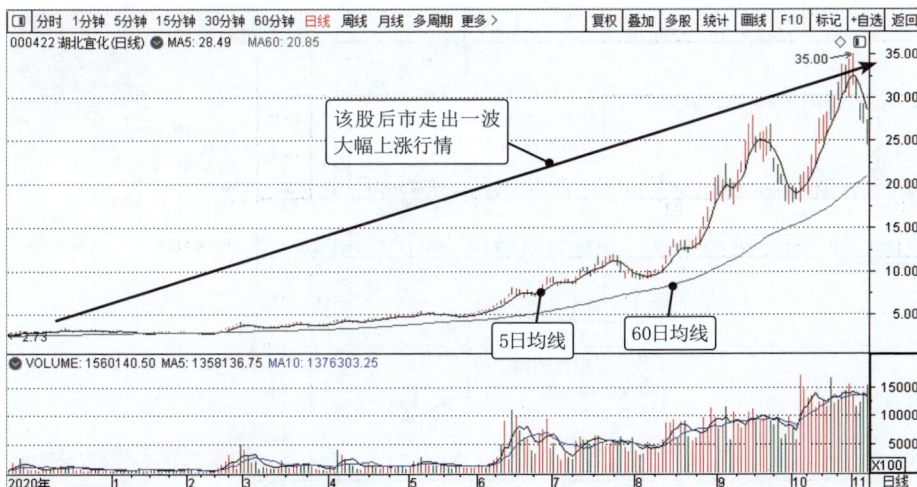

图 6-4　湖北宜化 2020 年 11 月至 2021 年 11 月的 K 线图

从图 6-4 可以看到，该股之后依托 5 日均线在 60 日均线上方走出了一波大幅上涨行情，股价从 2.80 元价位线附近上涨到 35.00 元，上涨了 115%。

如果投资者在前期分析出主力建仓的动作后，积极买入做多，持股一段时间后卖出，将获得不错的收益。

主力低位横盘建仓后的最后一跌

　　有时候，在长时间的横盘整理后股价会出现短暂的快速下跌行情，股价运行到前期形成的筹码峰下方。此时如果快速下跌伴随成交量的缩量形态，则说明是下跌行情的最后一跌，是主力刻意操作的行为，目的是更彻底地清理浮筹，获取更多的低价筹码，完成建仓。激进的投资者此时可以逢低吸纳，使得自己的持股成本尽可能低。当股价再次上涨突破筹码峰就是可靠的买点，稳健的投资者可以积极买入，如图 6-5 所示。

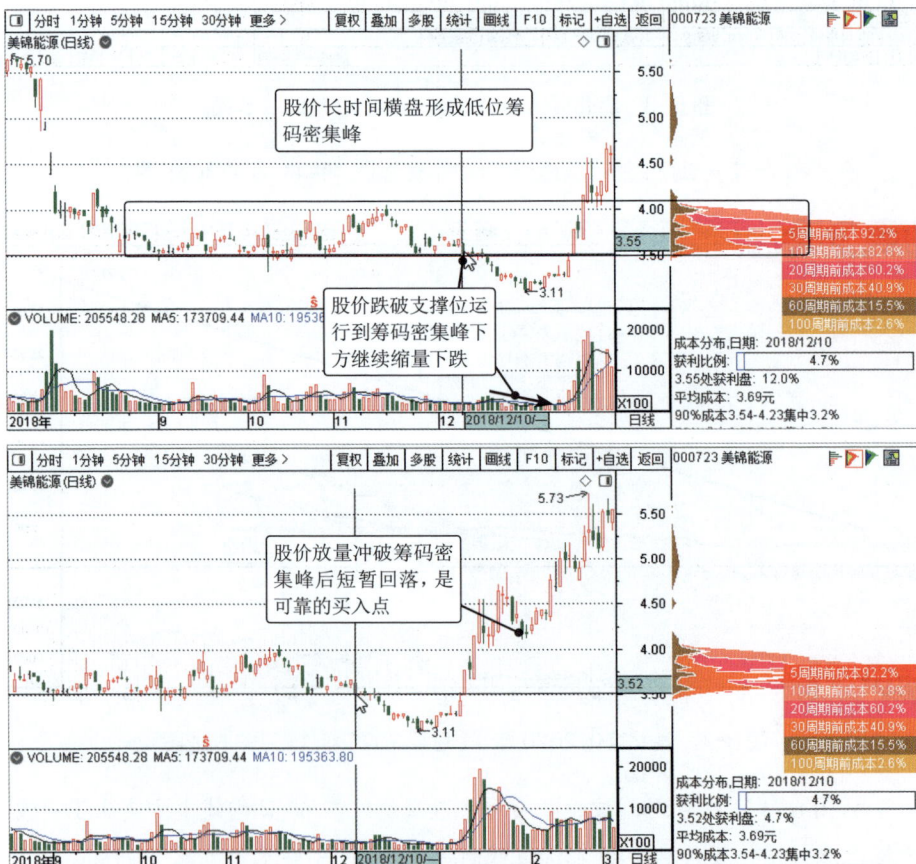

图 6-5　主力低位横盘建仓后的最后一跌操盘分析

No.02 主动压低股价建仓，筹码快速聚集

高位筹码

当前股价

筹码快速下移

当前股价

买点

当前股价

筹码继续快速下移，
继续摊低持股成本

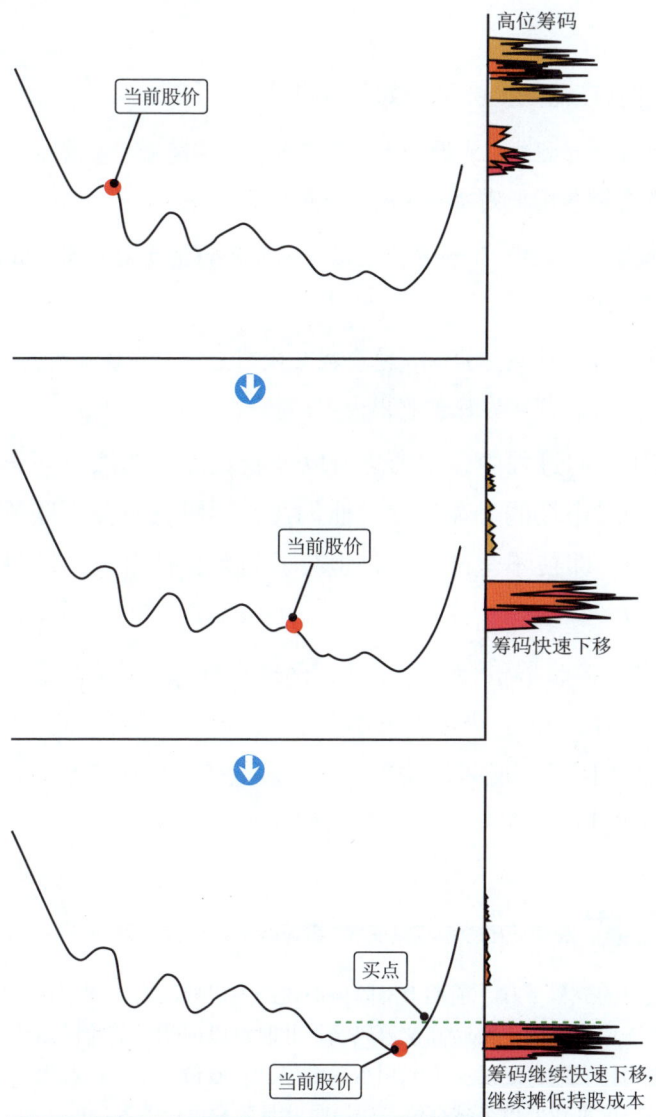

图 6-6 主动压低股价建仓，筹码快速聚集示意图

要点解析

主力资金为了获取更便宜的筹码，往往会在建仓阶段不断压低股价，一方面迫使散户投资者交出手中的筹码，另一方面能以更低的成本收集更多的筹码。

压低式建仓在盘面上会呈现如下特点。

◆ 压低建仓过程中，当股价大幅下跌时，会伴随着成交量的放大。因此，价跌量增是压低式建仓比较显著的特征之一。

◆ 压低建仓过程中，K线图上会留下非常不好的走势形态，如跳空下跌、大阴线等。

◆ 当主力建仓接近尾声时，总会在K线图上留下止跌企稳的信号，如底部十字星，或者在底部收出大阳线。

在压低建仓的过程中，主力之所以能收获更多的廉价筹码，主要是因为很多散户对市场的恐慌情绪，他们在看到股价疯狂下跌的时候，不可能无动于衷，即使不全部抛出，也会适当减少持仓量，以降低持股的风险。

在压低建仓时，股价会快速下跌，而成交量也应该有所放大，这样主力才能达到吸筹的目的。当主力下压力度很大时，筹码会快速向低位聚集，最终在主力成本附近形成筹码密集区。之后股价上涨突破低位密集峰就是投资者入场的时机。

知识拓展 | **快速下压时前期阶段高位筹码峰不转移的说明**

随着股价的放量下跌，前期上涨阶段高位的筹码峰没有出现下移，股价在支撑位止跌上涨后再次向上突破高位筹码峰，此时可以证明之前阶段高位产生的筹码峰也是主力持有的。之后主力只用少量筹码就将股价压下去，收集到更多的廉价筹码，当股价重新上攻突破高位筹码峰时就是散户投资者入场的时机。

南京港（002040）压低股价建仓的筹码分布分析

图 6-7 所示为南京港 2017 年 3 月至 11 月的 K 线图。

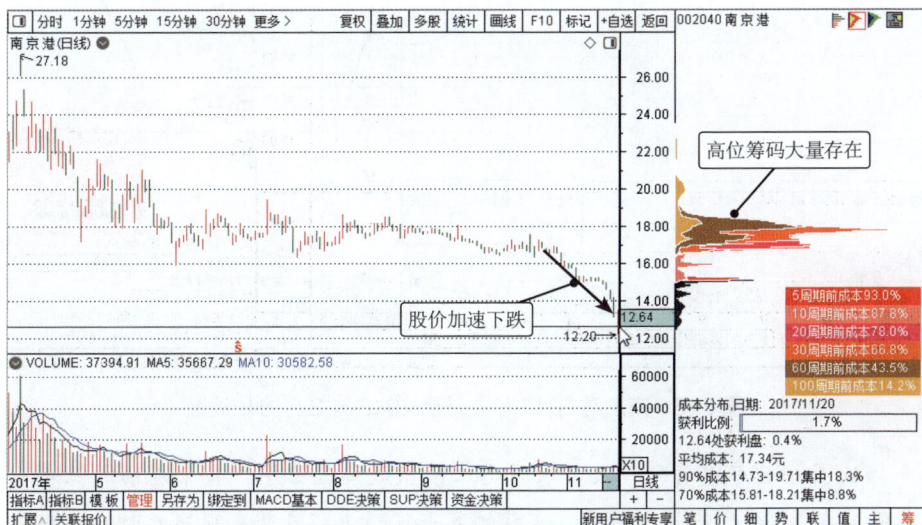

图 6-7　南京港 2017 年 3 月至 11 月的 K 线图

从图 6-7 可以看到，该股在这一时间段内呈现出大幅下跌行情，股价在
2017 年 6 月初下跌到 16.00 元价位线附近后跌势减缓，之后股价呈现缓慢震荡
下跌走势。

在 2017 年 11 月中上旬，该股多次收出大阴线将股价进行大幅压低，使
得股价在短时间内就从 16.00 元左右的价格快速下跌到 12.00 元价位线附近，
并在 2017 年 11 月 20 日创出 12.20 元的低价。

观察此时的筹码分布图可以发现，在急速下跌过程中，虽然新增了许多
筹码，但是上方的 17.00 元至 19.00 元存在大量的远期筹码，对股价的上涨起
着强大的压制作用，市场中 90% 的筹码成本在 14.73 元至 19.71 元。

下面继续分析该股后市走势。

图6-8所示为南京港2017年4月至2018年2月的K线图。

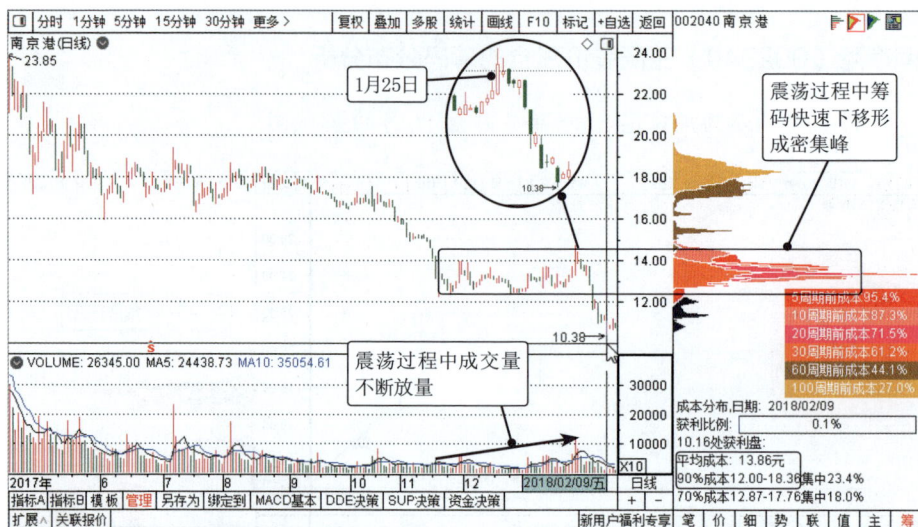

图6-8　南京港2017年4月至2018年2月的K线图

从图6-8可以看到，之后该股进入横盘震荡过程中，整个震荡的低点基本保持在12.50元价位线附近，震荡的高点呈现上移走势。观察此时的成交量可以发现，随着震荡的不断展开，每一次的震荡拉升，成交量都呈现放量，且一次比一次的量能大。

2018年1月25日，该股以6.13%的涨幅收出带长上影线的大阳线突破14.00元价位线，很快股价震荡上涨结束便出现快速下跌行情，期间多次出现大阴线压低股价的走势。这波拉低行情很快在2月9日创出10.38元的低价后结束。

观察此时的筹码分布图可以发现，在前期的震荡过程中，17.00元价位线上方的高位筹码出现了向下转移，并在12.50元至14.00元形成密集峰，此时市场中90%的筹码成本在12.00元至18.36元，筹码平均成本为13.86元，说明经过一段时间的震荡后下跌，市场中的成本被摊低了。

图6-9所示为南京港2017年8月至2018年6月的K线图。

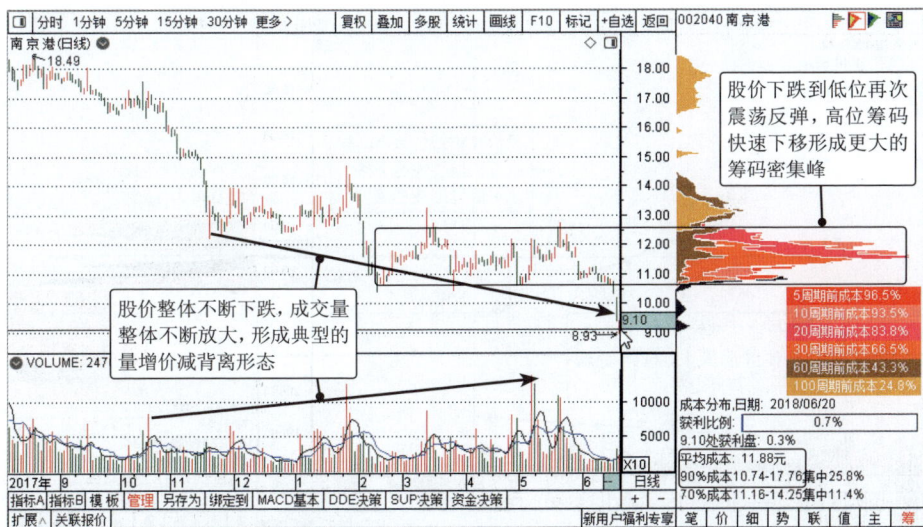

图6-9　南京港2017年8月至2018年6月的K线图

从图6-9可以看到，该股在经历一波急速下跌后在10.50元价位线附近止跌，之后该股出现多次震荡反弹行情，反弹上涨时成交量放大，反弹结束下跌时成交量缩量，且反弹的高点越来越低，但是反弹低点基本上都受到10.50元价位线的支撑。这是主力进入的标志，股价每次下跌到10.50元价位线时受到的支撑就是主力护盘的行为。

另外，整个反弹上涨的成交量更是逐步放大。而且相比于上一阶段的震荡行情来说，虽然此时的反弹力度不大，但是量能却明显较大，与股价整体下跌的走势呈现相反形态，形成量增价减的走势，这是主力借机压低股价悄悄建仓导致的。

观察此时的筹码分布图可以发现，通过这一波多次的小幅震荡反弹行情后，17.00元价位线上方的筹码快速下移，该股在10.50元至12.50元形成更大的筹码密集峰，市场中90%的筹码成本在10.74元至17.76元，筹码的平均成本被摊低到了11.88元。

图6-10所示为南京港2017年6月至2019年1月的K线图。

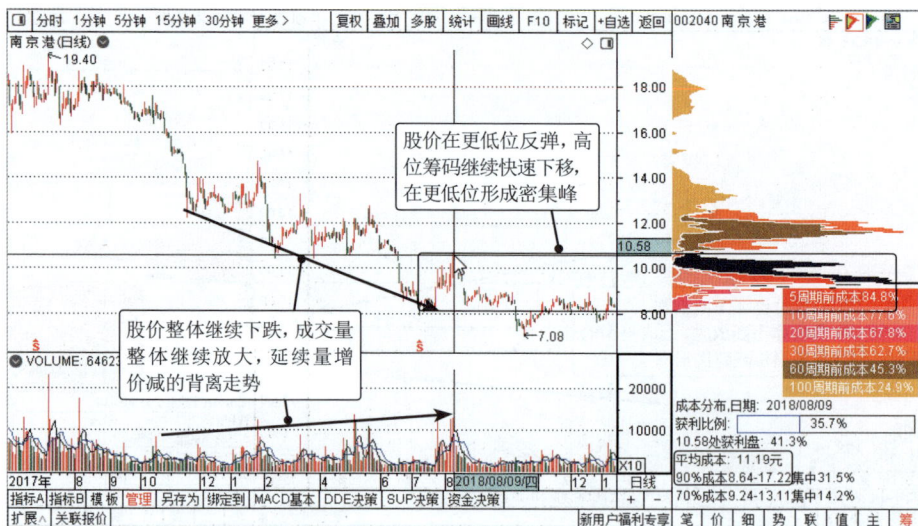

图 6-10　南京港 2017 年 6 月至 2019 年 1 月的 K 线图

从图 6-10 可以看到，该股这波快速下跌在 2018 年 7 月在 8.00 元价位线附近止跌，之后股价走出一波明显的震荡反弹行情，但是反弹到前期支撑位后受阻回落。整个震荡反弹期间，成交量也是明显放大，整个成交量变化和股价的整体走势仍然延续了量增价减的走势。

观察此时的筹码分布图可以明显发现，在这一波反弹过程中，高位筹码继续下移，下方继续出现新的筹码密集峰，市场中 90% 的筹码成本在 8.64 元至 17.22 元，筹码的平均成本继续被摊低到了 11.19 元。

之后股价一路震荡下跌，并在 2018 年 10 月 19 日以大阳线报收，创出 7.08 元的最低价后止跌。虽然股价出现温和的放量反弹，但是此时的成交量量能明显没有之前的量能大，说明主力建仓接近尾声，行情随时可能发生逆转，此时投资者要密切关注该股的后期走势。

图 6-11 所示为南京港 2017 年 10 月至 2019 年 4 月的 K 线图。

从图 6-11 可以看到，该股在创出 7.08 元的最低价后缓慢上涨了一段时间，之后在 9.00 元价位线下方受阻回落，最终该股在 7.50 元价位线附近止跌。

观察此时的筹码分布图可以发现，高位筹码几乎下移到低位形成密集峰，此时市场中 90% 的筹码成本在 7.74 元至 13.20 元，筹码的平均成本继续被摊低到了 8.55 元，说明主力在经过几轮压低股份建仓操作后，将成本摊到了更低的位置。

之后成交量放量拉高股价快速突破 9.00 元价位线的压制后运行到低位筹码密集区上方，此时投资者可积极逢低买入。从后市的走势来看，股价短时间就从 7.50 元价位线附近被快速拉高突破 15.00 元价位线，出现翻倍上涨行情。

如果投资者分析出主力压低股价建仓的意图后，在主力建仓接近尾声或者在股价突破压力位运行到低位筹码密集峰上方时买进，持股一段时间后在任意时间点卖出，都将获得不错的收益。

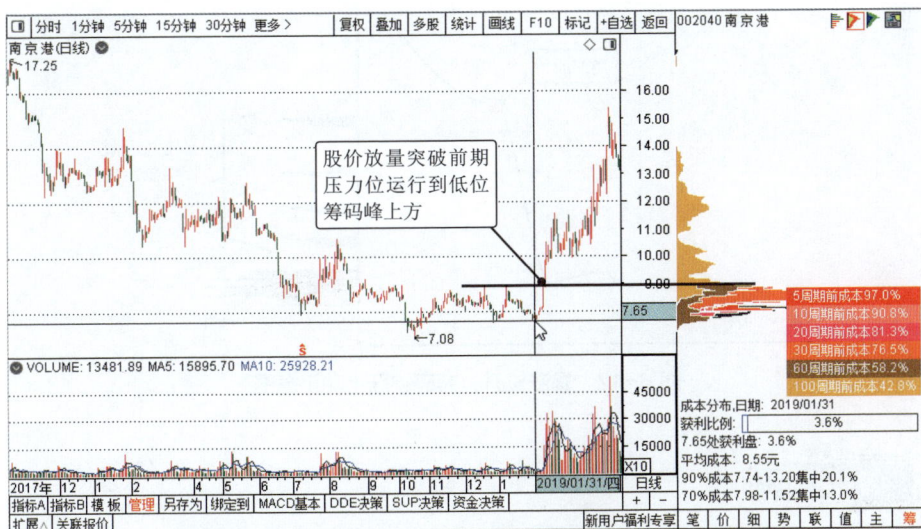

图 6-11 南京港 2017 年 10 月至 2019 年 4 月的 K 线图

二、主力拉升阶段的筹码分析

当主力手中有足够的筹码后，个股就迎来了拉升阶段。在这一阶段，股价会急速上涨。对于场内投资者而言，在这一阶段要坚定持股，才能在股价拉升阶段获利。而场外投资者分析出股价进入拉升阶段后，也要大胆、积极跟进，抓住这波涨幅收益。

此外，拉升阶段对投资者来说也是比较安全的阶段。那么该如何识别拉升阶段呢？其实同样可以从筹码分布图来识别主力拉升的意图。

No.03　暴涨拉升，筹码跳跃上移

一图展示

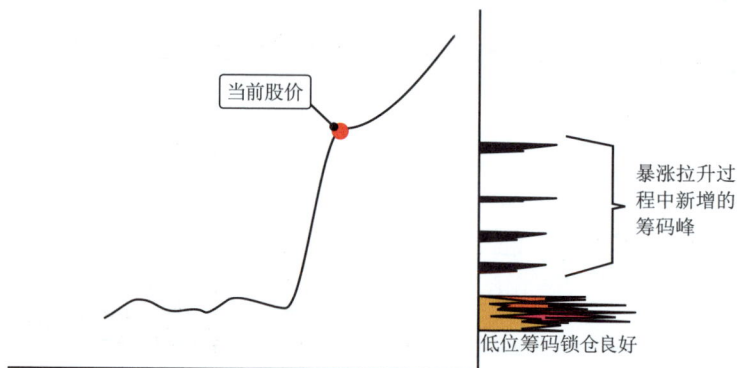

图 6-12　暴涨拉升，筹码跳跃上移示意图

要点解析

暴涨拉升是指股价在短时间内被主力连续大幅度的拉升。这种拉升方式使股价的上涨更为凶猛，大有一去不回头之势。在行情 K 线图上，多以大阳线出现，或以一字涨停或 T 形线连续涨停。这种拉升行情的成交量不一定会放大，有时甚至还出现缩量或者地量形态。

股价要想达到快速暴涨，那么市场中的拉升阻力必定非常小，或者无拉升阻力，这就要求大部分筹码必须牢牢控制在主力手中。在暴涨拉升之前，主力在建仓阶段必须吸收足够的低价筹码，且在拉升之前要将浮筹彻

底清洗干净。

从筹码分布图来看，在暴涨拉升之前，筹码分布图上通常会出现低位筹码密集峰。当股价出现快速暴涨行情时，部分筹码会出现跳跃式的上移，筹码分布图上呈现出快速发散的形态。但是此时的低位筹码仍然大量存在，在这种情况下，投资者可以放心追涨。

应用实例

中钢国际（000928）暴涨拉升的筹码分布分析

图 6-13 所示为中钢国际 2020 年 6 月至 2021 年 3 月的 K 线图。

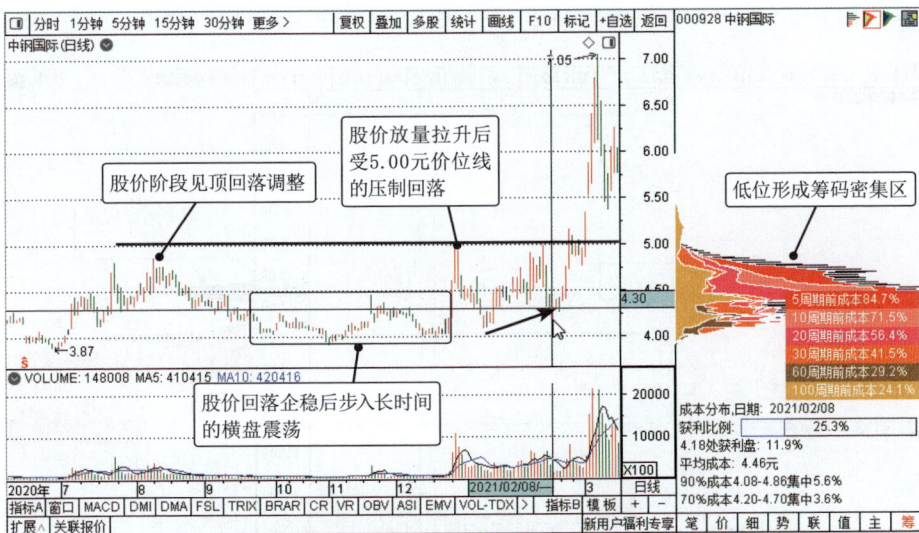

图 6-13　中钢国际 2020 年 6 月至 2021 年 3 月的 K 线图

从图 6-13 可以看到，该股在 2020 年 6 月 29 日创出 3.87 元的最低价后企稳回升步入震荡拉升的行情。在股价上涨突破 4.50 元的价位线后出现滞涨行情，股价两次试图上冲 5.00 元价位线都失败，之后股价一路震荡回来。

在股价下跌到 4.00 元价位线附近时止跌，之后股价始终围绕在 4.00 元至 4.50 元价位线进行横盘整理。2020 年 12 月下旬，成交量突然放量拉升股价突破 4.50 元价位线，但是股价在触及 5.00 元价位线时再次受阻回落，又在 4.00 元价位线上方止跌。之后股价再次拉升到 5.00 元价位线时又受阻再次回落。但是回落低点明显上移，说明市场中的抛压越来越小。

观察此时对应的筹码分布图可以发现，在 2020 年 8 月股价在 5.00 元价位线下方阶段见顶回落后，股价经过长时间的震荡整理，筹码逐步向 4.00 元至 5.00 元的价格聚集，并形成密集峰单峰形态。

通过该股前期震荡走势来看，股价震荡下跌始终受到 4.00 元价位线的支撑，因此可以判断这个价位的支撑作用非常可靠，此时股价止跌并形成低位密集区，很大程度上可以判定主力清理浮筹的操作已经结束，后市可能随时拉升，激进的投资者此时可以少量建仓。

图 6-14 所示为中钢国际 2020 年 9 月至 2021 年 4 月的 K 线图。

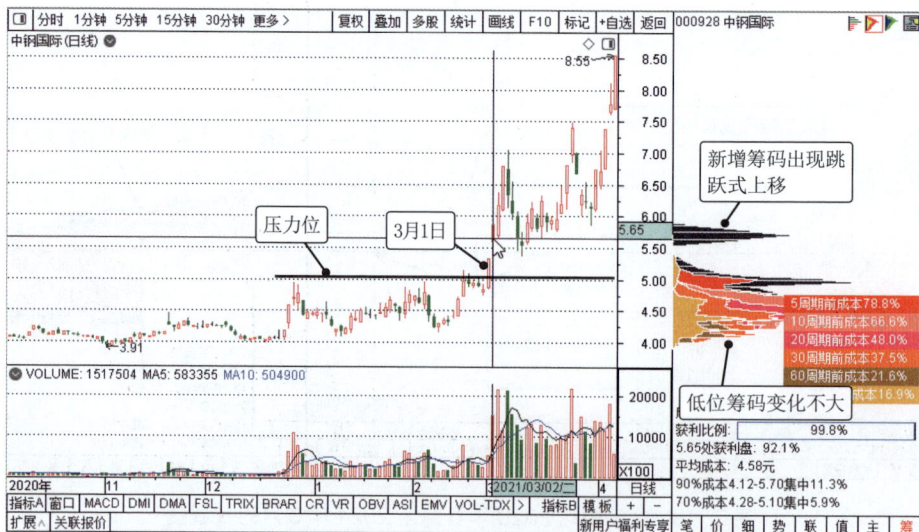

图 6-14　中钢国际 2020 年 9 月至 2021 年 4 月的 K 线图

从图 6-14 可以看到，该股 2021 年 2 月上旬在 4.00 元价位线上方止跌后出现逐步拉升的行情，在两根大阳线的快速拉升作用下，该股运行到了 5.00 元价位线上。从前期的走势来看，这个位置是比较强大的压力位，因此该股随后在该价位线上横盘整理了几个交易日。

3月1日，股价高开后一路高走，当日以涨停板强势突破5.00元压力位，当日成交量也出现了明显的放量。次日股价继续跳空高开，再次收出涨停阳线，将股价继续拉高。

观察此时的筹码分布图可以发现，当日的筹码分布呈现跳跃式的上移，而下方低位形成的筹码密集峰几乎没有变化，说明此时主力正在拉升股价。投资者可以积极逢低吸纳，坚定持股。

图6-15所示为中钢国际2021年1月至5月的K线图。

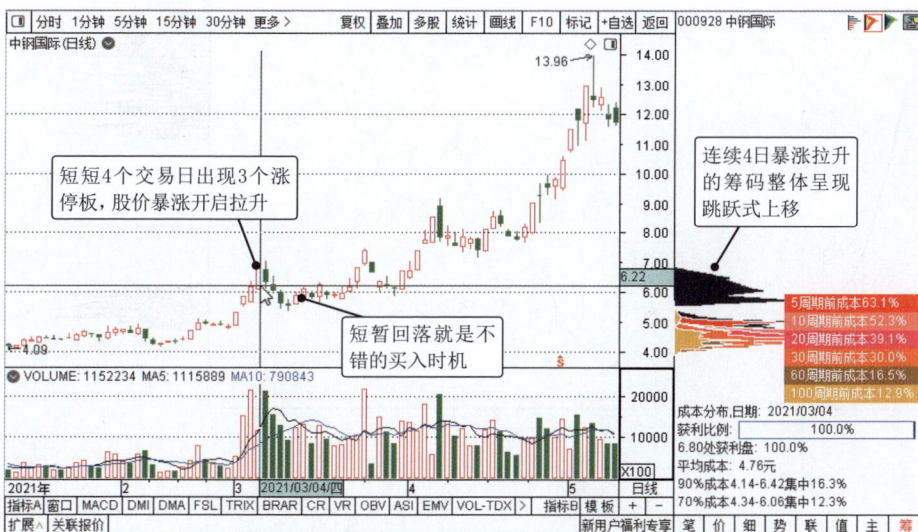

图6-15　中钢国际2021年1月至5月的K线图

从图6-15可以看到，该股次日继续阳线拉升，并在第3日继续收出涨停板，短短4个交易日，该股从4.88元上涨到6.80元，涨幅达到39%。

观察筹码分布图可以发现，此时筹码分布图中这4个交易日新增的筹码仍然呈现出跳跃式的上移，而下方低位筹码峰变化不大，说明这波拉升是主力所为，行情进入了拉升阶段。

之后该股出现的短暂修正就是投资者建仓的大好时机，此时的建仓成本在6.50元左右，之后股价一路震荡拉升，两个多月的时间，股价最高上涨到13.96元，涨幅约为115%。

对于在暴涨后的回调阶段介入的投资者，持股一段时间后卖出，也能获得不错的收益。

No.04 对倒拉升，筹码滚动上移

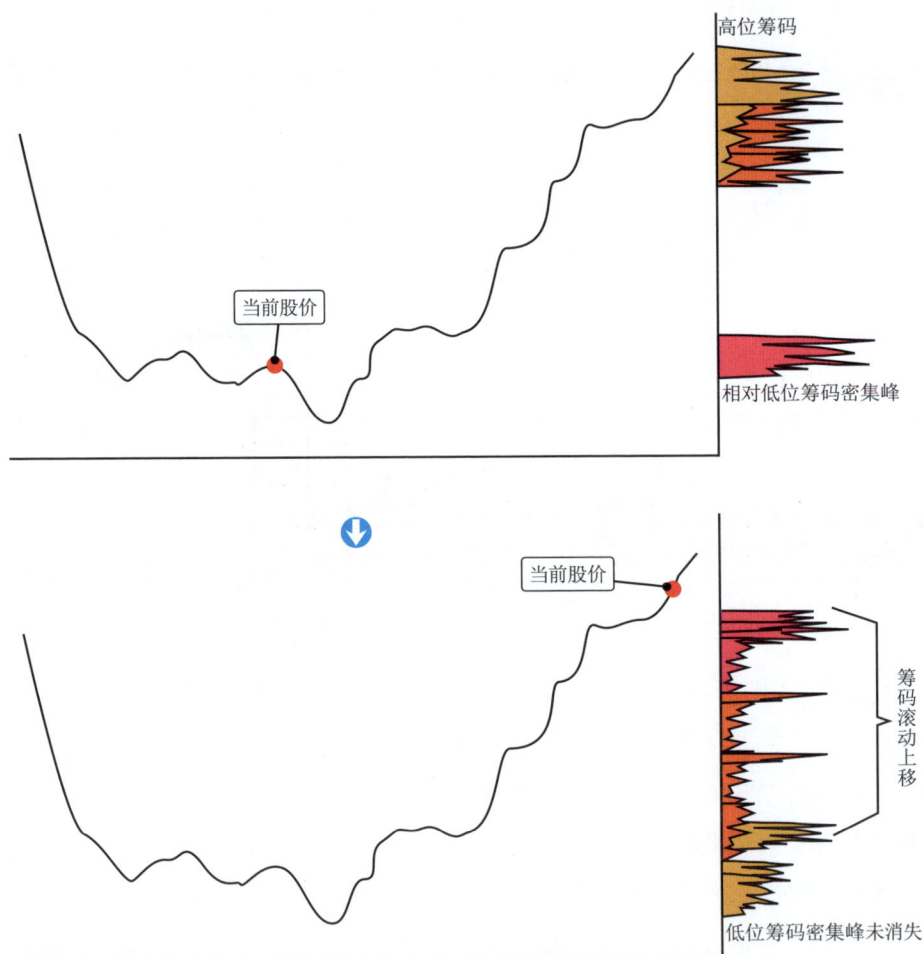

一图展示

图6-16 对倒拉升，筹码滚动上移示意图

要点解析

任何人或机构都不能完全准确地预判行情的底部，因此主力也可能错过在底部连续建仓的时机。在牛市行情中，虽然主力在底部完成了建仓，但是其持仓量可能并没有达到控盘状况。在这种情况下，主力就会采用对倒拉升的手法，将股价由最初的低位拉到高位。

对倒拉升运作手法是在拉升股价时主力在盘中自买自卖，通过大单成交优势将股价推高，同时吸引跟风盘入场，共同推高股价，主力也能节约一定的资金。从筹码分布图上来看，就是筹码一步步滚动上移，即下方低位筹码相对减少后转移到上方形成新的密集峰。

需要特别注意的是，新密集峰形成时，原来的相对低位密集峰并没有消失，此时投资者可以积极买入，持股待涨。如果投资者在盯盘时发现新密集峰增大的同时，原来的相对低位密集峰出现迅速减小的形态，则说明主力不是通过对倒手法拉升股价，而是在疯狂出货，此时投资者就要谨慎操作了，千万不要盲目追涨。

应用实例

双象股份（002395）对倒拉升的筹码分布分析

图 6-17 所示为双象股份 2018 年 7 月至 2019 年 5 月的 K 线图。

从图 6-17 可以看到，该股大幅下跌后在 2018 年 8 月初运行到 11.00 元价位线上方后止跌，之后该股在 11.00 元至 12.00 元进行横盘震荡。

在 9 月下旬，该股经过一波快速下跌后在 10 月 19 日创出 9.23 元的最低价后见底。

观察此时对应的筹码分布图可以发现，虽然股价在前期经过一段横盘震荡后，在 11.00 元至 12.00 元价格形成了一个底部筹码密集峰，但是上方仍然存在大量的套牢盘，主力手中持有筹码并不多。

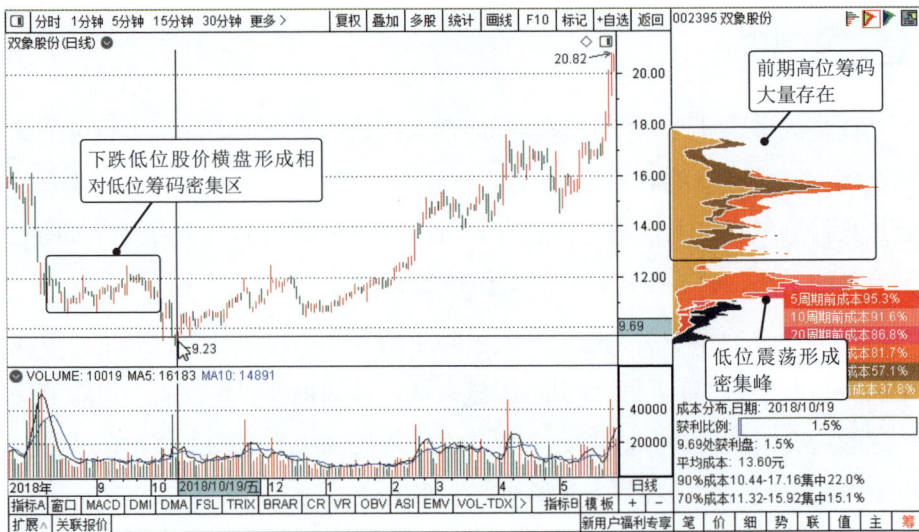

图 6-17　双象股份 2018 年 7 月至 2019 年 5 月的 K 线图

图 6-18 所示为双象股份 2018 年 8 月至 2019 年 5 月的 K 线图。

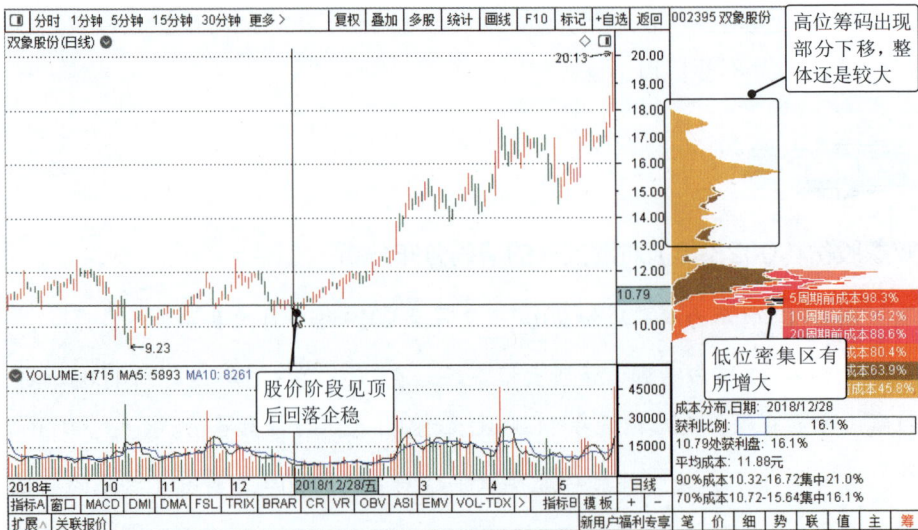

图 6-18　双象股份 2018 年 8 月至 2019 年 5 月的 K 线图

从图 6-18 可以看到，该股在创出 9.23 元的最低价后一路震荡上行。11 月底，股价在上涨到 12.00 元价位线后滞涨横盘，股价始终受到 12.00 元价位线的压制，之后股价阶段见顶回落，成交量也不断缩量，行情呈现出缩量下跌走势，这是主力常见的一种清理浮筹的策略。

观察此时对应的筹码分布图可以看到，虽然经过这一波清理浮筹操作后，部分套牢盘和短期获利盘被清理出局，主力在吸收到这些浮筹后，低位的密集区变大，但是高位仍然存在大量筹码。短时间内，这些高位筹码是不能全部被清理掉的。

图 6-19 所示为双象股份 2018 年 10 月至 2019 年 5 月的 K 线图。

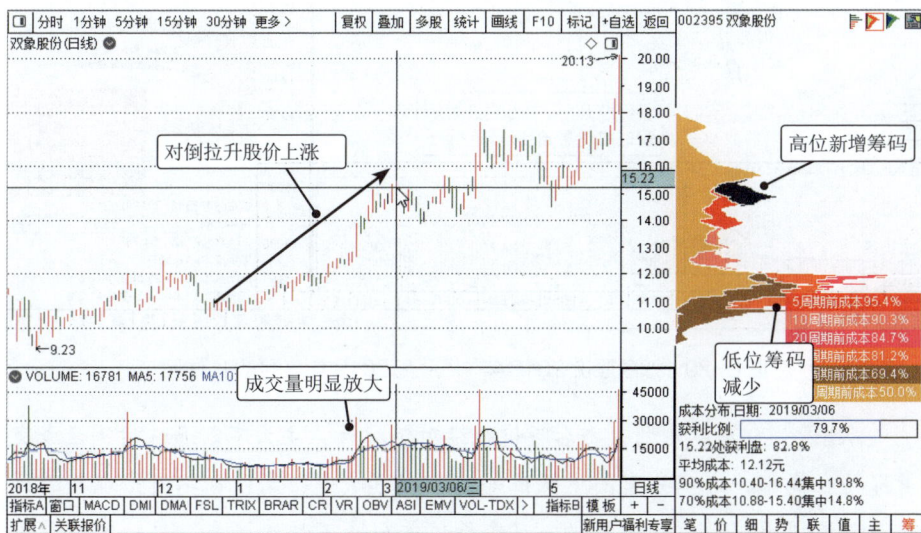

图 6-19　双象股份 2018 年 10 月至 2019 年 5 月的 K 线图

从图 6-19 可以看到，该股在 2018 年 12 月底止跌后便步入上涨拉升行情阶段，在拉升初期，成交量变化不大。在 2019 年 2 月中旬，成交量突然放大，股价快速拉高突破 14.00 元价位线后滞涨，随后股价再次运行到阶段顶部。

观察此时的筹码分布图可以发现，低位筹码相对减少，但是在 15.00 元价位线附近却新增了明显的相对高位筹码峰。

对应的成交量在 2019 年 2 月股价快速上涨时出现明显的放大，这就意味着在股价上涨过程中，主力资金通过对倒操作，卖出低位筹码，同时在高位买入适当筹码，从而抬高股价。

虽然低位筹码相对减少，但是整体变化不大，此时就是投资者追涨买入的时机，投资者要积极买入做多，持股待涨。

图 6-20 所示为双象股份 2018 年 12 月至 2019 年 8 月的 K 线图。

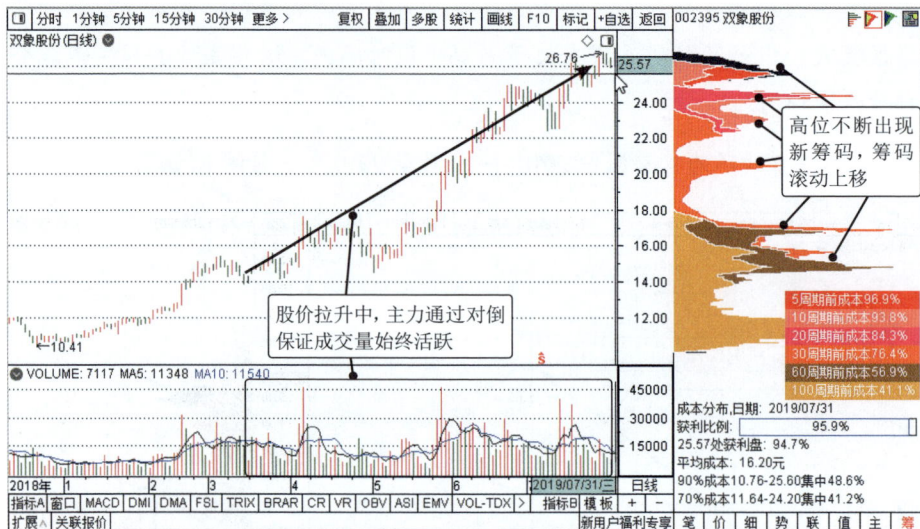

图 6-20　双象股份 2018 年 12 月至 2019 年 8 月的 K 线图

从图 6-20 可以看到，之后股价继续对倒拉升，主力不断通过对倒让成交量保持在高位，筹码分布图中低位筹码峰继续减少，高位也不断出现新的筹码峰，呈现出滚动上移的特点。只要低位筹码峰不快速消失，每一次拉升过程中的回调都是投资者的加仓时机。

三、主力出货阶段的筹码分析

"出货"从字面意思理解即为卖出货物。主力出货阶段是指当主力手中盈利达到预期后就会在股票的高价位区抛售手中的筹码。一旦主力完成派发，之后股价就会反转向下，步入下跌阶段。

因此，分析出主力出货阶段，投资者就可以有效规避行情下跌造成的投资收益减少，甚至亏损的风险。如何从筹码分布图中识别主力的出货阶段呢？下面介绍两种常见的分析方法以供读者学习。

No.05 高位震荡出货，筹码缓慢上移

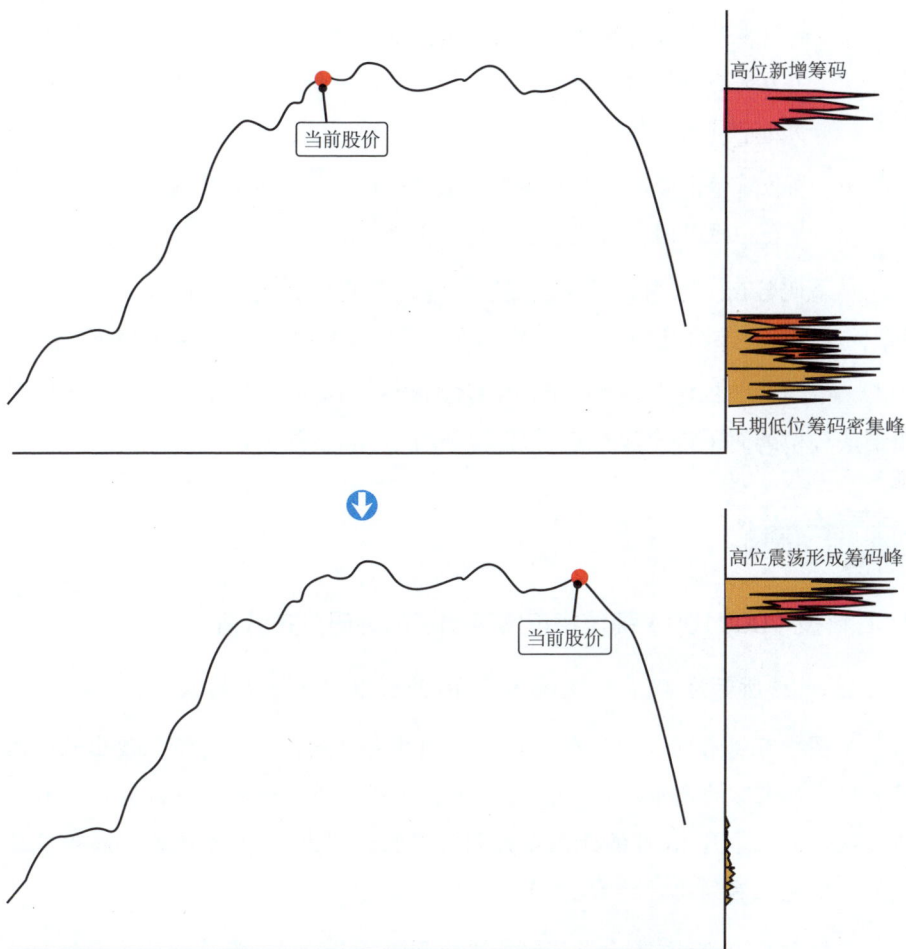

一图展示

图 6-21 高位震荡出货，筹码缓慢上移示意图

要点解析

高位震荡出货是最常见的一种主力出货手法。当主力的持仓量比较大，且出货时间比较充足时，一般都会采用这种方式出货。高位震荡出货的盘面特点如下。

- ◆ 股价被大幅拉升到一个高位，之后股价会在高位维持一段时间，而在这段时间内，主力会把股价控制在一个范围内震荡波动，使自己能以尽可能高的价格卖出筹码。

- ◆ 高位震荡出货的时间比较长，因为筹码厚重，加上前期获利盘较多，主力需要较长的时间出货，以保证其出货价格在理想的区间内，所以两三个月的震荡周期比比皆是。

- ◆ 高位震荡出货时，在行情末端往往会出现放量的中阴线或大阴线，并且会在短时间内跌破平台，进入下跌通道。

从筹码分布图来看，高位震荡出货时，筹码会缓慢向上移动。当主力震荡出货结束后，散户筹码一般将集中在高位震荡区域，成为接下来下跌趋势中的套牢盘。而且这些筹码在高位震荡时也容易形成高位单峰形态，一旦股价形成高位筹码单峰密集形态，那么股价后市的下跌将是非常惊人的。

应用实例

TCL 科技（000100）高位横盘震荡出货的筹码分布分析

图 6-22 所示为 TCL 科技 2019 年 10 月至 2021 年 1 月的 K 线图。

从图中可以看到，该股在 2021 年 1 月中旬之前，整个行情呈现出长时间的大幅震荡上涨的走势。在 2021 年 1 月，该股放量急速拉升股价突破 7.00 元价位线，并在 1 月 18 日低开高走大阳线报收，创出 10.25 元高价。股价从前期的 3.26 元上涨到此时的 10.25 元，涨幅超过 214%。

观察创出 10.25 元高价当日的筹码分布图可以发现，在这一波急速拉升行情中，高位出现了比较大的筹码密集峰，6.00 元以下的低位筹码全部消失，此时筹码在 6.00 元至 8.00 元的相对高位呈现密集区。

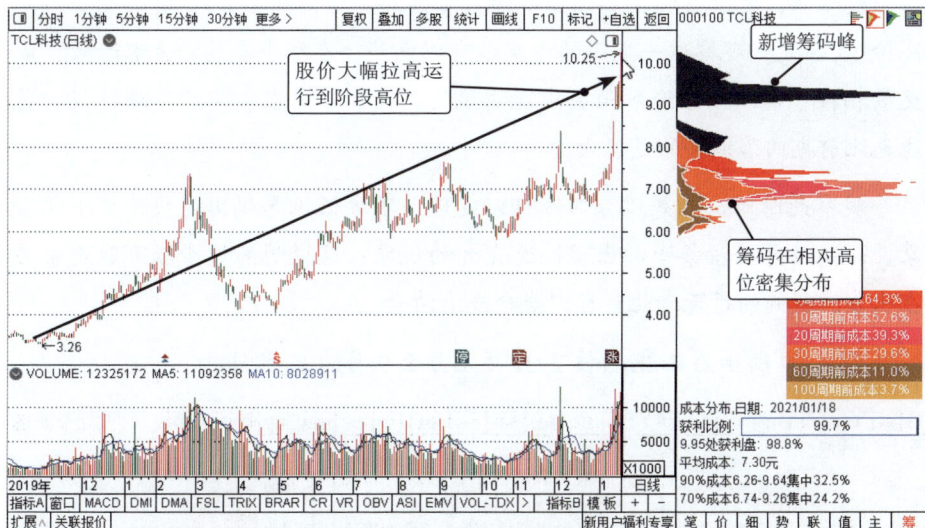

图 6-22　TCL 科技 2019 年 10 月至 2021 年 1 月的 K 线图

行情是否见顶了呢？下面继续分析后市走势。

图 6-23 所示为 TCL 科技 2020 年 11 月至 2021 年 5 月的 K 线图。

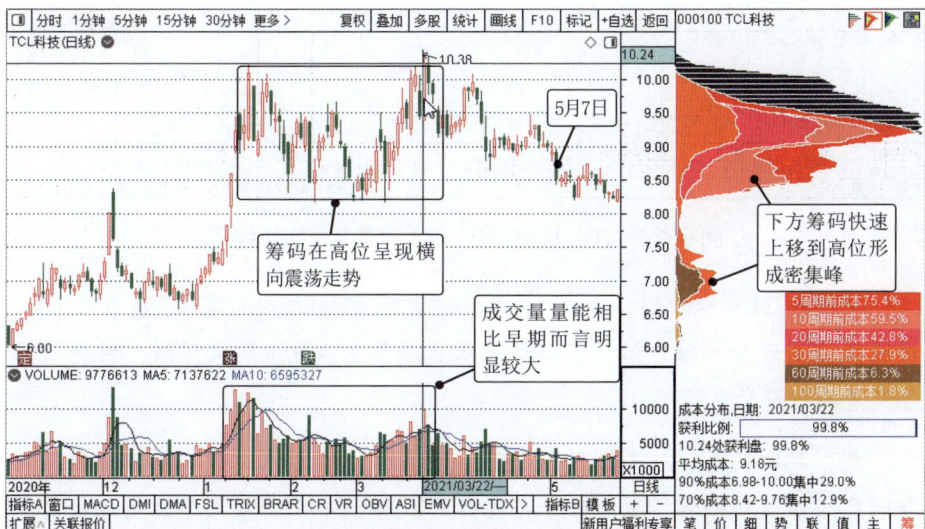

图 6-23　TCL 科技 2020 年 11 月至 2021 年 5 月的 K 线图

从图 6-23 可以看到，该股在 2021 年 1 月 18 日创出 10.25 元的阶段高价后出现滞涨，之后该股在高位出现横盘震荡的走势，并在 3 月 22 日创出震荡高价 10.38 元。观察这一期间的成交量可以发现，在整个震荡的上涨阶段，成交量相较于前期上涨阶段而言出现明显的放大，即使在震荡的下跌阶段，量能也比前期回落调整的量能大。

观察此时对应的筹码分布图可以发现，下方低位筹码出现快速变小的现象，而高位筹码密集峰却出现快速变大的现象，这说明高位滞涨可能是主力在出货，稳健的投资者此时可以减仓或者清仓。

图 6-24 所示为 TCL 科技 2021 年 1 月至 9 月的 K 线图。

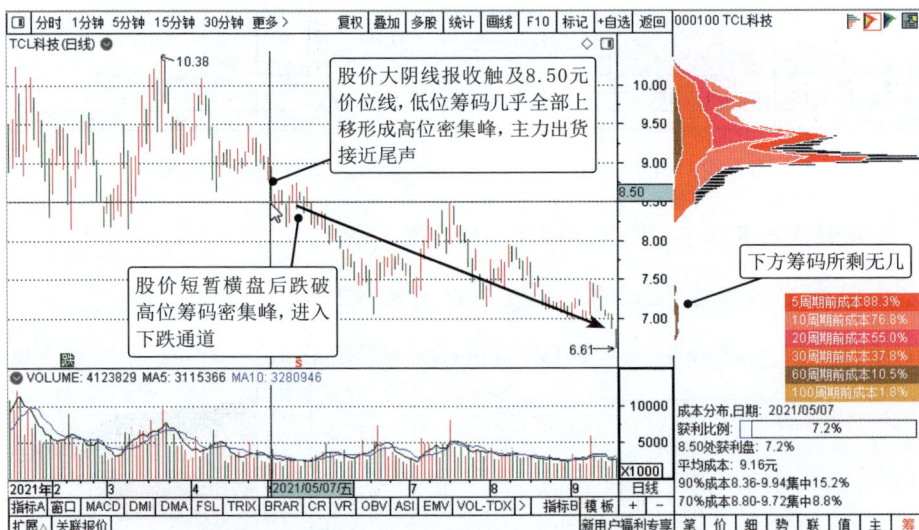

图 6-24　TCL 科技 2021 年 1 月至 9 月的 K 线图

从图 6-24 可以看到，该股继续在 8.50 元至 10.00 元进行震荡。在 5 月 7 日，该股微微高开后一路走低，当日放量收出跌幅为 4.60% 的大阴线，使得股价触及震荡行情的支撑位。

观察此时的筹码分布图可以发现，下方低位的筹码在股价高位横盘震荡期间已经快速转移到了上方，并在高位形成筹码单峰密集形态，更加确定了股价高位震荡是主力出货的表现，而且此时下方筹码所剩无几，说明主力出货已经接近尾声，此时场内的投资者要果断清仓出局。

之后股价在 8.50 元价位线上短暂横盘几个交易日后快速跌破震荡支撑位，运行到高位筹码密集峰下方，股价步入下跌通道中。如果投资者在高位震荡期间没有及时离场，将在后市的大幅下跌行情中损失严重。

No.06 边拉升边出货，筹码快速上移

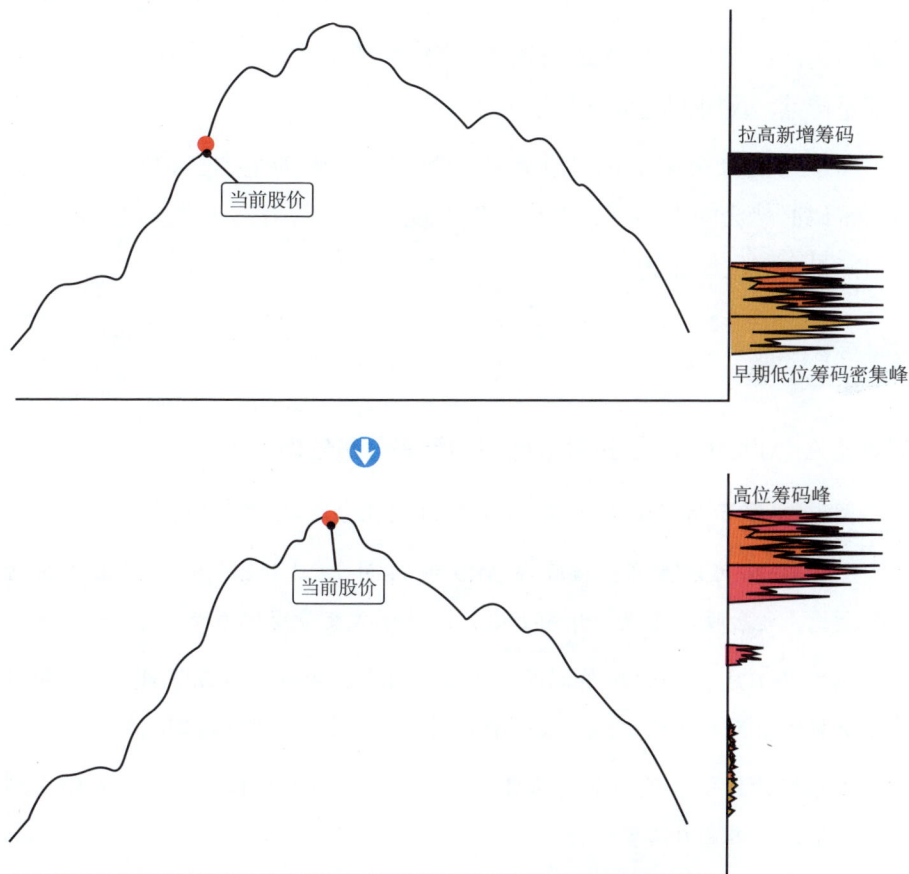

一图展示

图 6-25 边拉升边出货，筹码快速上移示意图

要点解析

在人气最旺的时候，主力资金预先在上档预埋好买单，然后借助大势向好、人气旺盛，一路带着散户向上攻。

追涨热情不足时，主力资金就亲自出马，大笔吞并几个卖单，向上打开上涨空间，等散户的热情被激发起来，主力资金就停止买进，转向卖出，让散户去吃筹码。这样始终维持股价上涨，但实际上主力买得少卖得多，在悄悄出货。

要找到主力是否在边拉升边出货的迹象，可以从成交量上着手。通常如果主力在拉高过程中出货，成交量会比之前单纯拉高时大出很多，并且可能是持续一段时间的成交量放大。

而从筹码分布图上也可以看出一些端倪。因为主力在拉升过程中出货，筹码必然会向上转移，如果突然发现上方筹码增长速度过快，那么很有可能是主力已经在此位置出货了。

应用实例

深康佳A（000016）边拉升边出货的筹码分布分析

图6-26所示为深康佳A在2019年11月至2020年2月的K线图。

从图6-26可以看到，该股在2019年11月18日创出3.92元的最低价后止跌企稳，之后股价慢慢拉升向上运行，整体成交量变化不大。

2020年1月23日，股价高开后快速被打到涨停板，当日以明显的放量拉升股价突破了5.00元价位线，使得股价的上涨趋势有明显的拉升。

之后股价短暂横盘两个交易日后拉出三个一字涨停板，成交量却缩小到极度地量，说明主力高度控盘。

2月10日，股价继续以涨停价开板，但是当日盘中开板交易了一个半小时，之后就封板直至收盘，最终以涨停价收出带长下影线的 T 字线，成交量更是呈现出巨量形态。

观察 2 月 10 日的筹码分布图可以发现，该股在连续拉出的一字线的当日，筹码分布图上仅留下了几根黑线，说明该股当日成交稀少，新增筹码不多，市场交投不活跃。

而在 2 月 10 日当天，新增了大量的筹码，使得筹码分布图上方形成了明显的筹码密集峰，此时的天量成交说明市场开始异常活跃。

从整个股价的走势来看，此时形成的筹码密集峰不可能是追涨盘介入造成的，只能是主力行为，可能是主力主动拉升股价，也可能是主力借拉升开始布局出货，毕竟股价从 3.92 元左右上涨到此时的 7.57 元附近，已经有超过 93% 的涨幅了。

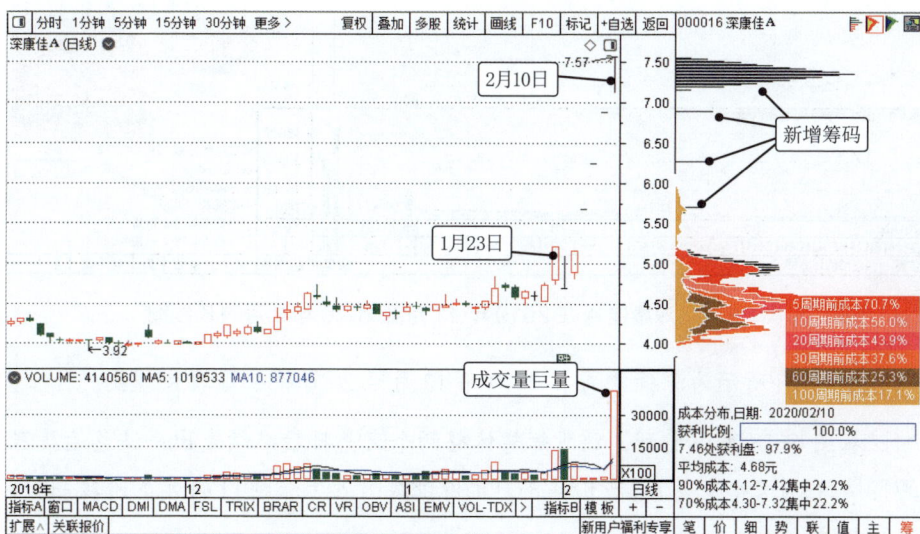

图 6-26　深康佳 A 在 2019 年 11 月至 2020 年 2 月的 K 线图

图 6-27 所示为深康佳 A 在 2019 年 11 月至 2020 年 2 月的 K 线图。

从图 6-27 可以看到，该股次日继续放巨量拉升股价上涨，第 3 日股价继续收出涨停大阳线，但是成交量却缩减了一半。

2月13日，股价以接近涨停价大幅跳空高开，但是之后股价一路下跌，当日以6.36%的跌幅收出大阴线，创出9.69元的阶段高价后开始回落。

观察当日的成交量可以发现，创出近期以来的最高。高位新增筹码峰明显增大，而下方低位筹码峰却明显减小，说明有部分筹码开始快速上移。综合判断，此时主力借助拉升在悄悄派发的概率非常大，稳健的投资者可以适当逢高卖出，锁定利润。

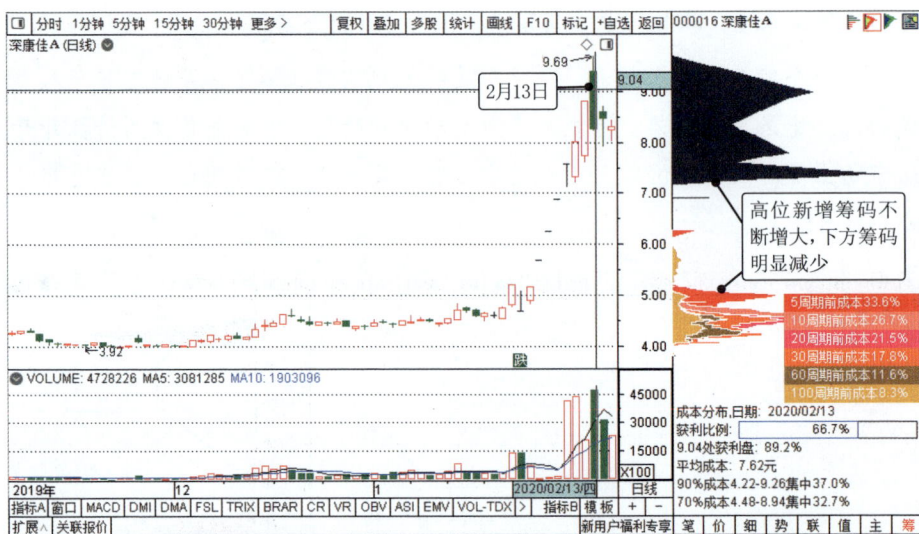

图6-27　深康佳Ａ在2019年11月至2020年2月的Ｋ线图

图6-28所示为深康佳Ａ在2019年12月至2020年2月的Ｋ线图。

从图6-28可以看到，该股短暂休整两个交易日后继续走出一波急速暴涨的行情，短短4个交易日，股价从8.00元价位线附近上涨到11.61元的阶段高价，涨幅超过45%。

观察此时的成交量可以发现，虽然相对于前面的量能来说有些许的减少，但是整体量能相对上涨初期来说也是明显的放大。

同时，观察此时对应的筹码分布图可以发现，在这短短十几个交易日的快速拉升过程中，高位新筹码出现的速度非常快，而下方的低位筹码更是快速地减少，这是主力边拉升边出货的重要表现，此时可以更加确定主力已经开始出货了。

另外，从筹码分布图中还可以发现下方筹码已经非常少了，说明主力已经完成了大部分筹码的派发，此时投资者要谨慎追涨，场内投资者最好清仓出局。

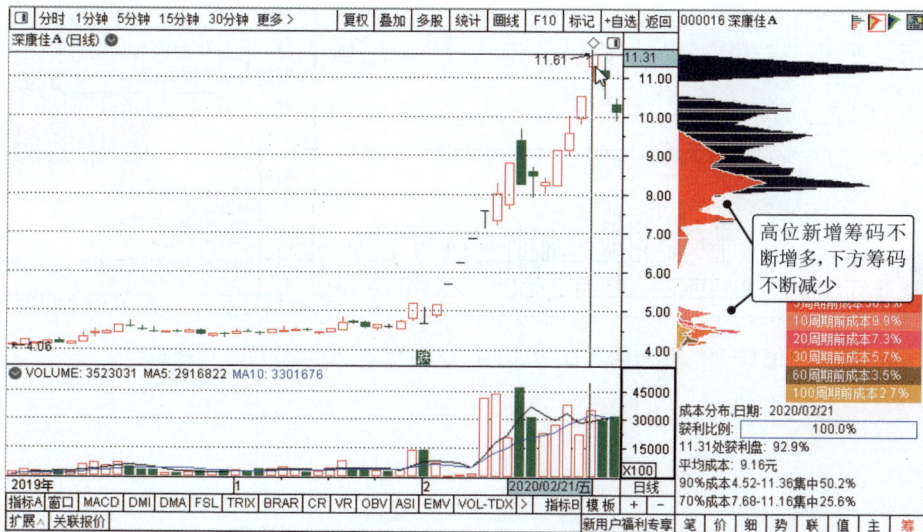

图6-28　深康佳A在2019年12月至2020年2月的K线图

图6-29所示为深康佳A在2019年12月至2020年6月的K线图。

从图6-29可以看到，该股在创出11.61元的阶段高价后出现了一波快速下跌走势，最终股价在9.00元价位线止跌。

之后股价继续上涨，成交量仍然保持与前期相同的量能水平，最终该股在2020年3月11日创出13.61元最高价。

观察此时的筹码分布图可以发现，下方低位筹码已经全部转移到高位形成密集区，说明主力已经派发完成，之后迎来的将是深幅下跌行情，此时投资者要果断清仓出局。

从后市的走势来看，该股见顶后出现快速下跌行情，股价很快就运行到高位筹码密集区下方，之后股价经历了一波长时间的大幅下跌行情。

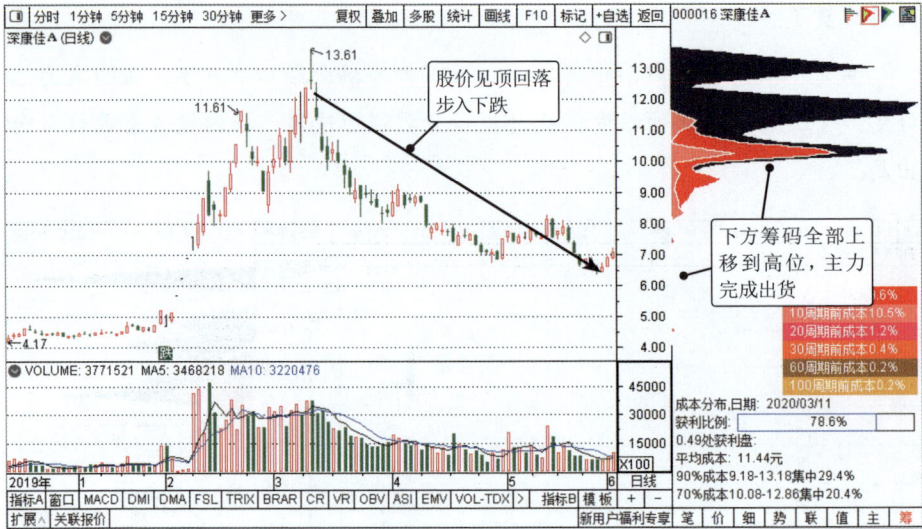

图6-29　深康佳A在2019年12月至2020年6月的K线图